고마운 과학의 출발점

유아과학교육

이소희 · 김경숙 · 박현정 · 김혜원

창지사

머리말

21세기에 들어와 유아기부터 과학적 소양을 갖추도록 하는 것이 중요한 역할이 되었습니다. 특히 제4차 산업혁명 시대는 정보통신기술(ICT)의 융합으로 이뤄지는 '초연결', '초지능', '초융합'의 시대입니다.

이러한 시대에 미래 인재상으로 4C, 즉 남들과 다른 시각, 새로운 생각, 타인과 소통능력, 함께 일하는 태도가 강조되고 있습니다. 이렇듯 미래사회 인재는 능동적이고, 적극적이며, 개인이 가진 지식과 능력을 공유하며, 주도적이고 진취적이고 도전적이며, 과학적인 문제해결 능력이 있는 사람일 것입니다.

그동안 유아교육도 변화를 거듭하였으며 유아교육계에서도 '2019 개정 누리과정'이라는 변화가 있었습니다. 개정 누리과정은 유아중심 · 놀이중심의 중요성을 강조하며, 과학교육과 관련된 자연탐구영역에서도 '놀며 배우며'의 관점에서 과학교육이 제시되고 있습니다.

유아기에는 과학교육을 위해 과학적인 지식을 알려 주기보다는 일상생활에서 일어나는 크고 작은 문제들을 창의적으로 해결하기 위한 정보를 제공해 줌으로써 유아 발달에 긍정적인 도움을 주어야 합니다.

유아가 긍정적인 과학태도를 기르기 위해서 어떠한 과학적인 교육을 시켜야 할까요? 유아는 호기심이 많은 과학자의 성향을 갖고 태어납니다. 이러한 타고난 성향을 고려할 때 우리가 어떻게 물적 · 인적 환경을 제공해 주고 어떤 역할을 하느냐에 따라서 우리 유아들의 과학을 바라보는 관점이 달라질 것입니다.

이 책은 이러한 마음으로 네 가지 관점에 주안을 두고 집필되었습니다.

첫째, 유아과학교육의 기초를 이루는 과학을 바라보는 관점은 구성주의 이론에 두었습니다. 그것은 과학에 대한 긍정적인 태도를 통해서 과학적 사고능력을 더욱 발전시킬 수 있다는 것을 믿기 때문입니다.

둘째, '유아중심 · 놀이중심 개정 누리과정'에 기초하여 유아의 과학적 역량을 발달시킬 수 있는 과학활동을 제공하였습니다. 이는 '놀며 배우며' 과학적 소양을 기를 수 있도록 접근하기 위해서입니다.

셋째, '유아중심 · 놀이중심 누리과정'으로 교육하기 위한 교사의 지원 측면에서 '코칭적 접근의 상호작용'을 적용하였습니다. 이는 유아의 놀이를 이해하고 의미 있는 배움으로 확장하는 데 있어 교사의 상호작용이 중요하기 때문입니다.

넷째, 제4차 산업혁명 시대에 맞는 '유아과학교육의 실제'를 다루었습니다. 즉, 창의적 접근, 프로젝트 접근, 스팀 접근, 메이커 접근을 통해 보다 더 적극적이고 능동적으로 문제를 해결해 나가며 새로운 시대를 살아갈 미래인재로 성장할 수 있도록 하기 위해서입니다.

주지하다시피 유아기는 인지발달적으로 전조작기에서 구체적 조작기로 넘어가는 과도기에 있습니다. 그러므로 유아의 눈에 과학적 원리는 잘 보이지 않습니다. 그래서 실제가 매우 중요합니다. 볼 수 있도록 하기 위해 온 몸을 다 활용하도록 교육해야 하는 이유가 여기에 있습니다. 물론 교사도 잘 보기가 어렵습니다.

그러나 안 보인다고 해서 없는 것은 아닙니다. 그러므로 볼 수 없는 것도 볼 수 있도록 과학적 토양을 만들어야 합니다. 이 점은 유아과학교육에서 매우 중요합니다. 성경에 "보이는 소망이 소망이 아니니 보는 것을 누가 바라리요 만일 우리가 보지 못하는 것을 바라면 참음으로 기다릴지니라"라는 로마서 8장 24-25절 말씀이 있습니다.

그렇습니다. 지금 제대로 그리고 잘 보지 못하지만, 소망을 가지고 나아가야 합니다. 오천년 이상의 유구한 역사를 지니고 있는 우리나라, 두뇌가 좋기로 세계에서 1~3등 안에 든다고 알려진 나라임에도 불구하고 아직 노벨과학상 수상자는 한 명도 배출하지 못했습니다. 분발해야 합니다.

이 작은 책이 소망의 모퉁이 돌이 되기를 소망합니다.

이 책이 예비교사와 현장에서 유아를 교육하고 있는 교사들에게 과학 활동을 계획하고 실행하며 평가하는 데 도움이 되기를 진정 바랍니다.

특히 이 책의 출간을 위해 도움을 아끼지 않으신 창지사 김기섭 대표님, 완성도 높은 교재를 만들기 위하여 끝까지 수고하신 편집진들께 심심한 감사의 말씀을 드립니다. 끝으로 사랑으로 저희 공동 저자들을 지원해 준 가족들에게 감사의 마음을 전합니다.

2021년 2월

저자들이 한 마음으로 썼습니다.

차례

제2부 유아중심·놀이중심 누리과정과 과학교육 • 61

제3부 유아과학교육의 실제 • 175

제1부에서 학습할 주요 내용과 태도

유아는 타고난 과학자라고 할 만큼 호기심을 가지고 주변 환경을 탐색하기를 즐긴다. 선천적으로 호기심이 풍부한 유아가 어떤 과학적 경험을 하느냐에 따라 과학적 자아의 발달, 과학적 태도와 소양이 길러진다. 따라서 이러한 소양을 길러 주기 위해서는 유아과학교육에 대한 학자들의 관점을 살펴보고, 이를 바탕으로 유아과학의 개념 및 중요성에 대해 살펴볼 필요가 있다. 또한, 유아과학교육을 위한 환경과 구성주의 이론을 살펴보고 유아들이 과학을 학습하는 방법에 대한 이해를 바탕으로 유아들의 과학적 탐구가 보다 의미 있게 이루어질 수 있도록 알아보고자 한다.

제1부
유아과학교육의 기초

과학은 우리 미래의 열쇠이다. 그리고 만약 당신이 과학을 믿지 않는다면 당신은 모든 사람을 전진하지 못하도록 막는 중이다.
–빌 나이–

유아과학교육의 관점과 교육적 의미

과학은 라틴어 'science'에서 유래된 말로서 지식(knowledge)을 의미한다. 즉, 앎의 과정인 것이다.

유아는 타고난 과학자라고 할 만큼 호기심을 가지고 주변 환경을 탐색하기를 즐긴다. 따라서 유아기에 어떤 과학적 경험을 하는가는 과학적 자아의 발달과 과학적 태도 및 소양에 지대한 영향을 미치게 된다.

이에 교사는 유아가 과학적 탐구의 과정을 즐기고, 긍정적인 태도를 형성할 수 있도록 지원하기 위해 유아의 삶에 과학이 가지는 의미를 이해하고 지원해 나갈 수 있어야 한다.

이 장에서는 유아과학교육에 대한 학자들의 관점을 살펴보고, 이를 바탕으로 유아과학의 개념 및 중요성에 대한 이해를 높이고자 한다.

제1장

유아과학교육의 관점과 교육적 의미

하나 과학을 보는 관점과 교육적 의미

둘 유아과학교육의 기초이해

과학은 정리된 지식이다. 지혜는 정리된 인생이다.
–임마누엘 칸트–

1. 과학을 보는 관점과 교육적 의미

과학은 우리의 생활 속에서 함께하고 있다. 일상생활에서 생겨난 궁금증에 대한 해답을 과학적으로 찾아간다면 유아들은 과학을 가깝고도 친근하게 느낄 수 있을 것이다. 이러한 관점에서 우리나라는 1968년 4월 21일을 '과학의 날'로 정하고 국민이 과학적 생활 태도를 가질 수 있도록 지원하고자 하였다. 그런데 52년이 지난 현재도 과학을 보는 관점은 멀리 있는 과학으로만 느껴진다.

| 글 & 그림상자 1-1 | 과학의 날은 어떤 날인가?

출처: http://encykorea.aks.ac.kr/

1967년 4월 21일 과학기술처의 발족일을 기념하여 1968년 4월 21일을 '과학의 날'로 정하였고, 1973년 3월 30일 제정, 공포된 「각종 기념일 등에 관한 규정」에 따라 확정되었다.

Q&A

과학의 날에는 무엇을 할까?

과학의 날을 정한 궁극적인 목적은 무엇일까?

1) 과학을 보는 관점

21세기 제4차 산업혁명 시대[1)]에 필요한 교육은 무엇일까? 그리고 새로운 시

1) 세계경제포럼은 2016년 1월 열린 다보스포럼에서 제4차 산업혁명을 화두로 제시하면서, 제4차 산업혁명을 '디지털 혁명에 기반하여 물리적 공간, 디지털적 공간 및 생물학적 공간의 경계가 희석되는 기술융합의 시대'로 정의했다(https://100.daum.net/).

대를 이끄는 과학 기술의 메가트렌드(megatrend)[2]는 미래교육에 어떤 영향을 미치게 될까? 또한, 인공지능과 함께 살아가는 세상에 어떤 인재들이 살아남을까? 이와 같은 질문에 많은 사람이 공감하는 미래의 교육은 급변하는 미래사회에 필요한 역량을 길러 주는 교육, 함께 어울려 살아가는 방법을 가르치는 교육, 먼저 질문하고 스스로 답을 찾게 하는 교육, 나의 꿈과 사회적 공헌에 대해 생각해 볼 수 있는 교육, 세상을 읽는 안목을 키워 주는 교육이라 할 수 있다.

Partnership for 21st Century Skill(2009)[3]에서는 21세기 핵심역량 4C Education으로 남들과 다른 시각(Critical thinking), 새로운 생각(Creativity), 타인과 소통능력(Communication), 함께 일하는 태도(Collaboration)를 제시하였다.

미국 하버드대의 교육학자인 토니 와그너(Tony Wagner)가 제시한 미래의 인재상은 첫째, 비판적 사고력과 문제해결 능력, 둘째, 협동심 및 리더십, 셋째, 효과적인 발표력 및 작문 실력, 넷째, 유용한 정보 탐색 및 분석능력, 다섯째, 호기심과 상상력, 여섯째, 민첩성과 적응성이라고 하였다. 토니 와그너는 집단지성 즉, 나보다 똑똑한 우리를 중요시하였다. 이러한 맥락에서 급변하는 시대에 맞게 과학을 바라보는 관점도 변화해야 한다.

이렇듯 과학을 바라보는 관점은 세 가지로 요약할 수 있다.

(1) 결과중심 관점

결과중심의 관점은 과학교육을 과학적 개념과 전달에 중점을 두는 지식형성에 초점을 두고 있다. 이러한 과학교육은 1950년대 이전의 교육으로 교사의 설

2) 시대의 큰 흐름, 최신 조류를 나타내는 말로 미국의 미래학자 존 나이스비트(John Naisbitt)의 저서인 세계적 베스트셀러「메가트렌드」에서 유래한 용어이다. 현대 사회에서 일어나고 있는 거대한 조류를 의미하며 탈공업화 사회, 글로벌 경제, 분권화, 네트워크형 조직 등을 그 특징으로 하고 있다(행정학사전, 2009).

3) 미국의 주요 경제계 인사와 교육리더, 정부 정책결정자들이 주축이 되어 결성한 연합체로 학생들이 성취해야 할 역량과 지원시스템을 '21세기 학습 프레임워크'라 명명하고 교육현장에 적극 설파하고 있다(교육부 블로그 https://blog.naver.com/moeblog/221104978460).

명과 교과서에 의해 제공된 과학 정보에 중점을 둔 수동적인 학습이었다. 따라서 유아들의 과학을 유아가 성취한 사실, 지식과 개념에 중점을 둔다.

(2) 과정중심 관점

과정중심의 관점은 창의적인 사고를 바탕으로 끊임없는 관찰과 현상에 대한 호기심을 갖고 탐구하며 발견하는 과학교육 과정에 초점을 두고 있다(Koch, 1999). 이러한 과학교육은 유아로 하여금 과학적 탐구과정을 즐김으로써 과학에 대한 흥미를 기르고, 과학에 대한 긍정적 태도를 기를 수 있는 능동적인 학습을 의미한다. 따라서 유아가 호기심을 가지고 탐구하는 과정에 중점을 둔다.

(3) 과정 · 결과중심 관점

과정 · 결과중심의 관점은 과학교육을 과정임과 동시에 과학적 지식의 형성이라 설명한다. 이러한 과학교육은 우리 생활 주변의 다양한 문제에 대해 학습하는 것으로, 의문점에 대한 답을 알아내는 것이고 당면한 문제를 해결하도록 하는 것이라 할 수 있다(전경원, 2015). 따라서 유아들의 과학을 과학적 개념 및 지식 전달과 함께 과학적 지식을 형성하는 절차, 태도 및 사고 기능 형성에 중점을 둔다(McComack & Yager, 1989).

이러한 세 가지 관점 중 과정중심 관점은 최근 유아과학교육이 지향하는 바이며 유아에게 과학은 호기심을 가지고 탐구하고 발견하는 과정 그 자체라 할 수 있다. 따라서 유아가 일상생활 속에서 무언가에 스스로 관심을 가지고 탐구하는 태도가 가장 중요하며, 유아중심 · 놀이중심으로 진행될 때 의미 있는 유아의 과학교육이 될 수 있다.

| 그림 1-1 | 놀이중심 탐구활동

2019 개정 누리과정은 유아중심 · 놀이중심을 추구하며 유아의 자율성과 창의성을 신장시키는 것에 목표를 두고 있다. 이는 과학을 바라보는 관점도 유아들의 흥미와 관심, 경험이 무엇인지를 이해하는 것에 중점을 두어 접근해야 함을 의미한다. 이에 교사는 교육환경을 구성하고 유아가 호기심을 가지고 탐구과정을 즐길 수 있도록 도와야 한다.

2019 개정 누리과정의 자연탐구영역은 세 가지 범주로 '탐구과정 즐기기', '생활 속에서 탐구하기', '자연과 더불어 살기'를 제시하고 있다. 이를 통해 유아는 생활 속 자연스러운 놀이에서 능동적 탐구의 과정을 경험하게 된다.

이에 따라 교사는 기존의 교사주도의 계획된 활동에서 유아중심으로 관점을 바꾸고 유아의 삶이 놀이 그 자체임을 인정하고, 놀이 안에서 의미 있고 가치 있는 것을 경험하는 것이 유아교육의 본질임을 인식하여 실천해야만 한다.

2019 개정 누리과정의 목적은 유아가 놀이를 통해 심신의 건강과 조화로운 발달을 이루고 바른 인성과 민주 시민의 기초를 형성하는 데에 있다. 이를 실현하기 위한 목표는 다음과 같다.

- 자신의 소중함을 알고, 건강하고 안전한 생활 습관을 기른다.
- 자신의 일을 스스로 해결하는 기초능력을 기른다.
- 호기심과 탐구심을 가지고 상상력과 창의력을 기른다.
- 일상에서 아름다움을 느끼고 문화적 감수성을 기른다.
- 사람과 자연을 존중하고 배려하며 소통하는 태도를 기른다.

2019 개정 누리과정의 목적에서는 '놀이를 통해'라는 표현을 제시하여 유아기의 고유한 특성을 강조하고 있다.

이와 같은 관점에서 유아과학은 지식중심의 학습이 아니라 놀이로 접근해야 하며 교사는 유아들이 생각하는 모든 것에 관심을 두어야 한다. 런던의 놀이 학술단체 '플레이잉글랜드'는 놀이는 인지적 이점보다 동기유발, 정서, 회복력과 밀접한 관련이 있다고 했다(지성애, 2000; Levy, 1978).

그러므로 이러한 과학놀이에서 교사는 유아가 경험하는 탐구의 즐거움을 비롯한 다양한 정서적인 변화를 인정하고 지지해 주어야 한다.

| 그림 1-2 | 텃밭 활동 관찰일지

2) 과학의 발달과 교육 접근의 의미

최근 빠른 첨단과학기술의 발전으로 과학은 우리 삶의 패러다임을 변화시키고 있다. 21세기를 살아가고 있는 유아의 삶과 다가올 미래는 이전 시대와는 확연히 다를 것이다. 미래학자들과 사회 각 전문가들은 다가올 미래를 예측하고 변화와 그에 대한 대응을 위한 준비를 강조하고 있다.

따라서 현대 과학은 지속적인 성장을 추구하되, 성장으로 일어나는 또 다른 문제에 이르기까지 과학의 범위로 설정한 다음, 과학기술이 자연보존과 함께 균형과 조화를 이루어 발전할 수 있도록 하는 데 그 중요성과 목표를 두고 있다.

유네스코(UNESCO, 2005)는 유엔세계 정상회의에서 '지속가능발전교육 10년(Decade of Education for Sustainable Development, DESD 2005~2014)'의 세부 실행계획을 설정하고 추진하면서 전 국가 교육의 방향을 제시하였다.

유네스코가 강조하는 지속가능발전교육에서 지속가능발전의 개념은 '인간, 동식물종, 생태계, 자연자원-물, 공기, 에너지 등을 포함하며, 빈곤과의 투쟁, 성 평등, 인권, 모두를 위한 교육, 보건, 인간안보, 문화 간 대화 같은 관심들을 통합하는 발전에 대한 비전(a vision of development)'이라고 설명하고 있다(서현정, 2018).

과학은 발달과정에서 인간에게 긍정적 또는 부정적 영향을 미친다. 따라서 유아기부터 지혜롭게 합리적 · 창의적으로 판단하는 과학적 사고와 태도를 함양할 수 있도록 돕는 데 유아과학교육의 접근 의미가 있다.

21세기는 과학 지식의 습득만으로는 미래의 다양한 문제에 적극적으로 대처할 수 없다(전경원, 2015). 이에 미래사회는 새롭게 대두되는 다양한 문제를 비판적이고 합리적으로 해결할 수 있는 리더십을 갖추고 다양한 전문분야 및 직업에서 과학적 사고력을 겸비한 창의적 인재를 필요로 하게 되었다.

이러한 시대적 요구를 반영하여 2011년 우리나라는 미국의 STEM(Science, Technology, Engineering, Mathematics) 교육에 인문학의 범위로서의 Art(예술)와 융합한 STEAM 교육을 강화함으로써 과학적이고 융합적인 사고력을 바탕으로 문제해결 능력을 갖춘 미래의 인재육성을 추진해 오고 있다(교육과학기술부, 2011). 즉 과학, 기술, 공학, 수학, 예술 및 인문학을 통합하여 실생활의 문제를 해결할 수 있는 융합적 마인드와 사고능력을 강조한 융합인재교육의 중요성을 강조하고 있는 것이다. 이렇듯, 유아에게 과학교육은 유아의 자율성을 중심으로 창의성 신장 및 현재의 삶과 미래의 삶에서의 전인적 발달과 행복을 추구할 수 있는 디딤돌 역할이 되어야 한다.

| 그림 1-3 | 놀이 활동에서의 호기심

2. 유아과학교육의 기초이해

과학은 라틴어 'science'에서 유래한 용어로 '지식(knowledge)'의 의미를 내포하고 있다. 이러한 지식은 지식과 정보를 알아내기 위한 과정과 과정의 결과로 얻어진 산출물도 포함된다(전경원, 2015; McComack & Yager, 1989).

유아에게 긍정적인 과학적 경험은 매우 중요하다. 그리고 이러한 과학적 경험은 과학에 대한 태도 형성에 영향을 미친다. 즉, 유아들의 여러 가지 질문에 대해 진지하게 탐구할 수 있도록 어떠한 방법으로 도와주고 피드백해 주느냐에 따라 유아들의 과학자적 성향과 학습 태도가 좌우된다. 그리고 이렇게 형성된 과학적 태도는 과학적인 지식을 습득하는 데에는 중요한 포인트가 된다.

| 글 & 그림상자 1-2 | 국립 어린이 과학관!

출처: https://www.csc.go.kr/

'미래사회를 이끌 창의 융합형 인재 양성'을 목표로 지난 2017년 12월 개관한 국내 최초의 어린이 전용 국립 과학관이다.

과학관은 과학적 원리를 근간으로 놀이와 배움을 동시에 체험할 수 있는 세 개의 과학놀이터(감각놀이터, 상상놀이터, 창작놀이터)와 천체투영관 및 천체관측소 그리고 오감으로 즐길 수 있는 4D 영상관 등 최신의 전시공간을 갖추고 있다.

Q&A

3개의 과학 놀이터 외에 어떤 놀이터를 추가할 수 있을까?

1) 유아과학교육의 개념

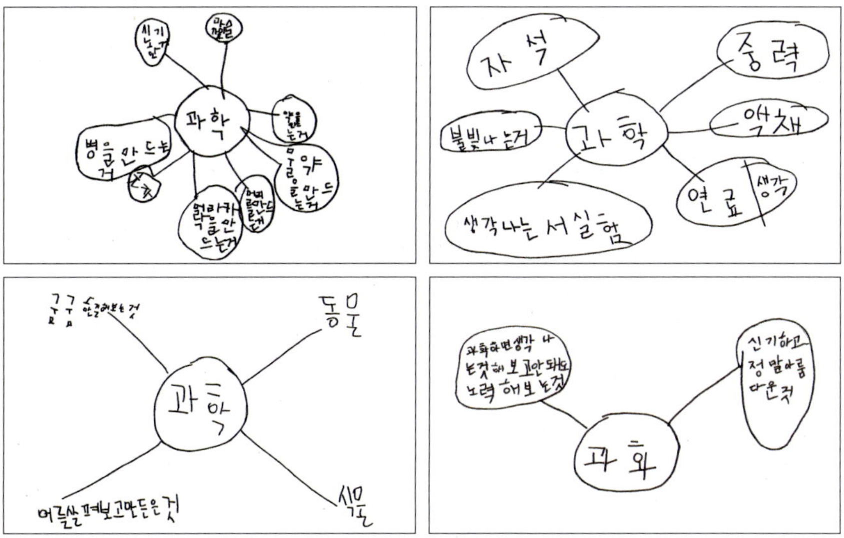

| 그림 1-4 | 유아가 생각하는 과학

출처: 풀꽃향기유치원.

유아들에게 "과학을 무엇이라고 생각하니?"라고 질문을 했을 때 앞에서 언급한 학자들의 견해와 유사한 이야기를 들을 수 있었다.

첫 번째, 지식을 알아가는 관점이다. 즉, 신기한 것, 약을 만드는 것, 머리카락을 만드는 것, 자석, 액체, 실험, 중력이라고 하였다. 두 번째는 탐구해 보는 과정이다. 즉, 궁금한 것을 해 보는 것, 무엇을 살펴보고 만드는 것, 노력해 보는 것, 신기하고 정말 아름다운 것, 동물, 식물이라고 하였다.

『우리말큰사전』에서는 과학을 '사물의 법칙과 이치에 관한 바른 지식체계 또는 그것을 밝히는 학문'이라고 하였으며, 『교육학 용어사전』에 의하면 '자연현상을 과학적으로 관찰, 처리하여 얻은 원리와 법칙을 이해함으로써 일상생활, 행동을 바람직한 방향으로 변화시키기를 기대하는 교육'이라고 정의하였다. 일반적으로 과학은 '물리학, 생물학, 지구과학 등과 같이 특정 학문에 대한 지식의 총체 또는 사실의 집합'으로 인식되고 있다(Johnston, 1995). 전경원(2015)은 과학은 '인간과 자연에 대해 궁금한 것을 이해하기 위한 것이다'라고 하였으며, 지식과 정보를 알아내기 위한 과정과 산출물도 포함된다고 하였다. 이러한 개념은 과학적 지식은 불변하는 진리로서 다음 세대에 전수되어야 한다는 것으로 보는 관점이다.

이렇듯 일반적인 과학의 정의는 과학이라는 학문에 대한 이미 정리된 과학지식체계에 대한 지식전달이 강조되어 있으며, 그것들을 밝히기 위한 과정으로 정의되고 있다.

그러나 최근 국내 · 외 교육과정은 역량 강화 및 개발을 중심으로 미래사회에 부응하는 방향을 강조하면서 새로운 교육에 대한 필요성을 강조하고 있다. 왜냐하면 미래사회는 지식이 많은 사람보다는 지식을 잘 활용할 수 있는 사람을 필요로 하기 때문이다. 이에 따라 국가에서는 자연과 생명을 존중하며 다른 사람과 함께 살아가는 바른 인성을 갖추고 창조적 사고로 지속 가능한 사회를 만들어 갈 수 있는 역량을 갖춘 인재 양성을 목표로 하고 있다(교육부 · 보건복지부, 2019c).

2019 개정 누리과정에서 과학교육은 일상생활과 자연환경에서 일어나는 다양

한 현상을 탐구하는 과정을 즐기고, 생활 속의 모든 문제를 수학적, 과학적으로 탐구하며 자연과 더불어 사는 태도를 기르는 것이다.

따라서 이의 성취를 위해서는 다음과 같은 요소를 충족시킬 수 있어야 한다.

첫째, 일상에서 호기심을 가지고 탐구하는 과정을 즐긴다.
둘째, 생활 속의 문제를 수학적, 과학적으로 탐구한다.
셋째, 생명과 자연을 존중한다.

이렇게 볼 때, 유아기의 과학교육이란 기본적으로 갖고 있는 유아들의 과학적 자아를 더욱 증진 시키기 위해 유아들의 과학적 질문에 대해 탐구할 수 있는 환경과 경험을 제공하는 일련의 교육적 행위라고 할 수 있다(황의명 · 조형숙, 2015).

| 그림 1-5 | 일상생활에서의 탐구

2) 유아과학교육의 중요성

유아는 타고난 과학자이다. 코흐(Koch, 1999)는 "유아들은 주변에서 눈에 띄고 손에 잡히는 다양한 사물과 현상에 대해 끊임없이 분출하는 호기심과 의문을 갖고 있으며, 이를 해결하기 위해서 적극적이고 활동적으로 행동하는 과학자적 성향을 갖고 있다"고 하였다. 이처럼 과학은 새로운 것에 대한 인간의 호기심에서 출발하는 활동이다.

과학의 역사를 빛낸 유명한 과학자들의 생애를 분석해 보면 유아기에 있었던 중요한 과학적 사건이나 경험이 그들의 과학적 흥미를 형성하고 이를 유지하게 한 원동력이었음을 알 수 있다(Gallas, 1995).

| 글 & 그림상자 1-3 | 과학자가 하는 일!

연구활동
훅은 현미경으로 코르크를 관찰하여 세포를 발견하였다.

사회활동
과학 정책 수립에 관여한다.

지식전달
학생들에게 과학 지식을 가르친다.

지질탐사
실험실 밖에서도 연구활동을 한다.

로봇제작
과학의 원리를 응용하여 새로운 기술이나 제품을 개발한다.

출처: https://terms.naver.com/list.naver?cid=58198&categoryId=58199&so=st4.asc

Q&A

과학이 우리에게 주는 고마운 점은 무엇일까?

이렇듯 과학이란 우리가 사는 세상에 대한 궁금한 점들을 찾아서 그것을 창의적으로 해결하기 위해 끊임없이 다양한 탐구를 해 보는 활동이라고 할 수 있다(김래은 · 박혜경, 2020; 류진희, 1985).

피아제(Piaget, 1976)는 유아들은 발달 시기에 맞는 일련의 단계들을 거쳐야 하기에 해당 시기에 맞지 않은 발달을 촉진할 수 없다고 하였으며, 각 시기에 맞는 결정적 발달 시기에 이루어져야 한다고 하였다. 이와 관련하여 유아발달에 있어 교사역할의 중요성을 강조하였으며, 다양한 감각적 경험을 통해서 직접 조작하고 경험하며, 과학적 사고가 발달할 수 있도록 해야 한다고 하였다.

마틴(Martin, 2000)은 과학교육의 목적을 과학적 태도, 과학적 과정 기술, 과학적 지식의 향상에 두고 있으며, 특히 과학적 태도를 정서적 태도(호기심, 끈기, 실패에 대한 긍정적 접근, 열린 마음, 타인과의 협동)와 인지적 태도(솔직성, 객관성, 비판성)로 나누어 유아의 과학적 태도를 과학교육의 중요한 목적으로 제시하였다.

블라우(Blough, 1964)는 과학교육의 경험은 유아가 문제를 해결할 수 있는 능력을 키워 주며, 과학적 지식과 정보를 획득할 수 있으며, 주변의 세계에 대한 과학적 흥미와 감상 능력을 발달하도록 도와주는 데에 있다고 말하였다.

유아들은 선천적으로 자연에 대한 관찰과 사고를 즐긴다(Eshach & Fried, 2005). 이는 유아들이 궁금한 것에 대해 답을 찾기 위해 적극적으로 탐색하고 탐구하며 이를 즐긴다는 것을 뜻한다. 이와 같은 유아의 특성과 더불어 자연탐구 영역에서 제시한 다양한 과학적·수학적 경험과 관련된 내용을 고려할 때, 유아기 과학적 경험의 중요성은 네 가지로 요약된다.

첫째, 유아들에게 과학자적 성향을 갖게 한다.
둘째, 유아들에게 과학에 대한 긍정적인 태도를 갖게 한다.
셋째, 유아들에게 과학적 태도와 지식을 갖게 한다.
넷째, 유아들의 문제인식과 문제해결 능력을 기른다.

교사는 유아가 호기심을 가지고 주도적으로 탐구하는 과정을 즐기며, 스스로 궁금증을 해결해 가도록 도와야 한다. 또한 유아가 주변의 동식물을 비롯한 모든 생명과 자연환경에 관심을 가지며 생명을 소중히 여기고 사람과 자연이 더불어 살아가는 방법을 실천하도록 지원할 수 있어야 한다. 교사가 유아의 호기심에 어떻게 반응하고 지원해 주는가 하는 것은 유아들이 어떻게 과학을 받아들이는가에 대해 결정적인 역할을 하게 된다.

지식정보화사회인 오늘날에는 다양한 분야에서 과학적 지식과 태도를 필요로 하고 있다(윤은경, 2012; 조형숙·김선월 외, 2014). 이에 유아기에 형성되는 과학적 소양은 지적발달과 사고발달의 기초가 될 뿐만 아니라 창의적으로 문제를 해결해 나가는 능력을 기르는 데 기초가 되므로 교사는 과학교육의 중요성을 인식하고 적극적으로 지원해야 한다.

유아과학교육, 고마운 과학의 출발점!

"비를 피할 수 있도록 도와주는 고마운 물건들"

비가 오는 날 비를 피할 수 있도록 도와주는 고마운 물건들이 있어요. 그 물건들에는 어떤 과학원리들이 숨어 있을까요? 그리고 그 원리를 이용해 아이들은 어떻게 놀 수 있을까요? 예비교사의 생각이 궁금해요!

과학아 고마워 !		과학아 놀자 ^^
과학의 원리는 무엇일까?	비를 피할 수 있도록 도와주는 고마운 물건들	아이들은 어떻게 놀까?
• 방수의 원리 • 피뢰침의 원리	 우산	
• 방수의 원리 • 투습의 원리	 우비	
• 방수의 원리 • 마찰의 원리	 장화	

비가 오는 날 비를 피할 수 있도록 도와주는 고마운 물건! 그 속에 숨은 과학원리를 함께 알아봐요!

방수의 원리

우산과 우비, 장화가 비에 젖지 않도록 하는 것은 방수의 원리와 관련이 있어요. '방수'란 물이 스며들거나 새지 않도록 막아 주는 것으로, 우산과 우비, 장화를 만들 때 재료의 섬유 사이를 코팅해 비가 스며들지 않도록 도와주어요.

피뢰침의 원리

여름철 뭉게구름은 소나기를 내리는 구름으로 천둥, 번개와 함께해요. 이 구름은 위쪽에는 ⊕전기 성질의 물방울이, 아래쪽에 있는 ⊖전기 성질의 물방울이 모이게 되는데, 그 두 전하가 만나면 순간적으로 전류가 흐르며 번개가 쳐요. 번개가 칠 때 우산 끝처럼 위쪽으로 튀어나온 물체는 금속, 비금속 관계없이 벼락을 유인하기 때문에 우산보다는 비옷을 준비하는 것이 안전해요.

투습의 원리

우비는 원단의 입자를 물방울의 입자보다 작게, 수증기보다 크게 만들어서 물이 그 안으로 침투하지 못하고 표면에서 흐르도록 하며 수증기 분자인 땀은 밖으로 배출하도록 해요. 이러한 원리를 활용한 '고어텍스'는 우비뿐 아니라 의류, 신발, 가방, 텐트 등에서도 유용하게 사용되고 있어요.

마찰의 원리

장화는 마찰력을 높이기 위해 땅에 닿는 바닥 면을 울퉁불퉁하게 만들어요. 마찰력이란 물체의 운동을 방해하는 힘을 말해요. 비가 오는 날에는 땅 위에 물이 얇은 막을 만들어 미끄러질 수 있기 때문에 마찰력을 높일 수 있도록 홈을 만드는 거랍니다.

유아과학교육 환경의 구성

유아과학교육을 위한 환경의 질에 따라 유아의 과학경험 기회와 내용이 달라진다. 유아들은 주변을 끊임없이 탐색하고 직접 체험하는 과학적 탐구과정을 통해 지식을 확장시킨다.

따라서, 유아과학교육을 위한 환경은 유아들이 과학을 접하는 기초로 보다 의미 있는 과학적 탐구가 이루어질 수 있도록 물적 · 인적 자원을 바탕으로 제공되어야 한다.

이 장에서는 유아과학교육을 위한 물리적 환경과 인적환경의 구성을 살펴보고 그 중요성에 대한 이해를 높이고자 한다.

제2장

유아과학교육 환경의 구성

하나 유아과학교육을 위한 물리적 환경

둘 유아과학교육을 위한 인적 환경

과학에서 중요한 것은 새로운 사실을 얻는 것보다
새로운 사실을 생각해 내는 법을 찾아내는 것이다.
-윌리엄 브래그-

1. 유아과학교육을 위한 물리적 환경

과학적 탐구에 대한 유아들의 흥미를 유발하고 몰입을 돕기 위해서는 풍부한 자료의 준비와 계획된 환경구성이 매우 중요하다.

유아는 주변 세계에 무한한 호기심을 갖고 꼬마과학자의 시각으로 주변 세계를 탐색한다. 이를 잘 북돋아 줄 때 유아는 무엇이든 적극적으로 탐구하고 배우고자 하는 학습 태도가 길러지게 된다. 따라서 교사는 자연탐구영역의 목표를 바탕으로 유아가 탐구하는 과정을 즐기고, 생활 속에서 탐구하며, 자연과 더불어 살아가는 태도를 가질 수 있도록 환경을 조성해 주어야 한다(교육부·보건복지부, 2019c).

| 글 & 그림상자 2-1 | 무궁화유아숲체험원

출처: https://www.fowi.or.kr/

'유아숲체험원'은 유아가 숲에서 맘껏 뛰놀고 오감을 통해 자연과 교감하는 등 전인적 성장을 위해 제공되는 공간이다. 또한, 숲이 교과서가 되고 놀이 자체가 배움이 되는 교육의 장을 제공한다.

Q&A

숲 체험원에서 유아들이 할 수 있는 숲 활동은 어떤 것들이 있을까?

1) 유아교육기관 환경

유아의 내재된 과학적 호기심을 키워 주고, 일상생활 속에서 과학을 편리하고 합리적으로 활용할 수 있는 능력과 과학에 대한 긍정적인 태도를 길러 주기 위해서는 유아기부터 다양한 과학적 환경의 경험을 많이 갖는 것이 중요하다. 이러한 관점에서 유아의 과학교육을 위한 물리적 환경으로는 실내환경, 실외환경,

가정환경, 지역사회환경을 살펴볼 수 있다.

(1) 실내환경

유아의 과학교육을 위한 실내환경에서 유아의 과학교육이 일상화되도록 하기 위해서는 과학적 탐구를 위해 체계적으로 준비된 환경이 필요하다. 유아들의 과학적 탐색과 탐구는 교실 내 어디에서든지 자연스럽게 이루어질 수 있다. 이렇듯 과학 활동이 일상화되기 위해서 계획적인 자료 준비와 공간 구성은 필수적이다(황의명 · 조형숙, 2015). 이때 유아들의 과학적 탐구는 정해진 장소뿐만 아니라 생활환경 전반에 거쳐 이루어지기 때문에 교사는 모든 공간이 과학적 탐구 영역이 될 수 있음을 인식하고 전반적인 생활환경에서 유아들의 과학적 사고를 증진 시킬 수 있는 방안을 고려해야 한다.

이에 유아교육기관에서는 실내 교실 환경에 흥미영역으로 과학영역을 구성하여 유아-유아, 유아-사물, 유아-교사 간 상호작용의 질을 높일 수 있도록 하고 있다.

과학영역이란 과학교육을 위한 다양한 교구와 자료, 책, 실험도구 등을 별도로 모아 교실 내에 설치한 곳을 말한다. 과학영역을 구성하는 데 고려해야 할 원리는 다섯 가지로 요약된다.

첫째, 과학영역은 유아들이 흥미를 가질 수 있도록 변화를 주면서 잘 정돈되도록 한다.

둘째, 과학영역의 교구장을 배치하고 융통성이 있도록 하며, 자유로운 이동이 가능하도록 한다.

셋째, 과학영역은 감각 탐색 활동을 기반으로 관찰, 측정, 비교, 대조, 예측, 실험 등을 위한 교재교구를 비치한다.

넷째, 과학영역은 교육 주제와 연관 있게 변화를 주어 주제와 관련된 과학적 경험을 심화 · 발전시킬 수 있도록 한다.

다섯째, 과학영역은 유아에게 위험성 있는 자료는 교사의 도움을 받을 수 있도록 따로 보관하도록 한다.

| 그림 2-1 | 과학영역

(2) 실외환경

유아의 과학교육을 위한 유아교육기관에서 실외환경은 실제적인 사물과 현상을 탐구할 수 있는 곳이다. 이는 자연탐구영역의 목표인 일상생활에서 호기심을 가지고 탐구하는 과정을 경험할 수 있는 공간이자 생활 속의 문제를 수학적, 과학적으로 탐구하며, 생명과 자연에 대한 존중을 배울 수 있는 귀한 장소라 할 수 있다.

이에 유아교육기관에서는 바깥놀이가 이루어지는 실외환경에 놀이기구, 모래놀이, 목공놀이, 동식물 사육재배시설, 휴식공간 등을 확보하고, 유아발달에 적합한 시설을 마련하여 다양한 과학활동을 지원하고 있다.

실외환경은 유아가 주변 세상에 관심을 갖고 흥미를 느끼며 과학적 경험으로 확대할 수 있도록 하는 풍부한 자원으로 유아의 탐구능력 향상에 기초가 된다. 이에 유아교육기관에서는 국가교육과정의 지침에 따라 하루 일과 중 바깥놀이를 1시간 이상 실행하고 있다.

| 글 & 그림상자 2-2 | 안전한 놀이터

출처: http://www.ikap.co.kr/

본 협회 정관 제2조: 어린이가 안심하고 자유롭게 놀이할 수 있는 안전한 놀이터를 구축하기 위함이다.

Q&A

이 협회에서 하는 일은 무엇일까?

① 놀이기구

유아들에게 다양한 신체놀이 기구는 과학적 탐구를 위한 좋은 시설이 된다. 시소나, 미끄럼틀과 같은 놀이 시설은 마음껏 몸을 움직이는 가운데 균형, 방향, 속도, 마찰, 힘과 같은 물리적 개념을 경험할 수 있는 과학적인 도구가 된다. 이처럼 유아들은 실외환경에서 사물과 현상에 대해 탐색하고 새로운 것을 경험함으로써 유능한 존재로 성장해 나갈 수 있다.

이 같은 실외 놀이환경을 조성할 때에 기관과 교사는 과학적 원리를 경험할 수 있는 다양한 놀이 시설을 구비하는 것과 동시에 안전을 함께 생각하도록 한다. 예를 들어 안전관리를 위해 교사가 한눈에 유아들을 바라볼 수 있도록 시설을 배치하고, 뛰거나 기어오르는 공간의 바닥은 충격을 흡수할 수 있는 재질을 사용하도록 한다.

| 그림 2-2 | 실외환경 놀이기구

② 물 · 모래 영역

물과 모래는 유아들이 다양한 놀이를 할 수 있는 공간이다. 물과 모래 놀이를 될 수 있으면 가까운 곳에 설치하여 두 영역 모두 한 번에 3~4명이 동시에 함께 놀이할 수 있는 공간을 마련해 주어야 한다.

물과 모래 놀이는 다양한 보조 자료를 제공하여 다양한 방법으로 물의 특성에 관한 물리적 개념을 탐구할 수 있도록 하며, 물과 모래를 섞어 다양한 형태를 만들고, 수로 만들기, 모래밭에 웅덩이 만들기 등을 하여 다양한 과학적 탐구를 할 수 있도록 한다.

물과 모래 놀이는 유아들이 자연물을 몸으로 느껴 보고 다양한 감각을 느낄 수 있도록 좋은 기회를 제공한다.

| 그림 2-3 | 물 · 모래 놀이기구

③ 동식물 영역

동식물을 기르는 영역은 실내의 제한된 활동에서 벗어나 자연환경 및 동식물을 직접 탐색하고 관찰하는 기회를 제공하는 영역이다. 동식물영역은 유아들이 동물과 식물을 탐색하고 감상할 수 있는 공간과 환경으로 구성한다.

동물은 작은 새나 토끼, 닭 등을 키울 수 있는 사육장을 마련하는 것이 좋지만, 여건이 되지 않으면 실내에서 작은 물고기나 개미, 장수풍뎅이 등을 기를 수도 있다. 이때 교사는 유아들이 동물들의 생태를 관찰함과 동시에 올바른 방법으로 교감할 수 있도록 돕는다. 식물은 교육적으로 활용성이 높은 채소를 심이

서 가꿀 수 있는 텃밭을 조성할 수 있다.

| 그림 2-4 | 동식물 활동

동식물 영역을 통해 유아들은 동물과 식물들을 직접 길러 보는 경험을 하게 되며 이를 통해 동식물의 성장과정을 이해하고 그와 관련된 과학적 지식, 기술, 태도의 발달을 이루게 된다.

2) 가정환경

세계적인 과학자 아인슈타인은 유아기에 선물 받은 나침반을 들고 다니며, 삼촌과 아버지를 끊임없이 힘들게 했다고 했다고 한다. 아인슈타인의 집요한 질문과 탐구심에 반응해 준 두 사람이 있었기에 위대한 과학자가 탄생할 수 있었다고 할 수 있다. 이렇듯 가정환경의 중요성은 아무리 강조해도 지나치지 않는다.

최근 지역사회에서 자연탐구 관련 시설이 확충됨에 따라 가족 단위의 체험이 활발히 이루어지고 있으며 각 유아교육기관에서도 이러한 가정체험학습을 수업의 일환으로 인정하고 있다.

이렇듯 가정에서의 현장체험 교육을 중요시하는 부모의 인식 변화로 인하여 전국의 각 체험기관에서 다양한 가족체험교육을 제공하고 있으며 '소셜 네트워킹 서비스'를 통해 부모 스스로 다양한 체험 정보를 주고받는 분위기가 형성되고 있다.

이러한 다양한 체험의 기회를 제공해 주는 가정환경의 변화는 유아들의 내재된 과학적 호기심을 키워 주게 된다.

가정에서 이루어지는 풍부한 과학적 탐구의 경험은 일상생활 속에서 과학을 편리하고 합리적으로 활용할 수 있는 능력을 기르고 과학에 대한 긍정적 태도를 기르는 데 큰 도움이 된다.

| 글 & 그림상자 2-3 | 유아체험교육프로그램 운영

출처: https://seoul-i.sen.go.kr/

유아교육진흥원은 3~5세 유아 및 가족을 대상으로 일상생활에서 경험할 수 있는 다양한 과학적 원리를 이해하고 과학체험의 기회를 갖는 것을 통해 놀며 즐길 줄 아는 아이로 성장하는 계기가 되기를 바라며 '나도 꼬마 과학자' 체험 프로그램을 운영하고 있다.

Q&A

가족과 함께하는 과학놀이는 어떤 효과가 있을까?

유아의 과학적 탐구능력 발달에 적합한 가정환경은 유아가 과학에 대한 긍정적인 태도를 형성할 수 있도록 활동적인 학습의 경험과 환경을 제공해 주며, 자연을 사랑하고 보호하고자 하는 마음을 함께 나눌 수 있는 환경이다. 또한, 이와 같은 과정은 유아 스스로 탐색하고, 문제 또는 궁금증에 대한 답을 발견할 수 있도록 기회를 충분히 제공하며 적극적인 상호작용이 이루어질 때 더 효과적일 수 있다.

3) 지역사회 환경

유아가 거주하고 있는 지역사회의 자연자원은 좋은 과학환경이 된다. 유아과학교육을 위한 지역사회 환경은 주변의 생태공원, 자연체험 활동관, 유아교육진흥원, 과수원, 수목원, 숲, 농장, 소방서, 동물원, 식물원, 연못, 자연환경, 박물관, 과학관, 보건소 등이 있다.

최근 각 지방자치단체마다 자연생태의 중요성을 인지하고 점점 도시화가 되어 가는 공간이라도 자연의 풍경을 자연 그대로 보전하도록 하는 자연 친화적 환경 조성이 되어가고 있다. 또한, 신도시에도 근거리에 자연휴양림 조성 등 생태환경을 마련하기 위해 다각적인 노력을 기울이고 있다.

이러한 지역사회 환경은 실물을 탐구하고 전문가와의 대화를 통해서 의미 있고 체험적인 과학교육 활동을 실행할 수 있게 한다. 이에 교사는 탐구 주제에 따라 적합한 장소를 선정하여 계획된 현장 체험학습을 실행할 수 있도록 한다.

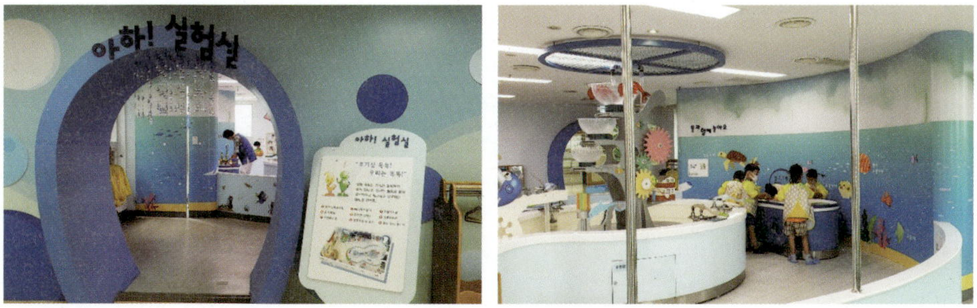

| 그림 2-5 | 유아교육진흥원 실험실

| 그림 2-6 | 지역 숲해설가와 함께하는 숲 체험원

2. 유아과학교육을 위한 인적 환경

유아의 과학적 소양과 성향은 어린 시절부터 나타난다. 어린 시절, 유아의 탐구태도와 과학적 흥미를 격려해 주고 북돋아 주는 인적 도움이 없다면 타고난 관찰자이자 탐구자인 유아들의 탐구심은 그 빛을 보지 못할 수도 있다.

| 글 & 그림상자 2-4 | 유아가족체험 프로그램 운영

출처: 중앙일보(2017. 03. 07.). joongang.joins.com

춘천 두미르 공동육아나눔터가 마련한 '학부모와 함께하는 과학놀이터'가 온라인 플랫폼 줌(ZOOM)을 통해 가정에서 실험을 하면서 과학의 원리를 이해하는 온라인 과학놀이 수업이 진행되었다.

Q&A

부모와 함께할 수 있는 과학 놀이는 어떠한 유익이 있을까?

이러한 관점에서 부모와 교사는 유아와 가장 밀접한 관계를 맺고 있는 의미 있는 타인으로서 과학 활동에 대한 흥미와 동기를 유발하고 의미 있는 배움으로 이끌어간다는 점에서 매우 중요한 역할을 수행하는 인적 환경이라 할 수 있다.

1) 유아교육기관 환경과 교사의 역할

과학교육에서 유아들이 가지는 호기심과 탐구의 결과 등에 대해 관심 갖고, 격려해 주는 교사의 태도는 유아에게 더 적극적으로 탐구하고 배우고자 하는 학습 태도를 기를 수 있도록 한다. 이에 교사는 "왜 비가 올까?", "마스크는 병균을 어떻게 막아 주는 걸까?"라는 유아들의 질문에 귀 기울이고 함께 정보를 찾아보며 관찰하고, 실험해 봄으로써 더 많은 호기심을 갖고 이를 심화, 확장해 나갈 수 있도록 도울 수 있다.

(1) 실내환경

교사는 유아들이 탐구과정을 즐길 수 있도록 주변 세계에 지속적인 호기심을 가지고, 궁금한 것을 탐구하는 과정에 즐겁게 참여하도록 한다.

또한, 탐구하는 과정에서 유아들의 서로 다른 생각에 관심을 가지고 존중하도록 해야 한다. 내적 동기유발에 가장 중요한 요소는 '흥미'이지만 또 다른 요인으로 '자신감'을 빼놓을 수 없다. 유아들은 그들 스스로 무엇인가 해냈다는 느낌을 가질 때 활동을 더 오랫동안 즐기며 지속적으로 탐구하게 된다.

이에 교사는 유아들에게 흥미를 가질 수 있도록 일상적 경험에 기초하여 호기심을 가지고 함께 즐기며 몰입할 수 있는 환경을 제공해 주어야 한다.

① 교실에서의 교사의 역할

유아교육기관에서 교사는 상황에 따라 다양한 역할을 수행하게 된다. 과학활동에 도움이 되도록 탐구심을 자극하는 자료를 준비할 때에는 환경제공자의 역할을 수행하고, 상호작용을 통해 유아들이 탐구하는 과정을 즐길 수 있도록 할 때에는 지원자의 역할을 수행한다.

또한, 교사는 관찰자로서 유아가 어떤 활동에 흥미를 가지고 활동을 하는지, 어느 정도의 발달을 이루고 있는지 관찰할 뿐만 아니라 교실 내에서 수정해야 하는 것은 무엇인지, 더 제공해야 하는 것은 무엇인지를 파악하여 지원하도록 한다. 또한, 동기유발을 할 수 있도록 안내해야 하는 안내자의 역할을 수행하기도 한다.

| 그림 2-7 | 자석놀이 및 물놀이

② 체험활동에서의 교사의 역할

체험활동에서 교사는 멀리서 지켜보는 방관자가 아니라 함께하는 참여자이자 동기유발자로서의 역할을 수행해야 한다. 이때 교사는 유아와 활동 및 감정을 공유하는 과정 속에서 유아들의 흥미를 탐색하고 호기심을 확장해 나갈 수 있도록 도울 수 있다. 또한, 적극적으로 참여하지 못하는 유아들에게 적극적으로 참여할 수 있도록 도움을 주는 보조자의 역할을 수행하기도 한다.

| 그림 2-8 | 공룡놀이 및 거품놀이

(2) 실외환경

교사는 실외환경에서는 안전을 최우선으로 두고, 위험한 물건은 없는지 실외 놀이터나 동식물사육장에서 수리해야 하는 것은 없는지, 청결에는 문제기 없는지 살펴야 한다.

또한, 교사는 실외활동을 할 때에는 계획 없이 나가는 것보다는 바깥놀이를 통해서 유아들에게 어떠한 감성을 주며, 호기심을 자극할지 계획을 세울 필요가 있다. 그리고 유아들이 새로운 것을 발견하거나, 관심 있어 하는 것에 호기심을 가지고 함께 놀이에 참여하는 것이 중요하다.

| 그림 2-9 | 실외놀이

2) 가정환경과 교사의 역할

달걀을 품느라 학교에 가지 않은 에디슨을 나무라지 않았던 어머니, 나침반을 사 주고 끊임없는 질문에 반응해 준 아인슈타인의 아버지가 없었다면 그들의 위대한 업적은 탄생하지 않았을 것이다. 이처럼 가정에서의 과학적 소양을 키우기 위한 부모의 역할은 중요하다.

따라서 교사는 가정에서 참여할 수 있는 다양한 체험장소를 안내하고, 학부모 오리엔테이션 및 부모교육을 통해 체험활동에서의 부모역할을 알려 주어야 한다. 또한, 유아교육기관에서의 다양한 놀이 및 체험교육의 중요성에 대해서도 지속적인 부모교육을 통해 제공해 주어야 한다.

과학교육에서 부모를 위한 방향과 방법은 다섯 가지로 요약된다.

첫째, 과학탐구활동을 하는 과정에서 '인내심과 개방적인 태도'로 임한다.

둘째, 과학탐구활동을 하는 동안 '과학적 흥미를 격려해 주고 북돋아' 준다.

셋째, 과학탐구활동을 위해 관찰, 실험해 볼 수 있도록 '풍부한 과학적 경험'의 기회를 제공한다.

넷째, 과학탐구활동을 강화하기 위해 '유아의 질문에 귀를 기울이는' 자세를 지속한다.

다섯째, 과학탐구활동을 위해 '유아의 사고를 자극할 수 있는 다양한 질문'을 적절히 한다.

| 그림 2-10 | 부모의 과학교육 및 과학참여수업

3) 지역사회환경과 교사의 역할

실외활동에서 유아들은 실내에서는 경험할 수 없었던 다양한 것들을 경험하고 관찰하게 된다. 바람에 흔들리는 풀잎과 바쁘게 움직이는 곤충들, 노래하는 새들과 빠르게 지나가는 자동차까지 유아들은 주변의 모든 것에 질문을 한다. 이때 교사가 쉴새없이 질문하는 유아들을 즐거운 표정으로 바라봐 주고 궁금증을 확장해 나갈 수 있도록 돕는다면 유아들은 과학자의 꿈을 키워나갈 수도 있다. 이처럼 누구에게 어떠한 자극을 받느냐에 따라 유아들의 내적 동기는 달라진다.

지역사회환경 활용에 있어 교사는 각 지역사회 내에서의 다양한 체험 활동을 살펴보고 유아교육기관장에게 지역사회체험활동을 제안하는 연구자로서의 역할을 수행하게 된다. 또한, 지역사회 체험장에서의 활동 방법을 미리 살펴보고, 어떻게 도움을 주어야 하는가에 대해서도 파악할 수 있어야 한다. 즉, 지역사회 체험에서 교사는 유아들이 다양한 자극을 경험할 수 있도록 돕고, 지역사회 자원을 최대한 활용하여 궁금한 것을 스스로 해결해 나갈 수 있도록 도와야 한다.

〈유아생태환경 교육과정 유아캠프〉

출처: 과천시 정보과학도서관의 유아대상 비대면 탐구놀이

출처: 군산시와 한국수자원공사의 물절약프로그램

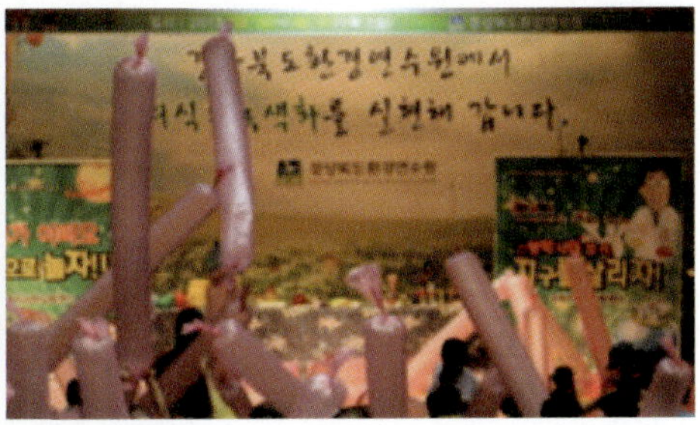

출처: 경상북도 환경연수원의 유아과학-환경교육

| 그림 2-11 | 지역사회 체험활동

유아과학교육, 고마운 과학의 출발점!

"편히 쉴 수 있도록 도와주는 고마운 물건들"

편히 쉴 수 있도록 도와주는 고마운 물건들이 있어요. 그 물건들에는 어떤 과학원리들이 숨어 있을까요? 그리고 그 원리를 이용해 아이들은 어떻게 놀 수 있을까요? 예비교사의 생각이 궁금해요!

과학아 고마워 !		과학아 놀자 ^^
과학의 원리는 무엇일까?	편히 쉴 수 있도록 도와주는 고마운 물건들	아이들은 어떻게 놀까?
• 힘의 분산 원리 • 무게중심 원리	 의자	
• 힘의 분산 원리 • 탄성의 원리	 침대	
• 힘의 분산 원리 • 도르래의 원리	 블라인드	

편히 쉴 수 있도록 도와주는 고마운 물건! 그 속에 숨은 과학원리를 함께 알아봐요!

힘의 분산 원리

의자와 침대, 블라인드는 모두 힘의 분산과 관련이 있어요. 의자는 여러 개의 다리가, 침대 매트리스는 여러 개의 용수철이 사람들의 몸무게를 나누어 지탱하여 꺼지지 않고 블라인드는 여러 개의 줄이 무게를 분산하여 함께 들어 올리는 효과를 가져요.

무게중심 원리

의자가 한쪽으로 기울지 않고 수평을 이루는 것은 무게중심의 원리와 관련이 있어요. 무게중심이란 물체가 수평을 이뤄 쓰러지지 않게 받칠 수 있는 점으로, 의자를 만들 때 수평을 잡을 수 있는 무게중심을 찾아 다리를 만들어요.

탄성의 원리

침대에 누웠을 때 푹신한 느낌을 갖는 것은 매트리스 속 용수철이 가진 탄성 때문이에요. 탄성은 힘을 받았을 때 원래 상태로 돌아가려는 성질로, 힘을 가한 방향과 반대 방향으로 작용해요.

도르래의 원리

블라인드를 올리고 내릴 때 우리는 고정도르래를 이용해요. 도르래는 축을 중심으로 돌 수 있도록 홈이 파여 있는 둥근 바퀴 모양의 도구로, 힘이 작용하는 방향을 바꿔 줌으로써 일을 쉽게 할 수 있도록 도와요. 즉, 중력과 반대방향 블라인드를 들어 올리려면 힘이 들지만, 도르래를 이용해 힘의 방향을 바꾸면 더 쉽게 블라인드를 올릴 수 있어요.

유아과학교육을 위한 배경이론

유아과학교육을 위한 교육은 유아들이 과학을 학습하는 방법에 대한 이해를 기초로 유아들의 과학적 탐구가 보다 의미 있게 이루어질 수 있도록 계획되어야 한다.

이러한 관점에서 유아기 발달특성에 대한 이론적 이해는 교사로 하여금 유아의 호기심을 더 잘 파악할 수 있게 하며 함께 관찰하고 가설을 만들고 실험하는 과정에 있어 구체적이고 적합한 방법으로 활동을 지원할 수 있게 한다. 또한, 이러한 교사의 태도는 유아로 하여금 과학활동에 있어 보다 적극적이고 긍정적인 태도를 형성할 수 있도록 하여 선순환의 구조를 이룰 수 있을 것이다.

이 장에서는 유아의 과학적 소양을 키워 주기 위한 이론적 바탕으로 피아제의 인지적 구성주의와 비고츠키의 사회문화적 구성주의 그리고 브루너의 발견학습을 살펴보도록 한다.

제3장

유아과학교육을 위한 배경이론

하나 피아제의 인지적 구성주의

둘 비고츠키의 사회·문화적 구성주의

셋 브루너의 발견학습

성공은 매일 반복되었던 사소한 노력의 총합이다.
-로버트 콜리어-

1. 피아제(Piaget)의 인지적 구성주의

구성주의에 기초한 유아의 학습은 유아들의 생각과 경험을 중시하며 유아 스스로 적극적인 학습자로 탐구과정에 참여하는 것을 강조한다.

피아제의 이론은 스스로의 경험이나 환경과의 상호작용을 통한 지식구성을 강조하며(김희정·강숙현, 2016; 최은미, 2012), 유아들이 어떻게 지식을 구성해 나가는가에 대한 영향력 있는 이론이다.

이러한 이론은 인지적 구성주의로 불리며 유아 스스로의 경험이나 환경과의 상호작용을 통한 지식구성을 강조하는 입장으로서 현대 유아과학교육의 이론적 토대를 이루고 있다.

| 글 & 그림상자 3-1 | 인지구조 발달

출처: https://m.blog.naver.com/jnga/220767408788

- **동화**
  기존의 도식과 새로운 산물을 흡수, 합병하여 이해한 것을 말한다.

- **조절**
  기존의 도식과 새로운 산물의 개념이 달라졌을 경우 도식 자체를 변화시켜 사물을 파악하게 한다.

Q&A

동화와 조절 후에는 어떤 현상이 일어날까? 예를 들어 보자(예: 보존의 법칙)

1) 인지적 구성주의의 핵심

피아제에 의하면 인지적 구조란 사물이나 사건을 이해하는 틀이라고 할 수 있다. 이러한 인지적 구조는 동화와 조절에 의한 평형화를 통해 이루어지게 된다.

동화와 조절은 기존의 인지구조를 변화시키지 않고 새로운 사물이나 사건을 해석할 수 있는가의 여부에 따라 다르게 이루어지며, 인지구조에 양적 변화를 가져다주는 동화와 인지 구조의 질적 변화를 일으키는 조절 과정이 반복해서 일어남으로써 유아는 성인과 같은 인지구조로 발달하게 된다.

| 글 & 그림상자 3-2 | 피아제

피아제는 유아의 정신은 일련의 정해진 단계를 거쳐 성숙한다는 생각을 계속 발전시켜 나갔다.
한 단계가 지날 때마다 단순한 개념들을 통합하여 좀 더 높은 수준의 개념으로 조직화함으로써 정신적으로 성장한다고 생각하였다. 그는 유아에게는 선천적으로 정해져 있는 사고력 발달의 시간표가 있다는 '유전인식론'을 주장하면서, 발달 과정의 4단계를 밝혔다.

Q&A

자기중심적인 사고와 논리적인 사고의 차이는 무엇일까?
예를 들어 보자.

(1) 감각운동기(sensori-motor stage, 0~2세)

언어적 의사소통이 개시되기 이전으로 감각과 운동을 통해 환경을 이해하고 적응하는 시기이다. 즉, 물기, 빨기, 먹기 등의 감각기관을 통해서 세상을 이해하는 단계이며, 이 시기에는 사물이 눈에 보이지 않아도 사라지지 않는다는 대상연속성의 개념이 발달한다.

(2) 전조작기(pre-operational stage, 2세~7세)

사물이나 행동을 표상하고 상징을 사용하는 능력이 발달하며, 언어의 습득이 급속하게 이루어지는 시기이다. 이때 유아는 자기의 눈에 보이지 않으니 다른 사람의 눈에도 보이지 않을 것이라고 생각하는 자아중심적 사고를 하며, 모든 물체에는 생명이 있다고 생각하는 물활론적 사고를 한다. 또한, 사물의 형태가 바뀌면 내용물이 더해지지도, 줄어들지도 않았으나 부피와 면적 등이 바뀐다고 생각하기도 한다. 즉, 보존개념은 발달되지 않은 상태이다.

(3) 구체적조작기(concrete operational stage, 7~12세)

초등학교 시기에 해당하는 구체적 조작기에는 자기중심적 사고가 사라지며, 자기생각과 다른 사람의 생각이 다를 수 있음을 이해하고 사고를 논리적으로 조작할 수 있게 된다.

다시 말하자면 수, 길이, 양, 무게, 넓이, 부피에 있어서 보존개념확립, 분류하기, 순서짓기 등의 논리적 조작을 할 수 있다.

(4) 형식적 조작기(formal operational stage, 12세 이후)

형식적 조작기는 논리적 사고가 구체적이고 관찰 가능한 것에 한정되지 않고 추상적 사고를 할 수 있는 시기이다. 즉, 논리적 사고, 추상적 사고, 사회적 규범 및 가치관을 이해하며 성인과 같은 사고체계를 형성할 수 있다.

2) 유아과학교육에 주는 시사점

피아제의 인지적 구성주의 이론은 발달을 촉진할 수 없고, 발달 수준 이상의 내용은 학습이 이루어질 수 없다고 하며, 인지발달단계에 맞는 과학 개념을 제시해야 한다고 하였다(김현자·박근주 외, 2019; 한유미, 2007). 다시 말하면,

유아는 지식을 구성하는 능동적인 존재로서, 유아와 환경 간의 상호작용을 중요시한다. 또한 선천적으로 호기심과 탐구심이 많은 존재로 학습이 그 자체의 보상이 될 수 있으므로 교사 주도적인 교수법은 적절하지 않다.

나아가 피아제는 유아과학교육의 목적은 유아가 탐구와 실험 및 토의를 통해 스스로 의미를 구성해 가는 것이라고 하였다(황의명 · 조형숙, 2015). 그러므로 교사는 과학적 지식을 설명하거나 시범하는 전달자의 역할이 아니라 유아가 활동에 직접 참여하여 지식을 구성해 낼 수 있도록 도와주고 지지적인 환경을 조성하는 안내자 역할과 자원제공자의 역할이 강조된다.

2. 비고츠키(Vygotsky)의 사회·문화적 구성주의

지식이 인간 내부에서 구성되어 간다는 점에서 피아제와 입장을 같이 하지만, 사회적 매개 요인의 영향을 강조함으로써 사회 · 문화적 구성주의자로 불린다.

유아는 이미 지식을 알고 있는 사람들의 도움을 받을 수 있으므로 과학 지식의 구성에 있어서 교사나 부모 등 사회적 관계가 중요하며, 타인의 설명을 통해서 습득될 수 있다고 하였다.

피아제의 보존개념 실험에 대한 반론을 제기하며 지식 습득은 영역에 관계없이 인지 발달 단계의 영향을 받는 것이 아니라, 특정한 주제에 대해서 일어나는 것이라고 하였다.

1) 사회 · 문화적 구성주의의 핵심

인간의 발달은 유전과 환경의 상호작용으로 이루어지며, 그 비중과 수준은 여러 가지 요인에 영향을 받는다. 대표적으로 연령, 성, 가족 및 교육환경을 들 수 있다.

비고츠키의 사회 · 문화적 구성주의에서는 우리가 처음에는 인간 대 인간의 상호작용을 통해, 그런 다음에는 심오한 이해로 이어지는 내면화 과정을 통해 개인적으로 학습할 수 있게 된다고 설명한다(최은미, 2012; 홍혜경, 2015).

비고츠키의 교육방법은 과학과 관련된 교육과정 개혁의 주요 지침이 되고 있으며, 유아가 속한 문화에서 사용하는 수의 명칭과 화폐 및 측정의 단위, 지역사회자원 등의 활용을 강조하였다.

| 글 & 그림상자 3-3 | 비고츠키

유아를 타인과의 관계에서 영향을 받으면서 성장하는 역사-사회적 존재로 보았다. 즉 인지발달은 사회학습의 결과로, 유능한 또래, 교사 등 사회의 보다 성숙한 구성원들과 상호작용하는 동안 자신의 문화에 적합한 인지과정이 유아에게 전이된다는 것이다.

Q&A

교사는 유아에게 어떠한 방식으로 비계설정을 할 수 있을까? 예를 들어 보자.

(1) 근접발달영역(Zone of Proximal Development)

비고츠키는 영유아의 실제적 발달 수준과 잠재적 발달 수준 간의 간격을 의미하는 근접발달영역이라는 개념을 제시하였다. 즉, 유아가 주변의 도움을 받아 도달할 수 있는 잠재적 능력이 ZPD이다.

근접발달영역은 실제적 발달 수준과 잠재적 발달 수준 사이의 거리이다. 실제적 발달 수준은 독립적 문제 해결에 의해 결정되고, 잠재적 발달 수준은 보다 더 많은 경험을 갖춘 성인의 안내 혹은 더 효과적인 능력이 있는 또래들과의 협동을 통한 문제해결에 의해 결정된다(김현자 · 조미영 외, 2016; 정희욱, 2009).

학습은 유아가 주변 사람들과 상호작용하거나 친구들과 협동할 때만 작동할 수 있는 다양한 내적 발달 과정들을 일깨운다.

초기 학습 단계에서 유아가 과제를 파악하기 위해서는 교사나 유능한 또래로부터 상당한 양의 지지 즉, 비계설정이 필요하다고 하겠다.

| 글 & 그림상자 3-4 | 근접발달영역

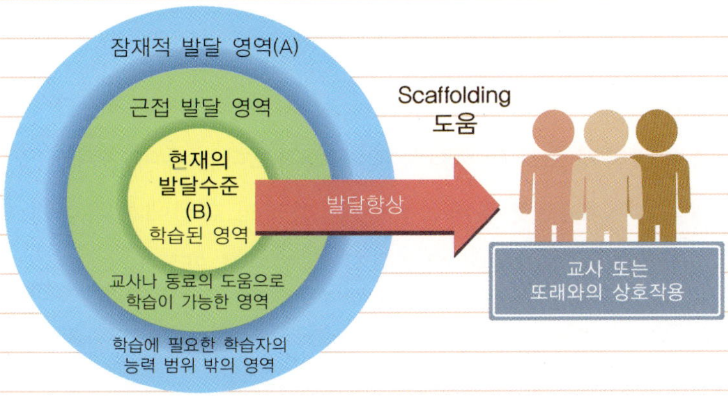

출처: https://blog.naver.com/weizmann_why/220061864640

Q&A

유아가 지적으로 성장하는 데 필요한 교사의 요소는 무엇일까?

(2) 내면화(intemalization)

내면화의 사전적 의미는 타인의 성질, 태도, 움직임 등을 무의식적으로 자기의 것으로 취하게 되는 정신적인 과정을 말한다. 이에 대해 비고츠키는 '사회적, 개인적, 내면적 언어라는 세 가지 유형의 언어를 탐구한다'고 설명하기도 하였다.

사회적 언어는 성인이 유아에게 주는 가르침이라 말하며, 개인적 언어는 유아들이 어른들에게 들은 것을 유사한 상황에 적용하려 노력하게 하는 것을 의미한다. 내면적 언어는 유아들이 의식적인 정신적 활동의 핵심인 자아와 계속해서 하는 소리 없고 축약된 형태의 대화이다(최은미, 2012). 유아의 정신발달은 놀이과정이나 또래, 성인과의 상호작용을 통해 이루어진다. 더 높은 수준의 사고를 자극하고 도움을 주는 개입으로 문제해결 과업을 제안하는 놀이 활동 속에서 유아는 자유롭고 다양한 상호작용을 통해 내면화된 결과를 나타내게 된다(김희정·강숙현, 2016).

2) 유아과학교육에 주는 시사점

교사는 여러 영역에 초보적 지식을 갖게 하기보다는 유아가 관심 있어 하는 영역이나 주제를 선정하는 것이 바람직하다. 따라서 교실에서 유아와 교사, 유아와 유아의 능동적인 상호작용이 이루어질 수 있도록 활동 및 상황을 구성하도록 한다.

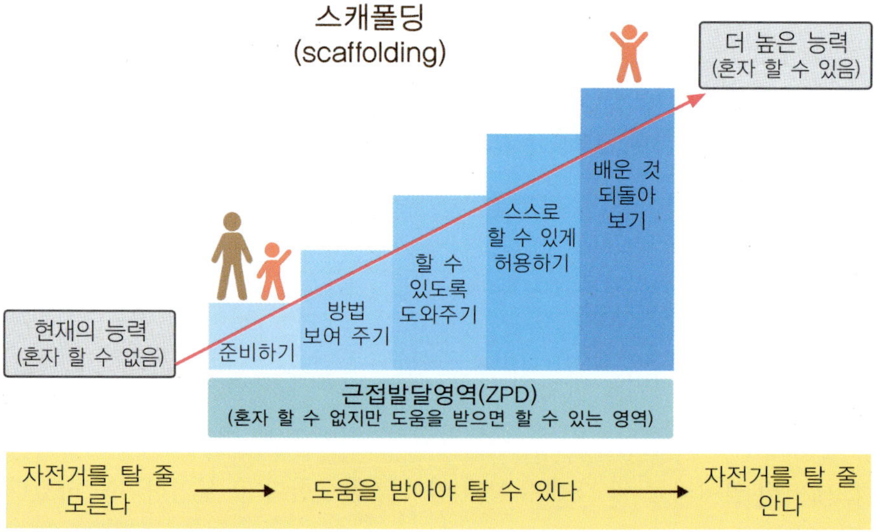

| 그림 3-1 | 교사의 스캐폴딩

이같은 관점에서 교사는 일방적으로 가르치거나 유아 스스로 발견하도록 내버려 두기보다는 근접발달영역 내에서 성인이나 유능한 또래가 유아가 문제를 해결할 수 있도록 지원해 주도록 한다.

3. 브루너(Bruner)의 발견학습

스스로 탐구과정을 거쳐 과학개념을 발견해야 의미가 있다고 강조한 브루너는 1950년대 행동주의를 대체하려 했다는 점에서 인지 혁명의 선구자로 불린다. 이러한 시대적 배경에서 학문적 중심 교육으로 교육과정의 변혁에 박차를 가하게 한 브루너는 과학교육분야에 지대한 영향을 미친 학자라 할 수 있다.

1) 발견학습의 핵심

브루너는 인지발달 단계를 표상양식이라는 개념을 적용하여 제시하였다. 서로 단절된 사실들은 쉽게 망각하게 되지만, 원리나 개념을 중심으로 특수한 사실들을 조직하고 그 원리나 개념에서 다른 특수한 사실들을 추리해 내면 기억이 오래 지속될 수 있으므로 지식의 구조를 가르쳐야 한다고 하였다(김혜금 · 임양미 외, 2017; 한유미, 2007).

| 글 & 그림상자 3-5 | 브루너

브루너는 1957년 소련의 인공위성 발사로 인해 기존의 경험중심의 교육과정에서 학문중심의 교육과정 변혁에 기여한 학자이다. 특히 과학교육에 핵심적인 지식구조 및 교수 방법을 강조한 학자이다.

Q&A

동작적 표상단계[1]에서는 사물을 신체적 활동을 통해서 사물을 인식한다. 이 활동에는 유아에게 어떤 활동이 학습에 효과가 있을까?

(1) 표상 양식

동일한 지식 내용도 상이한 표상 양식으로 사용될 수 있다는 관점에서 표상 양식만 조절하면 유아에게도 성인의 내용을 가르칠 수 있다는 입장을 지니고 있다.

① 동작적 표상

피아제의 전조작기인 4~5세에 해당하는 시기로 행위에 의해서 사물을 파악해 가는 초보적인 단계이다.

② 영상적 표상

구체적인 조작기에 해당하는 시기로서 자연계의 사물을 시각이나 청각을 통해서 인식하는 단계를 말한다.

1)피아제의 전조작기에 해당하는 시기로 직접적인 조작 활동을 통해서 학습한다.

③ 상징적 표상

모든 사물을 언어적, 개념적, 논리적으로 파악할 수 있는 단계로서 형식적 조작기에 해당한다.

| 그림 3-2 | 표상 양식

2) 유아과학교육에 주는 시사점

브루너는 각 학문의 기초를 이루는 일반적인 아이디어나 기본원리 즉, 지식의 구조를 가르쳐야 한다고 보았다. 이는 표상양식을 달리하면 유아의 발달수준 이상의 것을 가르칠 수 있다고 하는 것으로 측정, 확률 등 과거에는 높은 연령의 아동에게만 가르치던 과학 개념을 교육 내용으로 포함하게 하였다.

발견학습은 설명적 학습과 달리 유아에게 의미 있는 학습으로서 내적 학습 동기 유발에 효과적인 방법으로 평가된다. 따라서 교사는 먼저 충분한 예를 제공하고 유아가 과학 개념이나 원리를 스스로 도출하게 하는 여러 가지 대상을 직접 관찰하고 측정함으로써 얻어진 여러 사실을 종합하고 분석하여 일반적인 원리나 법칙을 이끌어 내는 귀납적 방법을 사용해야 한다.

그리고 유아는 스스로 탐구과정을 거쳐 과학 개념을 발견해야 의미가 있으므로 교사의 지시는 최소한으로 줄이고 유아가 자발적인 발견 과정을 통하여 스스로 학습해야 한다고 하였다.

유아과학교육, 고마운 과학의 출발점!

"자세히 볼 수 있도록 도와주는 고마운 물건들"

내 시야에서 보이지 않는 부분을 보거나 멀리 있는 물체를 더 자세히 볼 수 있도록 도와주는 고마운 물건들이 있어요. 그 물건들에는 어떤 과학원리들이 숨어 있을까요? 그리고 그 원리를 이용해 아이들은 어떻게 놀 수 있을까요? 예비교사의 생각이 궁금해요!

과학아 고마워!		과학아 놀자 ^^
과학의 원리는 무엇일까?	크게 볼 수 있도록 도와주는 고마운 물건	아이들은 어떻게 놀까?
• 빛과 색의 원리 • 빛의 반사 법칙	 거울	
• 빛과 색의 원리 • 빛의 굴절 법칙	 굴절 망원경	
• 빛과 색의 원리 • 수평의 원리	 안경	

내 시야에서 보이지 않는 부분을 보거나 멀리 있는 물체를 더 자세히 볼 수 있도록 도와주는 고마운 물건! 그 속에 숨은 과학원리를 함께 알아봐요!

빛과 색의 원리

빛은 광자라고 불리는 작은 에너지 입자로 아주 작은 파동을 일으키며 직선으로 나가요. 우리가 거울, 안경, 망원경을 이용해 보게 되는 모든 물체의 색은 가시광선의 조합으로 이루어져요. 가시광선이란 맨눈으로 볼 수 있는 파장 범위를 가진 빛을 말해요.

빛의 반사 법칙

빛은 공기 중에서 곧게 진행하다가 물체의 표면에 부딪히면 반사되어 나가요. 이때 빛은 거친 표면보다는 매끄러운 표면에 부딪힐 때 상을 더 잘 맺는데 이는 들어온 빛을 같은 방향으로 반사하기 때문이에요. 거울은 그 원리를 이용한 물건이에요. 즉, 물체에서 나온 빛을 반사한 것을 우리가 보게 되는 거예요.

빛의 굴절 법칙

빛은 물이나 다른 물질 속을 지날 땐 빛의 진행 방향이 바뀌고 속도가 느려지는데 이때 경계면에서 빛이 꺾이는 현상을 빛의 굴절이라고 해요. 렌즈는 이러한 굴절을 이용한 것으로 볼록렌즈는 가까운 물체의 상을 크게 보이게 하지만 먼 것은 작고 거꾸로 보이게 하고, 오목렌즈는 작게 보이게 하지만 똑바로 보이게 하는 특징을 가져요. 굴절 망원경은 이러한 렌즈의 특성을 이용해 멀리 있는 물체를 잘 보이도록 만든 도구예요.

수평의 원리

오목렌즈와 볼록렌즈를 이용해 시력을 교정해 주는 안경. 안경은 편하게 사용하기 위해선 테의 수평도 중요해요. 두 렌즈 사이에 있는 안경다리를 기준으로 안경을 반으로 나누어 보면, 모두 같은 거리에 같은 모양으로 만들어져 있는 걸 볼 수 있어요. 이는 안경이 어느 한쪽으로 기울어지지 않고 평형을 이룰 수 있도록 수평을 잡기 위한 거예요.

제2부에서 학습할 주요 내용과 태도

유아중심·놀이중심 누리과정과 과학교육에서는 2019 개정 누리과정을 반영하고자 놀이와 과학교육을 접목하는 것에 초점에 맞춰 놀이의 주체를 보다 유아중심으로 하고, 놀이를 중심에 두고자 한다. 그러기 위해서는 누리과정에서 새롭게 제시된 추구하는 인간상을 바탕으로 유아의 자율성을 보장하여 주고 자연탐구영역에서 관찰을 중심으로 유아가 호기심 보이는 것을 따라가 놀이로 확장되는 것을 살펴볼 필요가 있다.

무엇보다 중요한 가치는 유아가 재미있게 몰입하는 순간을 놓치지 않고 과학의 맥락에서 놀이가 이어지는 것을 찾아내는 새로운 시각이다. 자연탐구영역에서 관찰되는 놀이를 통합적 사례로 살펴봄으로써 놀이가 한 가지 특징만을 나타내는 것이 아니라 커다란 통합놀이의 개념이라는 것을 알아보고자 한다.

제2부

유아중심 · 놀이중심 누리과정과 과학교육

과거 우리는 1 더하기 1은 2이므로 하나를 알면 둘을 안다고 생각했다.
이제 우리는 '더하기'에 대해 엄청나게 많은 것을 알아나가야 한다는
사실을 깨닫고 있다.
-아서 에딩턴-

유아중심·놀이중심 누리과정의 이해

2019 개정누리과정의 키워드는 '유아중심 · 놀이중심'이다. 이전보다 더 유아중심의 놀이를 중요하게 여기며 유아가 주도적으로 놀이함과 동시에 그 안에서 유아가 새로운 의미를 발견하고 놀이를 지속하도록 하는 것에 초점을 두고 있다.

이와 같은 교육의 새로운 흐름에 따라 과학교육에서도 지식중심의 교육이 아닌 새로움을 발견하고 과정을 경험할 수 있는 자연탐구영역의 환경적 여건을 조성함으로써 변화되는 유아교육과정에 발맞추는 변화의 시도가 필요하다. 따라서 누리과정의 변천과 현재 유아중심·놀이중심의 개요를 알아봄으로써 유아과학교육이 발전되고 자연탐구영역이 확장되도록 한다.

이 장에서는 유아중심·놀이중심 누리과정의 구성과 누리과정에서의 과학교육에 대한 이해를 높이고자 한다.

제4장

유아중심 · 놀이중심 누리과정의 이해

하나 유아중심·놀이중심 누리과정의 구성

둘 유아중심·놀이중심 누리과정에서의 과학교육

모든 과학의 위대한 목표는 최대한 많은 경험에서 얻은 사실을
최소의 가설이나 원리에서 추론한 논리적 해석으로 설명하는 것이다.
—아인슈타인—

1. 유아중심·놀이중심 누리과정의 구성

유아기 놀이에서는 이전에도 그리고 지금도 유아가 중심이 되어야 하는 것이다. 그동안 누리과정이 수차례 개정되면서 점진적인 발전의 과정을 거쳤다. 특히 2019 개정 누리과정에서는 '유아중심 · 놀이중심'을 핵심키워드로 삼고 있다. 즉, 유아가 중심이 되고 놀이가 살아나는 것을 목표로 하고 있다.

1) 누리과정의 변천과 유아중심 · 놀이중심 누리과정

누리과정은 유아교육에서 나침반의 역할을 한다. 따라서 누리과정의 제정과 개정에 대한 변천과정과 유아중심 · 놀이중심의 누리과정의 내용을 살펴보고 교육과정으로서 누리과정의 중요성과 유아와 놀이라는 두 축을 중심으로 한 교육과정의 변화를 이해할 필요가 있다.

(1) 누리과정의 제정과 개정

교육과학기술부와 보건복지부는 유아교육과 보육에 있어서 국가의 책임을 강화하기 위해 5세의 교육 · 보육과정을 통합하여 일원화한 공통과정으로 2011년 9월 「5세 누리과정」을 고시하여 2012년 3월부터 어린이집과 유치원에서 공통으로 시행하게 되었다.

이후 국가는 누리과정의 대상 범위를 5세에서 3~4세까지 확대 적용하여 「3~5세 연령별 누리과정」이 고시되어 2013년 3월부터 공통과정으로 적용되었다. 하지만 3~5세 연령별 누리과정은 교육과정으로서 구성 체계에서 보완이 거론되어 왔는데, 그 핵심은 '연령'과 영역별 교육목표지향이 강조됨에 따라 교육과정 운영에서의 획일성과 과도한 교사주도성 문제가 있었다는 것이다. 즉 진정한 유아중심의 철학과 목표 및 운영을 간과한 점이 있었다는 반성적 자각이 표면화되기 시작한 것이다(이소희 · 원종순 외, 2020).

이에 따라 2017년 12월 유아교육 혁신방안 중의 일환으로 유아가 중심이 되고 놀이가 살아나는 유아중심 · 놀이중심의 교육과정 혁신을 발표하였으며, 전문가들의 검토를 거쳐 2019년 7월 기본방안을 확정하였고, 2020년 3월부터의 적용을 위해 교사 재교육이 전국적으로 실시되기 시작하였다.

이러한 움직임은 영유아교육 전반에 걸쳐 이루어지게 되며 유아의 호기심에 따른 놀이가 중심이 되는 자연탐구영역에서도 변화가 필요하므로 유아중심 · 놀이중심은 매우 의미 있는 도전적 과제가 된다.

| 표 4-1 | 누리과정의 변천

<table>
<tr><th>영역</th><th>2015 누리과정</th><th>2019 개정 누리과정</th></tr>
<tr><td rowspan="5">신체운동 · 건강영역</td><td>신체인식하기</td><td rowspan="3">신체활동 즐기기</td></tr>
<tr><td>신체 조절과 기본 운동하기</td></tr>
<tr><td>신체활동에 참여하기</td></tr>
<tr><td>건강하게 생활하기</td><td>건강하게 생활하기</td></tr>
<tr><td>안전하게 생활하기</td><td>안전하게 생활하기</td></tr>
<tr><td rowspan="4">의사소통영역</td><td>듣기</td><td rowspan="2">듣기와 말하기</td></tr>
<tr><td>말하기</td></tr>
<tr><td>읽기</td><td>읽기과 쓰기에 관심 가지기</td></tr>
<tr><td>쓰기</td><td>책과 이야기 즐기기</td></tr>
<tr><td rowspan="5">사회관계영역</td><td>나를 알고 존중하기</td><td>나를 알고 존중하기</td></tr>
<tr><td>나와 다른 사람의 감정 알고 조절하기</td><td rowspan="3">더불어 생활하기</td></tr>
<tr><td>가족을 소중히 여기기</td></tr>
<tr><td>다른 사람과 더불어 생활하기</td></tr>
<tr><td>사회에 관심 가지기</td><td>사회에 관심 가지기</td></tr>
<tr><td rowspan="3">예술경험영역</td><td>아름다움 찾아보기</td><td>아름다움 찾아보기</td></tr>
<tr><td>예술적 표현하기</td><td>창의적으로 표현하기</td></tr>
<tr><td>예술 감상하기</td><td>예술 감상하기</td></tr>
<tr><td rowspan="3">자연탐구영역</td><td>탐구하는 태도 기르기</td><td>탐구과정 즐기기</td></tr>
<tr><td>수학적 탐구하기</td><td>생활 속에서 탐구하기</td></tr>
<tr><td>과학적 탐구하기</td><td>자연과 더불어 살기</td></tr>
</table>

(2) 교육과정으로서 누리과정

국가 수준의 교육과정은 국가가 주체가 되어 제정 · 개정하고 고시하는 교육과정을 의미한다. 국가가 고시하는 교육과정은 학교에서 교육과정을 편성 · 운영할 때 필요한 공통적이고 일반적인 기준을 제시한 것이다.

그러므로 각 어린이집과 유치원에서는 그 기관에 수준과 특성에 적합한, 그리고 무엇보다 유아 개인의 다양성을 고려하여 존중할 수 있도록 교육과정을 만들어 가는 것이 중요하다.

「2019 개정 누리과정」은 국가가 고시한 교육과정으로 3~5세 유아가 다니는 유치원과 어린이집에서 누리과정을 편성 · 운영할 때 필요한 공통적이고 일반적인 기준을 제시하고 있지만 공통성은 유지하되 현장에서 유아의 요구와 특성에 맞춰 다양하게 실천해 갈 수 있으며 유아와 함께 만들어 나가는 것이 핵심이라고 할 수 있다.

유아교육은 예전부터 전통적으로 놀이를 중요하게 여기며 발전해 왔다. 하지만 그 놀이를 잘 들여다보면 교육이라는 이름으로 유아의 자율성을 향상시키기보다는 목표지향적으로 유아가 교사의 계획에 따라오도록 하는 전통적인 교육방식을 추구한 경향성이 높았다. 따라서 이 같은 문제를 해결하기 위해 2019 개정 누리과정에서는 놀이의 본질을 강조하며 유아 스스로 자연스러운 상황 속에서 놀이하며 의미 있는 배움을 경험할 수 있도록 지원자로서의 교사역할을 제시하고 있다. 또한, 교육부 · 보건복지부(2020)는 교육과정의 획일화를 가져왔던 지도서 형태의 자료가 아닌 현장지원을 위한 '놀이실행자료와 놀이이행자료, 누리과정 해설서'를 제시하여 교사의 자율성과 전문성을 강조하고 있다(교육부 · 보건복지부, 2019a; 교육부 · 보건복지부, 2019b; 교육부 · 보건복지부, 2019c).

2) 유아중심 · 놀이중심 누리과정의 개요

유아중심 · 놀이중심 누리과정은 유아와 놀이의 두 축으로 구성되며 새롭게 제시된 추구하는 인간상의 구현을 목적과 목표로 삼고 있다.

(1) 유아중심 · 놀이중심 누리과정의 특징

유아중심 · 놀이중심 누리과정은 그 특징을 다섯 가지로 요약 · 정리하여 제시하고 있다. 이러한 특징은 전혀 새로운 것이 아니지만, 유아중심 · 놀이중심의 교육적 의의를 고려하여 더욱 체계화한 것으로 볼 수 있다. 다시 말하면 개정 이전에 적용되었던 '유아'와 '놀이의 본질'에 더욱 충실하고자 한 것이다. 따라서 이러한 관점은 유아보육과 교육의 전 영역에 '제대로' 적용되어야 하며, 과학교육 또한 마찬가지이다.

① 유아중심 · 놀이중심을 추구

'자유놀이'를 강조하고, '놀이시간을 충분히 편성'하는 것 등을 명시하였다. 이를 통해 정부의 교육혁신 방향에서 강조하는 놀이와 쉼, 유아를 중심으로 하는 교육의 방향을 통일감 있게 추진한다.

② 개정 누리과정의 성격을 국가수준에서 공통의 교육과정으로 명시

누리과정, 보육과정 등 혼선을 초래하는 명칭을 통일하여 3~5세 유아들에게 양질의 교육과정을 제공하고, 경험의 격차를 해소하고자 하는 노력을 명시한다.

③ 추구하는 인간상을 명시하며 총론의 구성 체계 확립

미래지향적 인간을 길러내기 위한 핵심역량을 반영하여 인간상을 제시하고, 2015년 초 · 중등학교 교육과정과 연계한다.

④ 기존 누리과정 구성 체계 유지 및 5개 영역 내용 간략화

유아중심 · 놀이중심 누리과정이 현장에 안정적으로 실행될 수 있도록「3~5세 연령별 누리과정」의 기본 구성 방향과 구성 체계를 가능한 한 유지하도록 한다. 즉 신체운동 · 건강, 의사소통, 사회관계, 예술경험, 자연탐구의 5개 영역의 명칭을 그대로 유지하지만, 유아의 연령별로 구성한 내용체계를 지양하고 3~5세 유아가 경험해야 할 최소한의 내용으로 구성하되, 각 영역별로 하위영역을 세 개로 조정하고 59개의 내용으로 간략화한다.

⑤ 평가의 간략화

누리과정의 평가는 평가의 목적, 평가의 대상, 평가의 방법, 그리고 평가의 활용을 기본 원리로 하는 간략한 문구로 기술하고자 함과 동시에 현장 중심의 자율적 평가가 실행될 수 있도록 지원한다.

(2) 유아중심 · 놀이중심 누리과정의 성격

「2015 개정 초 · 중등학교 교육과정」의 역량을 중심으로 한 취지와 내용을 개정 누리과정 인간상과 교육목표 등에 반영하여 초등학교 교육과정과 연계하고자 한다. 그렇기 때문에 누리과정은 유아교육과 초등연계에 있어서 적정한 수준을 유지하여 교육내용의 통합성을 확보하게 된다.

① 추구하는 인간상

유아중심 · 놀이중심 누리과정의 총론에 해당하는 첫 번째 부분으로, 추구하는 인간상과 목적, 목표로 구성되어 있다.

2019 개정 누리과정은 '추구하는 인간상'을 제시하여 교육과정으로서 구성 체계를 확립하였다. 이에 제시된 인간상은 건강한 사람, 자주적인 사람, 창의적인 사람, 감성이 풍부한 사람, 더불어 사는 사람이다. 특히 추구하는 인간상의 제시는 유아가 누리과정 5개 영역의 내용을 경험하면서 어떠한 모습으로 성장해 가

는지에 대한 교육적 비전을 명료히 제시하였다는 점에서 의의가 있다.

| 표 4-2 | 유아중심 · 놀이중심 누리과정의 구성방향

추구하는 인간상	건강한 사람, 자주적인 사람, 창의적인 사람, 감성이 풍부한 사람, 더불어 사는 사람
교육 목적	유아가 놀이를 통해 심신의 건강과 조화로운 발달을 이루고 바른 인성과 민주 시민의 기초를 형성하는 데 있다.
교육 목표	가. 자신의 소중함을 알고, 건강하고 안전한 생활습관을 기른다. 나. 자신의 일을 스스로 해결하는 기초능력을 기른다. 다. 호기심과 탐구심을 가지고 상상력과 창의력을 기른다. 라. 일상에서 아름다움을 느끼고 문화적 감수성을 기른다. 마. 사람과 자연을 존중하고 배려하며 소통하는 태도를 기른다.
구성의 중점	가. 3~5세 모든 유아에게 적용할 수 있도록 구성한다. 나. 추구하는 인간상 구현을 위한 지식, 기능, 태도 및 가치를 반영하여 구성한다. 다. 신체운동 · 건강, 의사소통, 사회관계, 예술경험, 자연탐구의 5개 영역을 중심으로 구성한다. 라. 3~5세 유아가 경험해야 할 내용으로 구성한다. 마. 0~2세 보육과정 및 초등학교 교과과정과 연계성을 고려하여 구성한다.

| 글 & 그림상자 4-1 | 추구하는 인간상

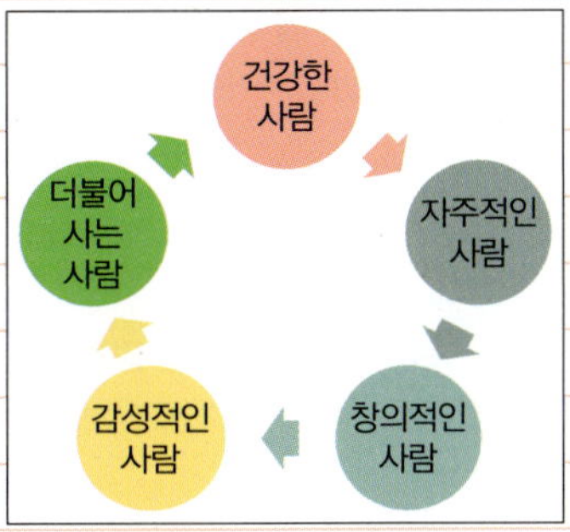

출처: https://blog.naver.com/moeblog

Q&A 누리과정에서 제시한 인간상과 교육목표와 어떠한 관련성이 있을까?

② 유아중심 · 놀이중심 누리과정의 운영

유아중심·놀이중심 누리과정의 총론에 해당하는 두 번째 부분은 운영, 교수·학습, 평가에 관한 내용으로 구성되어 있다.

| 표 4-3 | 유아중심 · 놀이중심 누리과정의 운영

구분	내용
편성 운영	가. 1일 4~5시간 기준으로 편성한다. 나. 일과운영에 따라 확장하여 편성할 수 있다. 다. 누리과정을 바탕으로 각 기관의 실정에 적합한 계획을 수립하여 운영한다. 라. 하루 일과에서 바깥 놀이를 포함하여 유아의 놀이가 충분히 이루어지도록 편성하여 운영한다. 마. 성, 신체적 특성, 장애, 종교, 가족 및 문화적 배경 등으로 인한 차별이 없도록 편성하여 운영한다. 바. 유아의 발달과 장애 정도에 따라 조정하여 운영한다. 사. 가정과 지역사회와의 협력과 참여에 기반하여 운영한다. 아. 교사 연수를 통해 누리과정의 운영이 개선되도록 한다.
교수 학습	가. 유아가 흥미와 관심에 따라 놀이에 자유롭게 참여하고 즐기도록 한다. 나. 유아가 놀이를 통해 배우도록 한다. 다. 유아가 다양한 놀이와 활동을 경험할 수 있도록 실내외 환경을 구성한다. 라. 유아와 유아, 유아와 교사, 유아와 환경 간의 능동적인 상호작용이 이루어지도록 한다. 마. 5개 영역의 내용이 통합적으로 유아의 경험과 연계되도록 한다. 바. 개별 유아의 요구에 따라 휴식과 일상생활이 원활히 이루어지도록 한다. 사. 유아의 연령, 발달, 장애, 배경 등을 고려하여 개별 특성에 적합한 방식으로 배우도록 한다.
평가	가. 누리과정 운영의 질을 진단하고 개선하기 위해 평가를 계획하고 실시한다. 나. 유아의 특성 및 변화 정도와 누리과정의 운영을 평가한다. 다. 평가의 목적에 따라 적합한 방법을 사용하여 평가한다. 라. 평가의 결과는 유아에 대한 이해와 누리과정 운영 개선을 위한 자료로 활용할 수 있다.

2. 유아중심·놀이중심 누리과정에서의 과학교육

유아교육과정에서 유아과학교육은 유아의 호기심을 충족하는 탐색과 관련이 있으며 유아중심 · 놀이중심으로 새로움을 찾아가는 과정이라 할 수 있다.

유아중심 · 놀이중심 누리과정의 자연탐구영역에서는 탐구하는 과정을 즐기고, 생활 속에서 탐구하며 자연과 더불어 살아가는 태도를 가질 수 있도록 하는 데 목표가 있다.

1) 유아중심 · 놀이중심 과학교육의 의미

유아중심 · 놀이중심의 누리과정에서 볼 때, 유아과학교육이 지향해야 할 바는 분명하다. 그것은 근본적으로 유아의 호기심을 존중하며 유아 스스로 탐구하도록 하는 것을 목표로 자연물과 자연현상까지 다양한 측면을 탐색하며 이러한 탐색이 놀이로 이어지고, 더불어 살아가는 태도를 기르도록 하는 것이다. 다시 말해 2019 개정 누리과정이 '유아와 놀이'를 최우선으로 존중하는 교육과정임을 강조한 바와 같이 교사가 미리 계획한 활동을 중심으로 진행되는 '교사중심' 교육과정에서 유아 주도적인 놀이가 중심이 되는 '유아중심·놀이중심' 교육과정으로 변화하는 것을 의미하고 있음을 알 수 있다.

(1) 유아중심 과학교육의 의미

유아과학교육이란 과학적 지식만을 전달하는 것이 아니라 자연현상에 대하여 끊임없이 탐구해 가고자 하는 태도와 탐구해 갈 수 있는 기술을 갖도록 하는 포괄적 개념으로 이해되어야 할 것이다. 즉, 유아 스스로 자신을 둘러싸고 있는물리적 · 자연적 세계와 끊임없이 상호작용하면서 답을 찾아갈 수 있도록 하는 것이다. 그 과정은 교사중심이 아니라 유아중심으로 이루어져야 한다.

이전에는 교사가 계획한 대로 교사주도의 자유선택활동과 교육이 진행되었다면 앞으로는 유아교육 기본원리에 따라 유아주도의 놀이로 운영하도록 제안하는 것이 개정 누리과정의 취지인 것이다.

이를 위해 유아교육기관에서는 유아가 바깥놀이를 포함하여 충분한 시간을 자유롭게 놀이할 수 있도록 교육과정을 편성 · 운영하고 있다. 이때 진정한 유아중심의 과학교육이 이루어지기 위해서는 유아가 바깥놀이 중 과학적 호기심을 나타내는 무언가를 발견했을 때 그와 관련한 답을 찾는 과정이 유아의 놀이 안에서 경험될 수 있도록 교사가 자료 및 환경적 지원을 제공해야 한다. 또한, 이와 같은 과정에서 여유 있는 시간의 확보는 유아의 충분한 탐색이 이루어질 수 있도록 하여 진정한 배움으로 확장되는 데 도움이 될 것이다.

이렇듯 유아 스스로 궁금한 것을 실험하고 경험하도록 지원하고 적절한 과학적 내용이 포함된 탐구의 과정을 통해 유아는 자신의 과학적 관점을 계속적으로 구축해 나갈 수 있게 된다. 결과적으로 유아 스스로 탐구과정을 실행하고 즐기는 것이 유아중심의 과학교육을 실천하는 것으로서 교사는 이를 위해 새로운 시각을 갖고 환경적 지원과 더불어 세심하고 민감한 관찰을 해야 할 필요성이 제기된다.

(2) 놀이중심 과학교육의 의미

2019 개정 누리과정에서 제시한 놀이 실행 및 이행자료에서는 유아가 결정한 자료를 활용하는 것을 기본으로 하며 자연물이나 자연현상도 자료가 될 수 있다고 한다. 유아과학놀이에서 이러한 자연물과 자연현상은 교육적으로 매우 큰 의미를 가진다. 바깥놀이를 하거나 숲 놀이, 산책에서 만나는 곤충, 꽃, 들풀 등의 자연물을 오감으로 느껴 보는 것은 과학에 대한 유아의 호기심 그 자체이며, 유아들은 그 과정에서 새로운 것을 발견하는 기쁨을 가지고 탐색의 경험을 가지게 된다. 또한, 비 오는 날, 눈 오는 날, 낙엽이 떨어지는 날 등 자연의 변화를 경험하면서 유아는 과학놀이를 통해 탐색과 관찰의 즐거움을 느끼게 되고 배움으로

확장해 나가는 기회를 가질 수 있다.

이러한 관점에서 놀이중심에 대한 전문가의 의견은 교사들로 하여금 진정으로 놀이중심 누리과정에 따른 교육을 하는 데 통찰을 얻을 수 있게 한다.

2019 개정 누리과정은 놀이를 통한 배움이 이루어지는 '놀이중심 교육과정'을 표방한다. 이에 교사는 하루일과에서 놀이가 충분히 이루어지도록 편성 · 운영하며 유아의 흥미와 관심이 발현된 자유놀이에서 교사가 계획한 활동까지 유아의 참여를 지원하도록 한다. '놀이중심 교육과정' 또한 2019 개정 누리과정 안에서 등장한 새로운 개념이 아니다. 기존 누리과정에서도 '놀이를 중심으로 교수학습이 이루어지도록 한다'고 하여 놀이를 주요 교육방법으로 제시한 바 있다. 그러나 이와 같은 본질적인 의미에서의 놀이가 실현되고 있었는지에 대한 비판적 시각과 더불어 놀이와 교육의 관계를 재정립하려는 시도가 2019 개정 누리과정에서 이루어졌다.

그간 놀이와 교육의 관계에서 두 개념의 경계선은 비교적 뚜렷해 보였다. 즉, 유아의 자발적인 놀이와 교사 주도적인 교육, 즉흥적인 놀이와 계획적인 교육, 경험적인 놀이와 추상적인 교육, 과정을 지향하는 놀이와 결과에 따른 평가가 따르는 교육 등 놀이와 교육의 구분은 명확했으며, 그 사이에는 엄청난 간극이 존재했다. 비록 최근 들어 놀이와 교육 간 접합의 필요성이 제기되기는 하였으나, 그 접합지점이 여전히 교육(교사)중심에 치우쳐 놀이의 본질이 제대로 탐색되지 못했다는 것에 반성의 소리가 일었다. 이에 2019 개정 누리과정(안)은 놀이와 교육의 의미 있는 접합을 추구하면서, 접합의 주체를 보다 유아(학습자)중심으로, 그리고 놀이의 본질에 가깝게 접근하고자 하는 시도이다.

◈ 정혜욱·김은희 외(2019)

명백한 것은 유아교육분야에서 놀이가 특별하게 간주되어 왔고, 놀이에 관한 관심은 지속되고 있으며, 현장에서 놀이에 대한 풍부한 해석이 이루어지고 있다는 것이다. 또 놀이를 바라보는 인식의 주체들이 서로 다른 이론적 관점에서 놀이를 해석하고 의미를 부여한다고 할지라도 놀이를 유아의 삶 자체이자 자유롭고 자발적이며 즐거움을 제공하는 원천으로 인식하는 것은 공통적이며, 유아의 발달과 학습을 이끄는 의미 있는 경험으로 판단하고 있음은 재론의 여지가 없다.

우리가 놀이를 다양한 관점에서 설명하고 해석하며 새로운 담론을 만들어 가는 것이 결코 불필요한 논쟁의 과정이 아님을 확신한다. 왜냐하면 비록 지난한 과정이라 할지라도 우리의 고민은 유아의 삶의 맥락에서 놀이가 유의미하게 전개될 수 있도록 그 지경을 넓히는 단초가 될 수 있을 것이기 때문이다.

◈ ***임수진·김윤희 외(2019)***

이와 같은 전문가들의 견해를 통해 유아과학교육은 특별한 경험을 만드는 것이 아니라 일상의 관찰과 체험을 통해 이루어지는 것으로, 유아 놀이의 본질에 관심을 가지고 탐구함으로써 자연탐구영역의 목표를 이룰 수 있음을 시사 받을 수 있다.

| 글 & 그림상자 4-2 | 자연과 더불어 사는 아이

출처: https://blog.naver.com/miuha80/221247669635

Q&A

자연 속에서 유아와 함께 관찰해 보고 싶은 것이 있다면?

2) 유아중심 · 놀이중심 누리과정과 자연탐구영역

유아중심 · 놀이중심의 2019 개정 누리과정에서 다루고 있는 자연탐구영역의 목표와 내용은 개정 전에 비해 일목요연하게 제시되어 있다.

(1) 자연탐구영역의 목표

개정누리과정에서 자연탐구영역은 「탐구하는 과정을 즐기고, 자연과 더불어 살아가는 태도를 가진다」를 추구하기 위해 세 가지의 목표를 가진다.

- 일상에서 호기심을 가지고 탐구하는 과정을 즐긴다.
- 생활 속의 문제를 수학적, 과학적으로 탐구한다.
- 생명과 자연을 존중한다.

| 표 4-4 | 개정 전과 개정 후 자연탐구영역 목표 비교

3~5세 연령별 누리과정 (개정 전)	2019 개정 누리과정
호기심을 가지고 주변 세계를 탐구하며 일상생활에서 수학적 · 과학적으로 생각하는 능력과 태도를 기른다.	탐구하는 과정을 즐기고, 자연과 더불어 살아가는 태도를 가진다.
· 주변의 사물과 자연 세계에 대해 알고자 하는 호기심을 가지고 탐구하는 태도를 기른다. · 생활 속의 여러 상황과 문제를 논리 · 수학적으로 이해하고 해결하기 위한 기초능력을 기른다. · 주변의 관심 있는 사물과 생명체 및 자연현상을 탐구하기 위한 기초 능력을 기른다.	· 일상에서 호기심을 가지고 탐구과정을 즐긴다. · 생활 속의 문제를 수학적, 과학적으로 탐구한다. · 생명과 자연을 존중한다.

| 글 & 그림상자 4-3 | 호기심으로 가득 찬 아이

출처: https://www.instagram.com/smallmotherlee/

튤립과 수선화 구근, 어떻게 심으면 잘 자랄 수 있을까?
흙을 잘 덮어 줘야지.

Q&A 자연탐구에서 유아의 호기심은 어떻게 발현될까?

(2) 누리과정 자연탐구영역 내용

유아중심·놀이중심 누리과정의 자연탐구영역은 탐구과정 즐기기, 생활 속에서 탐구하기, 자연과 더불어 살기의 내용범주와 그에 따른 내용으로 구성되어 있다.[1)]

1) 자연탐구영역의 내용범주와 내용에 관한 구체적인 부분은 '제6장 유아중심·놀이중심 누리과정의 자연탐구영역'에서 다루고 있다.

| 표 4-5 | 유아중심 · 놀이중심 누리과정의 자연탐구영역 내용

내용범주	내용
탐구과정 즐기기	· 주변 세계와 자연에 대해 지속적으로 호기심을 가진다. · 궁금한 것을 탐구하는 과정에 즐겁게 참여한다. · 탐구과정에서 서로 다른 생각에 관심을 갖는다.
생활 속에서 탐구하기	· 물체의 특성과 변화를 여러 가지 방법으로 탐색한다. · 물체를 세어 수량을 알아본다. · 물체의 위치와 방향, 모양을 알고 구별한다. · 일상에서 길이, 무게 등의 속성을 비교한다. · 주변에서 반복되는 규칙을 찾는다. · 일상에서 모은 자료를 기준에 따라 분류한다. · 도구와 기계에 대해 관심을 가진다.
자연과 더불어 살기	· 주변의 동식물에 관심을 가진다. · 생명과 자연환경을 소중히 여긴다. · 날씨와 계절의 변화를 생활과 관련 짓는다.

출처: 교육부·보건복지부(2019c).

유아과학교육, 고마운 과학의 출발점!

"재미있게 놀 수 있도록 도와주는 물건들"

친구와 함께 더 재밌게 놀 수 있도록 해 주는 고마운 물건들이 있어요. 그 물건들에는 어떤 과학원리들이 숨어 있을까요? 그리고 그 원리를 이용해 아이들은 어떻게 놀 수 있을까요? 예비교사의 생각이 궁금해요!

과학아 고마워!		과학아 놀자 ^^
과학의 원리는 무엇일까?	친구와 재밌게 놀 수 있도록 해 주는 고마운 물건	아이들은 어떻게 놀까?
• 탄성의 원리 • 정전기 발생 원리	 풍선	
• 탄성의 원리 • 공기저항의 원리	 축구공	
• 탄성의 원리 • 작용–반작용 원리	 배드민턴 라켓	

친구와 함께 더 재밌게 놀 수 있도록 해 주는 고마운 물건! 그 속에 숨은 과학원리를 함께 알아봐요!

탄성의 원리

풍선, 축구공, 배드민턴 라켓의 줄에 힘을 가했을 때 튕기는 것은 탄성의 원리와 관련이 있어요. 탄성이란 힘을 주어 물체를 변형했을 때 원래의 모양으로 다시 돌아가려는 성질을 말해요.

정전기 발생 원리

고무풍선을 가지고 놀다 보면, 따끔한 느낌이 들거나 작은 종이, 머리카락, 클립 등이 붙는 것을 볼 수 있어요. 이는 풍선과 다른 물체가 마찰하여 일어나는 각각의 전기가 물체 표면에 머무르는 정전기의 원리와 관련이 있어요.

마찰의 원리

빠르게 굴러가던 축구공이 멈추는 것은 마찰과 관련이 있어요. 마찰력은 물체와 물체가 맞닿는 곳에 언제나 존재하며, 물체의 움직임을 방해해요. 만약 이러한 마찰력이 없다면 구르기 시작한 축구공은 관성에 의해 계속해서 굴러가 버릴 거예요.

공기저항의 원리

배드민턴 라켓으로 셔틀콕을 세게 쳤을 때 빠른 속도로 날아가는 것을 볼 수 있어요. 이는 셔틀콕의 코르크 부분이 가진 탄력과 가벼운 무게, 그리고 타격 시 깃털 폭이 순간적으로 좁아지기 때문이에요. 그러나 탄성으로 오므려졌던 깃털이 펴지면, 공기저항이 생겨 멀리 날아가지 못하게 제동을 걸어요.

유아중심·놀이중심 유아과학교육

유아의 놀이는 그들의 삶 속에 자연스럽게 일어나는 일상의 반복이다. 유아는 놀이를 통해 성장하고 놀이를 통해 기쁨을 얻게 된다. 그러나 시대적 흐름에 따라 놀이에 부여하는 의미와 목적은 특별하게 부가된다. 이는 유아를 대하는 성인이 특정 목적을 가지고 놀이 유형을 설정하고 놀이 도구를 개발하려는 노력에서부터 시작되었으며 교육이라는 명분으로 시행되어 왔다. 놀이가 유아의 상상에 의한 자발적 표현이 되어야 하는 것이 현실의 최대 이슈라면, 어떻게 하면 유아가 일상에서 놀이를 찾고 반복하며 지켜나가는지를 관찰할 수 있을지는 최대 관심사라 할 수 있다. 그래서 교사는 유아가 어떤 호기심으로 놀이를 시작하고 지켜가며 확장시켜 가는지 관찰하고 유아와 상호작용하며 함께 놀며 배우게 된다.

이 장에서는 유아놀이에 대해 살펴보고 교사와 유아의 상호작용에 초점을 두어 유아과학놀이에서의 코칭접근에 대한 이해를 높이고자 한다.

제5장

유아중심 · 놀이중심 유아과학교육

하나 유아놀이의 기초이해

둘 유아과학교육과 상호작용

셋 유아과학놀이에서의 코칭접근

진정한 인간관계나 상호작용을 이루려면 그 안에서
나 자신이 편하고, 상대방이 나의 잠재력을 뚜렷이 볼 수 있어야 한다.
-칼로저스-

1. 유아놀이의 기초이해

유아놀이에 대한 기초이해는 유아놀이의 정의와 놀이의 종류, 그리고 놀이와 유아발달에 대해 살펴보는 과정을 통해 이루어질 수 있다. 진정한 유아중심 · 놀이중심 교육과정이 실천되기 위해서는 이러한 내용을 이론을 통해 정립하고 현장에서 지혜롭게 접근하는 것이 바람직하다고 할 수 있다.

1) 유아놀이의 정의

최근 들어 유아에게 놀 권리와 놀이의 자유가 보장되어야 한다는 관점이 부각되면서 교육에서 놀이가 어떻게 적용되어야 하는가에 대한 논의가 활발하게 이루어지고 있다. 특히 유아교육 분야에서는 누리과정 개정으로 인해, '진짜 놀이'와 '가짜 놀이'와 같은 놀이의 이해, '교육과정 속에서의 놀이'에 대한 논쟁이 뜨겁다(EBS 놀이의 힘 제작진, 2020). 유아교육과 관련된 학자와 현장 교사들은 놀이는 학습과 발달의 매개가 됨을 일관되게 주장해 오고 있으나, 실제 교육현장에서의 놀이 적용 및 지도 방법 그리고 환경과 놀이시간 등이 관점에 따라 차이를 보인다.

(1) 놀이의 이론

우리나라 유아교육과정은 이미 오래전부터 놀이중심 교육과정을 구축하고, 교육 매개로서의 놀이 그리고 놀이중심 교육을 강조하여 왔다. 그러나 시대변화에 따라 미래인재상이 변화하게 되었고 유아교육 실천에 있어서도 놀이의 중요성을 적극 수용함과 동시에 새로운 미래인재 육성에 부합되는 교육적 접근과 방향 모색이 필요할 것이다. 이를 위해서는 여러 철학자, 심리학자, 교육학자가 제시한 유아 놀이의 의미와 특성을 이해하고, 교육 현장 실천을 위해 유아교육 관점에서 놀이를 재조명하고 정립할 필요가 있다(지성애, 2019).

놀이의 이론은 고전적으로 내려오는 것에서부터 현대의 이론에 이르기까지 학자마다 놀이의 어느 부분을 중요하게 생각하느냐에 따라 다르게 접근하고 있다.

| 표 5-1 | 놀이이론의 정리

이론	내용
잉여에너지이론	• 노동 후 남은 에너지를 소비하기 위해 놀이를 한다. 실러(Schiller) – 놀이는 남은 에너지를 목적없이 소비하는 것임 – 노동을 할 필요가 없는 유아는 남는 에너지가 많으므로 성인보다 놀이를 많이 함 – 물적 잉여는 '신체적 놀이'로, 심미적 잉여는 '상징적 놀이'로 나타남 스펜서(Spencer) – 성인들과 다른 비실제적 활동을 하게 됨(거친 놀이, 싸움 놀이 등)
휴식이론	• 노동으로 쌓인 피로를 풀기 위해 놀이를 한다. 라자루스(Lazarus) – 놀이는 현실에서 벗어나며 일과 반대되는 활동을 행하는 것임 패트릭(Patric) – 라자루스의 이론 확대함 – 정신노동으로 인한 고갈을 신체적 활동(사냥, 낚시 등)인 놀이를 통해 회복함
정신분석의 놀이이론	• 부정적 감정을 해소하기 위해 놀이를 한다. 프로이트(Freud) – 놀이는 상상을 통해 원하는 것을 표현하여 자신의 바람을 충족시키는 수단임 – 놀이의 반복은 부정적 정서 정화를 위한 것임 에릭슨(Erikson) – 프로이드의 부정적 정서 정화에 대한 의견을 거부함 – 놀이는 유아의 신체적·사회적 기술 발달에 영향을 미쳐 자아구축 기능을 가짐
각성이론	• 최적의 수준으로 각성을 유지하려는 요구와 충동으로 놀이를 한다. 벌린(Berlyne) – 각성수준을 적정하게 유지하려는 중추신경계의 욕구를 만족시키기 위해 놀이함 – 낯선 사물로 인해 자극 수준이 높은 경우 놀이를 통해 각성수준을 조절함 엘리스(Ellis) – 놀이는 자극을 추구하는 활동으로 최적의 각성 수준을 유지하게 함
상위 의사소통 이론	• 사회적 놀이에 참여할 때 의사소통이 원활하도록 놀이를 한다. 베이트슨(Bateson) – 상위의사소통을 통하여 역할의 틀을 형성하고 재형성화하는 능력을 습득하게 됨 가비(Garvey) – 사회극놀이를 통해 언어기제가 발달됨

(2) 놀이의 정의

유아놀이를 이해하기 위해서는 놀이의 정의를 사전적 의미에서부터 여러 학자의 관점에 따라 살펴보는 과정이 필요하다. 놀이의 방점을 어디에 두느냐에 따라 놀이가 주는 중요한 점을 받아들임이 다르기 때문이다.

놀이의 사전적 정의는 신체적 · 정신적 활동 중에서 식사와 수면, 호흡, 배설 등 직접 생존에 관계되는 활동을 제외하고 '일'과 대립되는 활동을 말한다. 또한, 여러 학자들은 다음과 같이 놀이를 정의하고 있다.

| 표 5-2 | 놀이의 정의

학자	놀이의 정의
김명순(2018)	놀이는 무목적적이고 아동 주도적이며 자발적이어서 자유롭고 임의적인 행동이다.
이숙재(2005)	놀이는 유아에게 있어서 학습의 기본 형식이다.
정옥분(2008)	놀이는 성장과 발달에 중요한 영향을 미치는 가치 있는 활동이다.
Johnson et al., (2001/2011)	놀이는 어떤 현상이나 사물에 대해 호기심을 가지고 탐색할 수 있는 기회를 제공한다.
Levy(1978)	놀이는 개성의 창의적이고 심오한 특성을 계발시켜 주는 역동적 과정이다.
Schaefer(2008)	놀이를 통해 다양한 정서와 감정들이 표현되기 때문에 이를 통해 유아들의 문제점을 치료할 수 있다.

놀이와 같은 일상생활에서 작은 즐거움을 느낀 유아들은 점점 자라나면서 새롭고도 창조적 활동을 하게 된다. '잘 놀아야 잘 큰다'는 말처럼 궁극적으로 놀이는 유아의 생활에서뿐만 아니라, 가족과 사회 전반에 걸쳐 긍정적이고 의미 있는 영향을 미치게 된다.

실제적으로 '나에게 놀이란 무엇인가?'라는 조사에서 나타난 우선적인 키워드가 '자유', '행복', '재미'였다는 것을 고려한다면(임수진 · 김윤희 외, 2019), 궁극적으로 놀이는 행복의 추구 및 향유와 관련된다. 이는 긍정심리학의 창시자인 마틴 셀리그만(Martin Seligman, 2011)이 말한 진정한 행복(authentic happiness)에 해당된다.

| 글 & 그림상자 5-1 | 놀이의 흐름

놀이의 처음은 유아의 시선에서 들여다보는 것으로 시작하여 유아가 남긴 놀이흔적을 살펴서 놀이 속에 숨어 있는 의미를 찾는 것이라고 할 수 있다.

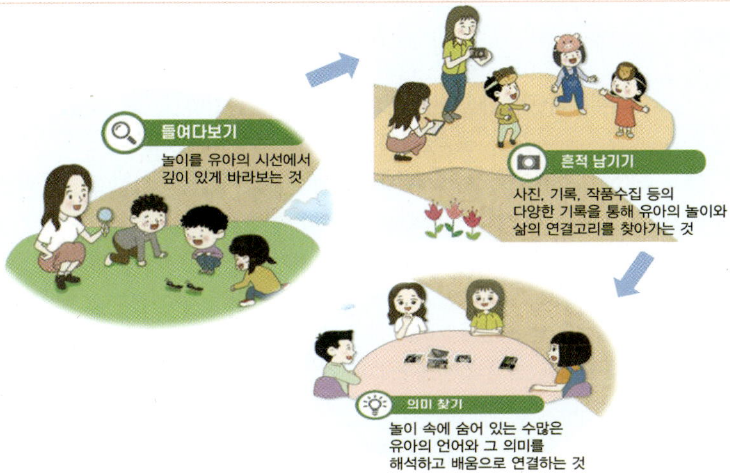

출처: 경기도교육청(2019).

Q&A
놀이를 들여다보기 위해 교사가 준비해야 할 것은 무엇일까?

2) 놀이의 종류

놀이의 종류는 놀이의 여러 가지 형태를 나타낸다. 이러한 여러 가지 놀이 형태 중 사회적 형태에 따라 놀이를 분류하면, 혼자 놀이, 병행 놀이, 연합 놀이, 협동 놀이 등으로 분류할 수 있다. 또한 놀이에 포함되는 근육의 움직임에 따라 그 종류를 나누면 조용한 놀이, 활동적 놀이 또는 소근육 활동 · 대근육 활동으로 구분될 수 있고, 놀이가 행해지는 장소의 분류에 따르면 실내 놀이, 실외 놀이(바깥 놀이)로 분류할 수 있다(국립특수교육원, 2018).

| 표 5-3 | 놀이의 종류

학자	놀이의 종류
뷜러 (J. Buhler)	• 감각활동에 따른 기초형태를 나타낸다. – 감각놀이: 시각과 청각 등의 여러 감각을 이용한 놀이 – 운동놀이: 팔다리, 신체 등을 리듬에 맞추는 놀이 – 모방놀이: 소꿉장난과 같은 성인을 흉내 내는 놀이 – 수용놀이: 그림책, 노래나 동화듣기와 같은 수동적인 놀이 – 구성놀이: 적목, 점토, 그림 그리기 등과 같이 창작하고 만드는 놀이
파튼 (M. Parten)	• 사회적 형태의 진행순서를 나타낸다. – 비참여 행동: 자신의 신체를 가지고 놀거나 무언가 몰두하여 관찰함 – 방관자적 행동: 방관자의 태도를 유지하며 조금씩 개입함 – 단독놀이: 주변에 관여하지 않고 자신의 놀이만을 함 – 병행놀이: 친구들과 같은 형태의 놀이지만 가까워지려는 노력은 없음 – 연합놀이: 다른 친구들과 함께 놀이하지만 각자의 방식대로 놀이 – 협동놀이: 순수하게 감정을 주고받으며 상호 작용하는 놀이
피아제 (Piaget)	• 인지발달 수준을 나타낸다. – 연습놀이: 반복해 접근하거나 행동을 반복하는 놀이 – 상징놀이: ~ 척하는 놀이이면서 상징적 가작화의 시작 – 규칙 있는 게임: 사회적 규칙이 관여, 일생 동안 발달

여러 학자들의 주장을 살펴보면 알 수 있듯이 놀이는 항상 즐거움이 내포되어 있으며, 놀이는 규칙이 있지만 유아들의 자발적인 활동이 전제되어 놀이가 성립되고, 놀이는 유아들의 성장 발달에 지대한 영향을 준다는 것을 알 수 있다.

즉, 유아들은 놀이를 통해서 사회생활에 적응하거나, 자기의 잠재력을 키우기 위한 여러 가지 지식과 가치관을 배우게 되며, 놀이를 하는 동안 즐거움과 기쁨을 얻고, 다른 유아들의 행동을 모방하고 되풀이할 뿐만 아니라 다양한 탐구와 실험을 시도해 나가는 과정을 통해 사회적 · 정의적 · 신체적 · 지적 · 언어적으로 발달해 나가게 된다.

| 글 & 그림상자 5-2 | 사회성을 길러 주는 놀이

관계맺집·사회성을 길러 주는 것이 놀이이고 노는 것은 시간 낭비가 아닌 '권리'이므로 놀 권리는 공공 영역에서 보장해야 한다.

서울 보라매공원 잔디광장에서 '제6회 놀이의 날'

출처: 한겨레신문(2019. 10. 14.). http://www.hani.co.kr

Q&A 놀이에서 관계맺집은 무엇을 의미할까?

3) 놀이와 유아발달

놀이는 모든 발달영역에 긍정적 영향을 미쳐 전인적 발달을 돕는다. 기본적으로 놀이하는 능력을 가지고 태어난 유아들은 삶에서 놀이하고, 이를 통해 다양한 영역에 자극을 받게 된다. 이러한 자극은 새로운 기술습득이나 경험 확장의 기회를 가져오기 때문에 전인적 발달을 이루게 되며 더욱 유능해질 수 있도록 한다. 구체적으로 유아의 이 유능함에는 의사소통능력, 탐구력, 상상력, 능동성, 주도성이 포함되며, 이는 유아가 놀이하며 스스로의 방식으로 배워 나가기 때문에 이루어지게 된다(교육부 · 보건복지부, 2019c).

| 표 5-4 | 놀이를 통한 유아발달

발달영역	주요발달내용
신체 발달	• 놀이동작을 하면서 대소근육을 움직이게 하므로 신장, 체중 등 신체성장이 촉진되고 혈액순환, 배설, 수면 등의 생리기능이 증대된다. • 운동놀이를 하면서 뛰기, 던지기, 매달리기 등의 기본능력과 체력이 향상된다. • 놀잇감을 보고, 만지고, 두드리는 탐색활동을 통해 감각 및 지각능력이 발달되고 뇌 발달이 촉진된다. • 놀이경험을 통해 영유아가 건강하고 안전하게 일상생활을 하는 데 필요한 능력을 증진 시킨다.
사회성 발달	• 부모나 양육자, 교사와 놀이를 하면서 친밀감을 갖게 되고 애착관계를 형성한다. • 또래와 놀이를 하면서 다른 사람과 더불어 살아가는 데 필요한 사회적 능력, 예를 들어 질서 지키기, 협력하기, 놀잇감 공유하기 등을 배운다. • 다양한 놀이경험을 통해 주변 사회에 대한 관심과 이해 및 지식을 습득한다.
인지 발달	• 여러 가지 놀이를 하면서 수, 분류, 서열화, 공간, 시간, 보존 개념을 자연스럽게 학습하여 수학적 능력을 기른다. • 호기심을 가지고 놀면서 과학적 지식을 습득하고 탐구과정을 경험한다. • 놀이 중에 새로운 사물이나 상황을 탐색하고 실험하면서 문제해결력이 발달한다. • 사물이나 상황에 상징적 의미를 부여하는 놀이를 하며 추상적 사고력이 증진된다.
언어 발달	• 놀이를 하면서 다양한 어휘를 습득하고 정확한 발음과 목소리 조절 능력이 발달하며 문장 구성력도 증진된다. • 다양한 상황이나 역할에 적합한 언어를 사용하는 놀이경험을 통해 바른 언어 사용 습관을 자연스럽게 형성한다. • 또래들과 집단놀이를 하면서 남의 말을 주의 깊게 듣고 이해하며 자신의 의견을 교환하는 의사소통을 기른다. • 가게놀이, 우체국 놀이처럼 글자를 접할 기회가 많은 놀이를 하면서 읽기, 쓰기에 관심을 가지고 자발적으로 학습하려고 시도하게 된다.
정서적 발달	• 놀이를 통해 영유아의 부정적 정서가 정화될 수 있기 때문에 정신건강에 도움이 된다. • 놀이를 하면서 긍정적인 자아개념, 성취감, 자신감, 자율성, 인내심 등 건전한 정서를 형성하게 된다. • 놀이를 하면서 감정을 통제하는 방법, 갈등을 해결하는 방법을 습득한다. • 놀이를 통해 타인의 감정에 대한 조망능력과 공감능력의 기초를 다질 수 있다.
창의성 발달	• 놀이를 하면서 창의성의 정의적 요소인 호기심, 자발성, 민감성이 발달한다. • 놀이를 통해 다각적인 탐색을 하며 확산적 사고능력이 증대된다. • 놀이 가운데 '~인 척하는 가작화요소(as-if element)가 내포된 상상놀이를 하면서 상상력이 발달한다. • 놀이 중에 새롭고 독특하게 생각할 기회가 많아서 독창성이 발달한다.

출처: 이숙재 (2019).

최근 들어 아이에게 놀이는 매우 맛있고 영양가 높은 밥이라고 보는 초등학교 교사들과 교육정책자들이 교육운동을 펼쳐 나가고 있다. 이러한 활동과 정책적 지원이 초등학교를 중심으로 이루어지고 있어 유아보육기관에도 확대될 필요가 있다. 그래서 놀이적인 유아의 생활은 매우 즐겁고도 의미가 있기 때문에 유아에게 있어서 생활=놀이=교육이라는 등식이 성립된다고 할 수 있다(이소희 · 원종순 외, 2020).

| 글 & 그림상자 5-3 | 놀이의 실천

한 그릇 '놀이밥'

1. 아이에게 한가한 시간을 줍니다.
2. 아이와 함께 놀 수 있는 이웃 동무를 만납니다.
3. 아이가 마음껏 뛰놀 수 있는 곳을 찾습니다.
4. 학습이나 창의력 등을 놀이와 연관 짓지 않습니다.
5. 하루에 두세 시간씩 '놀이밥'을 꼬박꼬박 먹입니다.

출처: 한겨레신문(2019. 10. 14.).

놀이를 살려 아이를 살리는 어린이놀이운동을 감히 제안하며 여러 해 고민한 다섯 가지 실천안을 내놓는다. 늘 아이들 가까이 두고 마음을 다잡았으면 한다. 아이들이 놀아야 자고, 놀아야 먹는다. 그리고 아이들 문제는 어쨌든 놀아야 풀린다. 이게 순리다. 지금은 아이들에게 정성스레 따듯한 '놀이밥' 한 그릇을 퍼줄 때이다.

– 편해문(2012). 『아이들은 놀이가 밥이다』 중에서 –

Q&A 예비교사로서 '놀이(가)는 ○○○이다'라고 정의 내려 본다면?

2. 유아과학교육과 상호작용

유아과학놀이를 유아가 원하고 그들의 요구대로 따라가 주는 방법은 의미 있는 성인의 상호작용과 밀접한 관련이 있다. 콜맨(Coleman)은 유아의 놀이는 자기 자신과 자신을 둘러싼 환경과의 연관성에 대해 배우는 중요한 상호작용이라고 하였다. 이는 유아과학교육놀이에서도 당연히 적용된다.

브라이언(Bryan)은 영유아와 교사 간 상호작용이 영유아의 정서표현에 미치는 영향을 연구하였는데 교사와 영유아의 상호작용 수준이 높을수록 긍정적인 정서표현을 많이 하였고 상호수준이 낮을수록 부정적인 정서표현을 한다는 결과를 확인할 수 있었다.

1) 유아과학교육의 특징과 상호작용

유아의 발달을 돕고 의미 있는 과학교육이 이루어지도록 하려면 무엇보다 상호작용의 역할이 중요하다. 왜냐하면 과학은 구성주의에서 말하는 것처럼 지식이 발견되는 것이 아니라, 가장 합리적이고 경험을 많이 포괄할 수 있는 설명을 찾으며 만들어지는 것이기 때문이다. 따라서 이때 필요한 성인과의 대화, 즉 의미 있는 상호작용은 과학의 원리를 스스로 탐구하는 기회를 가지게 되고 호기심을 충족하게 되는 것이다.

상호작용에서 중요한 요소를 차지하는 것은 '대화'이다. 이때, '대화'란 일상생활 속에서 두 명 이상이 모여 생각과 감정을 표현하고 교류하는 언어 활동을 뜻한다(국립국어원, 1999). 사전적 정의에서 볼 수 있듯이 상호작용은 모든 일상생활에서 이루어지는 것으로 유아의 놀이와 과학적 경험에서 또한 이루어질 수 있다.

과학놀이는 유아들의 구체적이고 조작적인 감각 경험을 중시하며 유아가 탐색한 것을 또래 및 교사와 상호작용하며 정리하고 새로운 가설을 세우거나 정립해 나가는 과정을 중시한다. 이는 다시 말하자면, 과학적 탐구과정 안에서 이루어지는 다양한 상호작용을 통해 더욱 의미 있는 경험을 이룰 수 있음을 의미한다. 이때, 의미 있는 성인인 교사 또는 부모와 놀이하며 이루어지는 상호작용의 경우 유아의 발달과 사고 확장을 위하여 유아의 몸짓과 언어를 적극적으로 수용하는 데 초점이 맞춰져야 한다.

사회학습을 통한 인지발달을 주장한 비고츠키(Vygotsky, 1978)는 유아가 보다 성숙한 구성원들과 상호작용하며 발달을 이룰 수 있다고 주장하였으며, 근접발달지대 ZPD(Zone of Proximal Development)를 개발하기 위해서는 성인의 적절한 지도와 도움이 필요하다고 하였다(이정욱, 2004; 황해익 · 남미경, 2007). 이처럼 성인의 상호작용이 유아의 발달에 미치는 영향에 대한 연구는 오늘날까지도 지속되고 있으며, Cost Quality와 Child Outcomes Study Team(1995)의 연구에서는 유아가 유아교육기관에서 교사와의 상호작용을 통해 얻는 양질의 경험이 인지적, 사회적, 정서적 발달을 돕고 촉진 시킬 수 있음을 확인하기도 하였다. 이와 같은 맥락에서 미국의 'NAEYC(National Association for the Education of Young Children)'는 발달에 적합한 실제 'DAP(Developmentally Appropriate Practice)'의 필수 요소로 교사와의 긍정이고 개별화된 상호작용을 제시하기도 하였다.

살펴본 바와 같이 상호작용에서 교사가 사용하는 긍정의 언어와 긍정적 상호작용은 옛 속담 '가는 말이 고와야 오는 말이 곱다'와 같이 유아와의 관계 형성에도 지대한 영향을 미치며, 자기효능감 및 정서발달에도 긍정적인 영향을 미치므로 매우 중요하다.

과학을 통한 호기심은 정서적 측면에서 유아들이 자신의 감정을 인식, 조절, 표현하는 것과 관련되며 신체적 자아의식, 숙달감, 자율성 및 자존감과 양심의 발달과도 연결되므로(전종국 · 최선남, 2004) 긍정적 상호작용을 통한 사회 · 정서적 측면에서의 과학놀이 접근이 필요하다 할 수 있다.

유아기는 사회적 역할을 습득하는 최적기로 전 생애 발달에서 중요한 의미를 가진다. 또한, 이 같은 유아에게 의미 있는 타자인 교사가 행하는 상호작용은 발달적으로 미성숙한 부분이 존재하는 유아의 성장발달에 큰 영향을 미치므로 그 중요성은 아무리 강조해도 지나치지 않다.

| 글 & 그림상자 5-4 | 교사의 마음

오늘도 현장의 교사들은
교사로서 아이의 놀이를 관찰하고 놀이 안에서 관찰하여
내일은 무엇을 하고 놀이할까를 고민하고 있다.

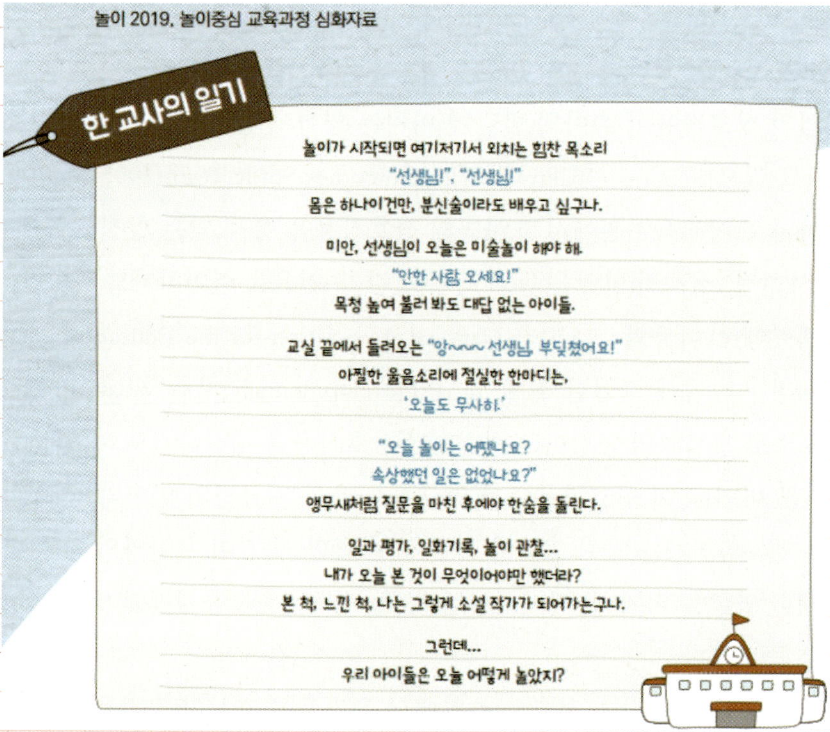

출처: 경기도 교육청(2019).

Q&A 글을 읽고 잠시 생각을 해 보면 어떤 마음이 드는가?

2) 놀이를 통한 교사 상호작용의 의미

놀이는 유아에게 즐거움과 기쁨을 주며 또래들과 상호작용하면서 사회적 기술을 습득하게 하는 중요한 행위이자 원하는 것을 할 수 있는 자기선택적인 활동이다.

교사의 역할은 시대적인 요구에 따라 달라지기도 하지만 근본적으로 교사가 수행하는 여러 역할 중에서도 상호작용자로서의 역할은 상당히 중요하다. 왜냐하면, 유아들이 유아교육 · 보육기관에 와서 얻는 경험의 많은 부분이 교사와의 상호작용을 통해 이루어지고, 상호작용의 질은 유아의 발달에 직접적으로 영향을 미치기 때문이다(박현정 · 이소희, 2018).

유아가 원하는 만족적인 활동이 되도록 돕는 것이 놀이에서의 교사참여가 가지는 의미라 할 수 있다.

실제로 교사와 유아의 상호작용은 유아의 다양한 발달영역에 영향을 미치는 핵심적 요인이다. 질적으로 우수한 정서적, 언어적 그리고 행동적 상호작용이란 교사가 수용적이고 반응적인 태도로 유아에게 정서적 지지를 표현하고, 칭찬, 격려 등의 긍정적 언어표현과 개방적 질문을 사용하며 바람직한 모델링을 나타냄을 의미한다(도미향 · 강경자, 2012).

이선애와 현은자(2010)의 연구에서 교사는 유아의 학습 안내자이자 발달의 촉진자로서 교수 활동을 수행하고 그 성과를 거둠에 있어 매우 중요한 역할을 한다. 교사와 유아 간의 안정적이고 애정적인 사회적 상호작용은 유아 자신을 긍정적으로 평가하도록 하고 자신을 스스로 통제하는 능력을 발달시킬 수 있는 기반이 된다고 하였다. 마찬가지로 교사와 상호작용하는 유아일수록 교사와 안정적 애착을 형성하고 그 결과 안정적 기지를 바탕으로 또래와의 사회적 관계에서도 유능함을 발휘하며 타인 이해력과 감정이입능력에도 긍정적 영향을 받게 된다.

또한 교사와 유아의 상호작용의 하위요인인 정서적 상호작용과 행동적 상호작용 수준이 높을수록 유아의 인지조절능력, 정서조절능력 및 전체적 자기조절

능력이 높아지는 것으로 나타났다. 결론적으로 교사와 유아의 상호작용 수준이 높을수록 유아의 자기조절능력에 긍정적인 영향을 미친다는 것을 알 수 있다. 따라서 교사는 유아와 긍정적이고 따뜻하며 민감한 상호작용을 할 수 있도록 노력해야 한다(성윤진·문혜련, 2019). 더욱이 교사가 유아와 상호작용하는 양은 유아가 참여하는 활동유형과 관계가 있으며(김혜경, 2017), 상호작용을 많이 하면 할수록 유아는 다른 사람과 협동하는 모습을 많이 보이고 교사에 대한 신뢰를 보이는 반면, 상호작용을 적게 할수록 신체적인 공격을 많이 하고 부주의한 모습을 보이게 된다.

영유아교사는 부모를 대신하여 영유아 보육 및 교육기관에서 영유아에게 사회적 · 정서적 · 교육적 지원을 제공하며(차금안 · 나옥희, 2016), 영유아의 학습 안내자이며 발달의 촉진자로서 교수 활동을 수행하고 그 성과를 거둠에 있어 매우 중요한 역할을 한다. 따라서 발달이 민감하게 일어나는 유아기를 놓쳐 버리게 되면 후에 회복하기 어려우며 유아기를 어떻게 보냈느냐에 따라 유아의 인지, 사회, 정서, 신체, 건강 등의 발달과 기본생활습관, 타인들과의 관계, 생활태도, 인간관계 등에 영향을 미치기 때문에(이숙희 · 강병재, 2002), 무엇보다 교사의 역할이 중요하다고 할 수 있다.

| 글 & 그림상자 5-5 | 관찰놀이 코칭

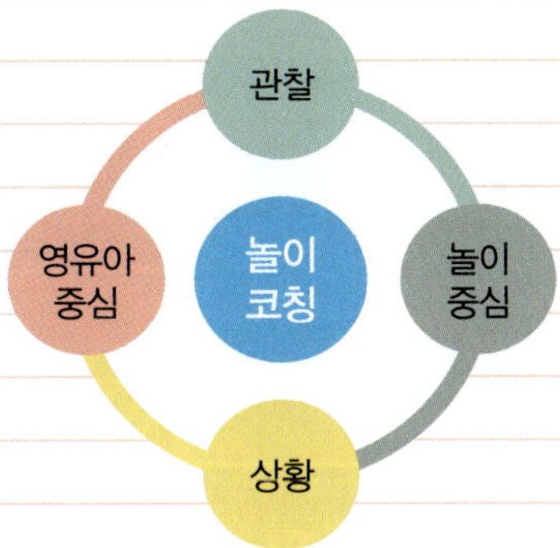

출처: 이소희·박현정(2020). TREASURE 상호작용연구소.

교사 상호작용에 대한 중요성이 강조됨에 따라 유아의 놀이를 지원하는 다양한 교사교육 프로그램이 개발, 보급되고 있다. 이러한 관점에서 개발된 '관찰놀이코칭'은 '잘 놀고 싶은 유아를 위해 잘 놀도록 돕는 교사가 되도록 지원하는 프로그램'으로, 교사가 유아의 발달특성과 상황을 제대로 관찰할 수 있도록 돕고, 놀이코칭 접근을 통해 '놀며 배우며'를 실현하는 것에 중점을 두고 있다.

Q&A 유아과학놀이를 위해 교사는 무엇을 중점으로 관찰해야 할까?

3. 유아과학놀이에서의 코칭접근

유아과학놀이에서의 코칭접근은 유아에게 내재되어 있는 과학에 대한 호기심과 욕구를 끌어내어 기대목표를 유아 스스로 달성하게 할 수 있다. 따라서 교사는 코칭의 정의와 코칭철학 및 코칭의 주요 이론적 배경이 되는 긍정심리학을 이해하도록 한다. 또한 코칭기술을 익혀서 유아를 긍정의 대화로 상호작용하는 데 힘을 실어 줄 수 있다.

코칭은 스스로 생각하고 스스로 움직이는 자립형 인재의 능력을 갖추는 데 도움을 주는 한 방법이라 할 수 있다. 코칭에서 활용되는 다양한 의사소통 기법들은 교사와 유아 간 상호작용에서 중요한 역할을 담당하고 있으며, 과학놀이에서 또한 여러 방면에서 활용될 수 있다. 코칭을 하는 목적은 유아가 현재보다도 더 나은 삶을 살고자 하는 욕구에서 비롯되므로 주요 관심은 미래의 성과와 성취에 두게 된다. 따라서 '목표'를 설정하는 것은 코칭과정에서 매우 중요하고도 실천적인 과제가 되는데, 더 구체적으로 말하면 현재 상태와 미래의 기대목표 사이에서 존재하는 갭을 메꾸는 것이 되며, [그림 5-1]과 같이 도식화된다. 유아과학교육에서 교사가 코칭을 활용한다면 과학적 탐구과정을 통해 문제를 해결하고자 하는 유아의 욕구를 기대목표까지 끌어올릴 수 있도록 '코칭접근법 활용하기'의 방법을 활용할 수 있다.

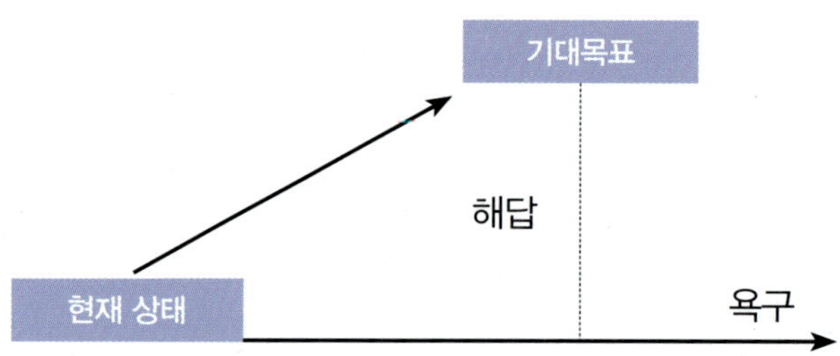

| 그림 5-1 | 코칭 환경에서의 코칭 목표

1) 코칭의 기초이해

과학놀이에서 유아 스스로 답을 찾게 하는 코칭을 적용하면 유아에게 긍정 마인드를 교사가 전해 줄 수 있으며, 놀이의 자발적 주도자로 유아를 인정하게 하는 힘이 생긴다.

코칭(coaching)의 역사는 짧지만, 비약적인 발전을 이루어 왔고, 교육 분야에서도 활발하게 활용되고 있으며 코칭 관련자들의 노력에 의해 다양한 코칭분야, 즉 라이프 코칭, 커리어 코칭, 비즈니스 코칭 등의 코칭 분야에서 그 효과의 탁월성을 전 세계적으로 인정받고 있다.

(1) 코칭의 정의와 코칭철학

코칭은 기본적으로 긍정을 바탕으로 정의되고 있으며, 코칭철학도 마찬가지이다(이소희, 2008a).

① 코칭의 정의

철학은 어떤 사물과 현상에서 전제가 되는 생각을 말한다. 코칭의 철학도 코칭의 정의처럼 코칭 관련 기관, 코칭 프로그램에 따라 표현상의 차이가 있을 뿐, 기본적인 관점은 동일하다.

[이소희]

코칭은 개인과 조직이 '매일 멋진 삶'을 살 수 있도록 지지하는 사랑과 지혜의 대화시스템이다.

[한국코치협회]

코칭은 개인과 조직의 잠재력을 극대화하여 최상의 가치를 실현할 수 있도록 돕는 수평적인 파트너십이다.

② 코칭철학

마틴 셀리그만(Martin Seligman, 2004)은 행복한 사람은 자신이 하고 있는 일과 성취에도 적극적이고, 더 긍정적이며 생산적인 삶을 만들어 가는 데 관심을 두고 자신의 잠재력 개발을 위해 적극적으로 노력하여 근본적으로 행복과 성장을 추구하는 존재라고 하였다(임창현, 2013). 이는 인간을 무한한 가능성을 가진 존재이자 스스로 그 가능성을 이루어 나아갈 수 있는 존재로 보는 코칭의 철학을 지지하는 이론이라고 할 수 있다. 이러한 관점에서 코칭은 긍정심리학의 관점에서 이해되고 설명할 수 있으며, 긍정심리와 코칭학의 공통점을 세 가지로 요약할 수 있다(Linley & Harrington, 2005).

첫째, 실행과 주관적 안녕의 증진에 관심을 둔다.
둘째, 인간 본성의 긍정적인 부분에 초점을 둔다.
셋째, 개인의 강점과 무엇을 잘하는지에 초점을 둔다.

긍정심리학은 새로운 접근의 심리학으로서 개인의 성장과 공동의 이익을 추구하며, 강점에 대해 관심을 기울이며, 병리적인 증상을 치료하는 것만큼 정상적인 사람들의 삶을 충만하게 하는 데 관심을 기울인다.

긍정심리학과 코칭의 관계를 맥락적으로 정리한 이소희(2014a)는 두 분야 모두 인간은 무한한 가능성을 지니고 있는 존재이자, 의미 있는 삶을 통한 행복을 효과적으로 누리기 위해 적극적으로 찾는 존재라고 보고 있다. 또한 마틴 셀리그만(Martin Seligman, 2011)은 그의 책『플로리시』에서 긍정심리학 코칭기술, 긍정심리학 이론, 긍정 상태, 긍정 특성의 다양한 측정, 효과적인 개입 부분에서 충분한 훈련을 받는다면, 그리고 고객을 더욱 노련한 전문가에게 맡겨야 할 시점을 안다면 실제로 당신은 긍정심리학이라는 씨앗을 뿌리는 사람이 될 것이라고 하였다.

이 같은 긍정심리학에 바탕을 둔 코칭철학은 코칭의 전 과정을 지지하는 머릿돌이자, 지렛대의 기능을 하며 목적에 따라 다양하게 정의할 수 있다.

[한국코칭학회]

사람은 누구나 잠재능력을 가지고 있으며, 자신이 원하는 것을 찾고 있으며, 코치와 함께하면 더 쉽게 찾을 수 있다.

[이소희]

- 인간은 무한한 가능성을 지닌 창의적인 존재다.
- '매일 멋진 삶'을 위한 해답은 자기 자신에게 있다.
- 효과적인 도전과 실천을 위해 코치가 필요하다.

[한국코치협회]

한국코치협회는 고객 스스로가 사생활 및 직업생활에 있어 그 누구보다도 잘 알고 있는 전문가로서 존중하는 코칭을 실시한다.

- 모든 사람은 창의적이다.
- 모든 사람은 완전성을 추구하고자 하는 욕구가 있다.
- 모든 사람은 누구나 내면에 자신의 문제를 스스로 해결할 수 있는 자원을 가지고 있다.

(2) 코칭접근 활용하기

코칭의 형식은 크게 '코칭하기(doing coaching)'와 '코칭접근법 활용하기(applying coaching approaches)'로 대별되며(박정영, 2009), 코칭하기와 코칭접근법 활용하기는 완전히 다른 영역인데, 그렇다고 해서 코칭의 효과의 높고 낮음을 단정 지을 수 없다. 특히 분명한 목표와 욕구를 가진 영역에서는 효과적인 코칭을 위해 코칭모델을 기반으로 한 '코칭하기'가 활성화되었으며 항상 해결해야 하고 목표를 성취해야 하는 주제가 있는 것이 아닌 아동과 관련된 영역에서는 전문적인 코칭하기 방법보다 '코칭접근법 활용하기'의 활용도가 매우 높아졌다(이소희·길영환 외, 2014).

① 라포 형성

코칭에서 가장 중요한 것의 하나는 상대방과의 관계성을 형성하고 유지하는 것이다. 관계성이 없으면 유아에게 어떤 가치 있는 것도 이끌어내지 못하며 관계성이 형성되면 기적을 일으킬 수도 있다고 말한다. 라포(rapport)라는 말은 종종 친밀감, 친근감, 신뢰감, 호감과 같은 말로 표현되기도 한다. 따라서 라포는 유아의 무의식적 주의를 끌고 유지하는 교사의 능력을 의미하며, 코칭의 모든 단계에서 전반적으로 활용된다.

- 페이싱(pacing)

유아의 외적 표현에 나의 외적 표현을 맞추는 것이며, 유아의 리듬에 교사의 리듬을 맞춘다.

시각: 눈높이를 맞추며, 유아의 호흡에 자연스럽게 교사의 호흡을 맞춘다.
청각: 목소리의 음조, 고저, 억양, 속도에 자연스럽게 보조를 맞춘다.
체감각: 감정, 움직임의 방향, 체온의 정도 등에 자연스럽게 보조를 맞춘다.

- 미러링(mirroring)

유아가 거울이라고 생각하고 자연스럽게 특징적인 행동을 따라 한다. 단, 몸의 높이를 맞추고 상대방의 감정이 상하지 않도록 주의한다.

- 백트래킹(backtracking)

순차 백트래킹: 유아의 감정과 말을 그대로 따라 이야기한다.
요약 백트래킹: 유아의 말을 듣고 요약해서 이야기한다.

② 경청기술

경청은 유아를 이해하고 공감하는 의사소통 수단이며, 경청은 교사가 유아를 신뢰하는 방법이다. 경청은 마음을 다해 집중하여 듣는 것(listening)으로 유아의 언어적 표현과 함께 그 말 속에 함축된 의미까지 듣고 이해하는 수준을 말한다.

- 적극적 경청

말하는 사람의 이야기를 비판이나 판단 없이 그대로 수용하고 그 사람의 감정을 진심으로 이해하려고 노력하는 태도로 의사소통에 참여하는 경청을 말한다. 교사의 적극적 경청은 교사가 자신의 이야기를 잘 듣고 있으며 자신에게 많은 관심을 보이고 있다는 느낌을 유아에게 전달한다.

- 맥락적 경청

유아의 말 뒤에 숨어 있는 느낌이나 의도 또는 유아가 실제로 가지고 있는 생각들, 생활 속에 들어 있거나 주변 환경을 배경으로 나타나는 사실을 안다.

- 공감적 경청

경청하는 과정에서 유아의 입장, 감정을 이해하고 동감을 표현하는 경청을 말한다. 무엇보다도 유아를 이해하고 유아의 관점에서 귀와 눈과 마음을 사용하고 교사의 입장에서 말하지 않는다.

③ 질문기술

코칭적 질문은 단순한 의사소통의 차원을 넘어 강력한 힘을 갖고 있다. 질문한 내용에 대해 깊이 생각하게 함으로써 스스로 정확한 문제의 답을 찾게 하기 때문이다. 질문은 상대와 함께하고, 스스로 자신을 성장시킬 수 있는 에너지와 행동계획을 세울 수 있는 동기를 부여한다. 질문을 통해서 자신의 내면에 있는 충분한 자원과 역량을 발견하고 새로운 에너지를 충전 받는 기회를 제공한다.

④ 인정·칭찬하기

유아는 무한한 가능성을 가진 존재이고, 항상 자신의 욕구와 의도, 경험을 기반으로 스스로 최선의 선택을 한다. 인정 · 칭찬은 유아의 의욕을 이끌어 냄으로써 자신이 원하는 것을 이루기 위해서 움직이는 엔진의 윤활유와 같다. 윤활유가 많으면 많을수록 우리는 보다 부드럽게 목표를 향해 항해할 수 있다.

⑤ 피드백 기술

피드백은 유아에게 잘했다, 잘못했다는 수준을 평하는 일이 아니라 지금 일어나는 결과를 알려 주고 적절한 반응을 보이는 일이라고 할 수 있다.

이와 같은 피드백은 유아 자신을 돌아보게 할 뿐 아니라 그 경험을 거울삼아 바르게 앞으로 나아가도록 하는 데 그 목표가 있다.

⑥ 동기부여 기술

동기부여(motivation)란 '움직이게 하다'라는 라틴어 'mover'에서 시작된 것으로 동기부여 기술이란 유아가 행동을 유발하도록 자극하여 그 행동이 구체적이고 지속적으로 나타나게 하는 기술이다. 교사는 이를 통해 유아가 활동이나 놀이에 계속 참여하고 싶은 동기를 지속적으로 유발하여 자발적인 참여에 대한 즐거움을 유지하도록 격려할 수 있다.

| 글 & 그림상자 5-6 | 코칭에서 경청의 자세

이청득심(以聽得心): 상대방의 마음을 얻는 최고의 지혜는 바로 상대방의 목소리에 귀 기울이는 것이다.

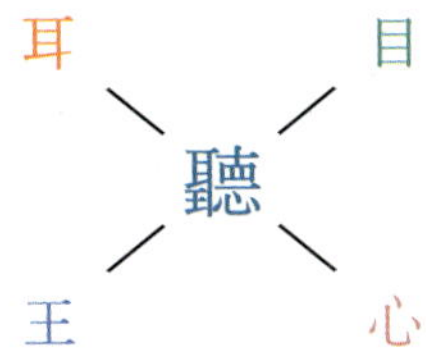

Q&A 예비교사로서 무엇에 귀를 기울여야 할까?

2) TREASURE Talk 상호작용 코칭의 이해

상호작용 촉진을 위해 긍정심리학을 배경으로 한 코칭접근은 특정한 모델의 개발과 활용을 통해 그 효과성을 제고하고 있다. 다음은 긍정과 부정의 대비효과를 활용하여 개발한 코칭 대화모델이다.

(1) TREASURE Talk 코칭 대화모델

TREASURE Talk 코칭 대화모델은 긍정심리학의 철학과 인간관을 바탕으로 하되, 과학적인 이론에 근거한 긍정의 코칭기술을 경험할 수 있도록 구성되어 있다.

| 글 & 그림상자 5-7 | TREASURE Talk 상호작용 코칭

효과적인 상호작용을 돕기 위한 TREASURE Talk 코칭 대화모델은 존중받는 아이, 존경받는 성인이 되는 것을 목표로 하고 있다.

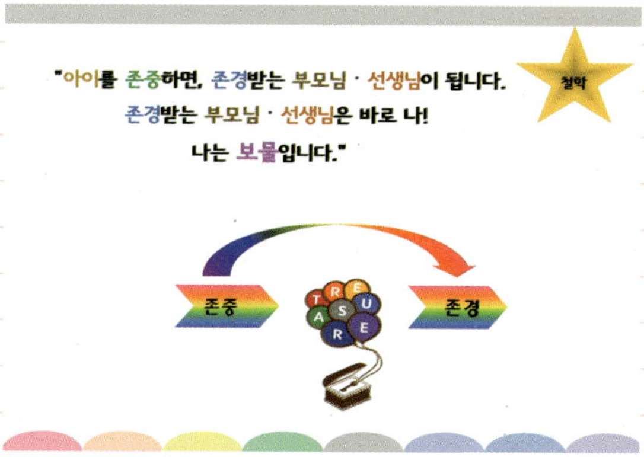

출처: 이소희(2014).

Q&A 예비교사로서 존중의 대상은 누구일까?

TREASURE를 이루는 카테고리는 T-R-E-A-S-U-R-E의 여덟 가지 즉, T(Tracking), R1(Reflecting), E1(Encouraging), A(Asking), S(Say nothing), U(Understanding), R2(Reminding), E2(Enjoying)로서 의미 있는 긍정의 기술로 구성되어 있다(〈표 5-5〉 참조).

| 표 5-5 | TREASURE Talk 모델

T	Tracking (T)	아이의 행동에 최대 관심을 가지고 따라가기
R	Reflecting (R1)	아이가 한 말을 거울 보듯 반영하여 공감하기
E	Encouraging (E1)	아이가 한 언행을 구체적으로 격려하기
A	Asking (A)	아이가 넓고 깊은 생각을 키우도록 질문하기
S	Say nothing (S)	아이가 대답할 때까지 무한존중하며 기다리기
U	Understanding (U)	아이의 어떠한 답에도 절대긍정으로 이해하며 더하기
R	Reminding (R2)	아이가 완전 몰입한 상황을 기억하고 표현하기
E	Enjoying (E2)	아이와 함께한 시간을 축하하며 즐기기

출처: 이소희(2015). TREASURE 상호작용연구소.

이 모델은 그 효과성으로 인해(김일부, 2017; 박현정, 2018; 이소희 · 김경미 외, 2016), 이니셜의 의미처럼 '보물대화'로 불리고 있다.

(2) CCTV 모델

긍정의 TREASURE와 반대되는 특성을 지닌 CCTV 모델은 이소희(2017)가 개발한 것으로, 아동의 성장발달 및 아동과의 관계에 부정적인 영향을 미치는 대화로 구성되어 있다. CCTV는 Command(명령하기), Criticize(비난하기), Tag(꼬리표 달기), Vex(잔소리하기)로 이루어져 있는데, 이는 아동의 긍정정서 발달을 저해하는 대화들이다.

이러한 대화는 유아를 포함한 인간은 무한한 잠재력을 지닌 창의적인 존재이며, 코칭역량을 지닌 사람의 도움을 받아 스스로 성장할 수 있으며, 발생한 문제를 해결할 수 있는 존재라고 보는 코칭철학에 위배되는 대화이다. 따라서 성인들이 CCTV에 해당되는 대화를 가능한 한 통제할 필요가 있다.

CCTV 모델

명령하기 Command	C	성인이 아이의 욕구와 요구를 거부하고 부정적인 언행으로 강제적으로 금지하거나 시키는 것
비난하기 Criticize	C	성인이 아이의 발달수준과 상황을 무시하고 부정적으로 평가하는 것
꼬리표 달기 Tag	T	성인이 아이의 특성과 행동 및 결과물에 대하여 부정적으로 명명하는 것
잔소리하기 Vex	V	성인이 아이의 의도와 계획에 상관없이 습관적으로 부정적인 말을 반복-지속하면서 개입하는 것

| 그림 5-2 | CCTV 모델의 개념적 구조

출처: 이소희(2015). TREASURE 상호작용연구소.

따라서 과학놀이에서 유아와 상호작용하는 의미 있는 성인, 즉 교사와 부모는 긍정의 상호작용인 T-R-E-A-S-U-R-E를 지향하고 반면에 C-C-T-V는 지양하여 유아에게 과학이 행복한 성장경험의 놀이가 되도록 하는 것이 중요하다.

3) 과학놀이에서의 TREASURE Talk 상호작용 코칭의 적용

실제 코칭이 활용된 사례의 대화를 통해 코칭접근을 실천하는 연습을 하면서 교사는 유아중심 · 놀이중심의 과학놀이에 한발 다가설 수 있게 된다.

방법으로는 'Oh, Yes! 코칭대화'와 'Oh, No! 부정대화'를 실천함으로써 코칭접근을 활용할 수 있다.

(1) Oh, Yes! 코칭대화

유아에게 의미 있는 성인이 TREASURE Talk 코칭 대화모델을 활용하여 놀이하기 위해서는 성인이 짝을 이뤄 Role-playing을 통해 유아와 특별한 시간을 하루 8분, 즉 21일 동안 기술을 지속적으로 연습하면서 습관으로 체화되도록 구조화하였다. 이때 스토리텔링이 가능한 플레이모빌의 활용을 통해 효과성을 제고하고 있다(박은화, 2020; 신혜경, 2020).

로켓과 우주비행사 　 스케이트와 자전거 　 눈사람 만들기

| 그림 5-3 | 플레이 모빌 놀잇감

출처: 아이큐박스(http://www.iqbox.co.kr).

| 표 5-6 | TREASURE Talk 코칭 대화모델의 적용

카테고리	대화예시	
T	아이	어? 자전거 놀잇감이 있네.
	교사·부모	지원이가 자전거 장난감을 가지고 노는 동안 너의 곁에 있을게.
R	아이	와 스탑 표지판이다! 속도가 빠르면 끽~ 멈춰 주세요.
	교사·부모	(고개를 끄덕인다.) 아하! 멈춤 표지판을 잘 알고 있구나!
E	아이	(노란 자전거에 인형을 태운다.) 동생을 태울 때도 속도를 줄이고 천천히 가야 해요.
	교사·부모	동생을 안전하게 천천히 태우고 가는 지원이 최고! (엄지 척)
A	교사·부모	어디에서 자전거를 타면 좋을까? (미소 지으며 아이를 부드럽게 응시한다.)
	아이	우리 동네 공원에서 타면 좋겠어요.
S	교사·부모	만약에 자전거가 변신을 한다면 무엇이 될 수 있을까? (손가락으로 약 3~5초간 1, 2, 3을 세면서 아이의 대답 기다리기)
	아이	음, 음 하늘을 나는 우주선으로 변신!
U	교사·부모	아, 너는 자전거가 우주선으로 변신했으면 좋겠다는 말이구나.
	아이	네, 만화처럼 변신해서 멀리 미국도 가고, 프랑스도 가고 싶어요.
R	교사·부모	오늘 자전거 장난감 놀이하면서 변신하고 싶은 재미있는 생각도 하고, 동생도 사랑하는 마음이 느껴져서 참 좋구나.
	아이	저도 선생님이랑 놀이하면서 이야기하니까 기분이 좋아요.
E	교사·부모	자전거 장난감을 나란히 주차하고 두발 자전거 타며 노는 모습을 그림으로 남기는 것은 어떨까?
	아이	네! 좋아요.

(2) Oh, No! 부정대화

유아에게 의미 있는 성인이 CCTV 모델에 등장하는 언어로 유아와 상호작용을 한다면 대화는 성인중심이 되며 유아의 개별성과 존중을 표현하지 않는 부정의 대화가 된다. 과학놀이의 상황에서 성인이 짝을 이뤄 Role-playing을 통해 유아의 긍정을 찾아보며 부정을 지양하는 연습을 하도록 구조화하였다.

명령하기 Command

상황: (아이가 이야기 나누기 중 호기심을 보인다.)
"그런데요, 선생님! 개구리랑 비슷한 공룡도 있나요?"

비난하기
CrIticize

C

상황: (돋보기를 오랫동안 만지작거리고 있다.)

(답답해 죽겠다는
표정으로 재촉하며)
돋보기는 왜 그렇게
만지작거리고 있는 거니.
그래가지고 무엇을 제대로
볼 수나 있겠어.

(아이의 머리를 쓰다듬으며)
'돋보기로 무엇을 보면 좋을까'라고
오랫동안 생각하고 있구나!
신중하게 생각하는 모습이 참 좋아 보이네.
기특하기도 하지.
선생님이 칭찬해 줄게!

꼬리표 달기
Tag

T

상황: (실외놀이를 마치고 들어가며 화단에 있는 개미를 보고 있다.)

(다급한 목소리로)
뭐야~ 너는 아직도 거기 있는 거야?
친구들은 벌써 들어가고 있잖아.
너는 느림보야
느림보!

(미소를 지으면서 바라보며)
친구들은 벌써 교실로 들어가고 있네.
호연이는 개미가 궁금하구나.
얼마동안 더 기다려야 할까?

잔소리하기 Vex **V** **상황:** (여기저기 자연 채집물이 교실에 널려 있다.)

유아과학교육, 고마운 과학의 출발점!

"멀리까지 소리가 들리도록 도와주는 물건들"

멀리까지 소리가 들리도록 도와주는 고마운 물건들이 있어요. 그 물건들에는 어떤 과학원리 들이 숨어 있을까요? 그리고 그 원리를 이용해 아이들은 어떻게 놀 수 있을까요? 예비교사의 생각이 궁금해요!

과학아 고마워 !		과학아 놀자 ^^
과학의 원리는 무엇일까?	멀리까지 소리가 들리도록 도와주는 고마운 물건	아이들은 어떻게 놀까?
• 진동의 원리 • 파동의 회절	 확성기	
• 진동의 원리 • 전자기 유도 법칙	 다이내믹 마이크 (코일 이동형 마이크)	
• 진동의 원리 • 음파 반사	 스피커	

멀리까지 소리가 들리도록 도와주는 고마운 물건! 그 속에 숨은 과학 원리를 함께 알아봐요!

진동의 원리

소리는 진동에 의한 것으로, 진동이 퍼지는 파동의 성질을 갖고 있어요. 우리가 소리를 들을 수 있는 것은 음파라고 불리는 소리의 파동이 우리의 고막을 쳤기 때문이에요. 소리의 높낮이는 진동의 횟수에 따라, 소리의 크기는 파동의 진폭에 따라 달라지고 공기, 액체, 고체를 통해서도 전달되어 멀리까지 전달할 수도 있어요.

파동의 회절

확성기가 나팔모양을 한 것은 '파동의 회절'과 관련이 있어요. 물결파의 회절이란 파동이 좁은 틈을 지날 때 퍼져나가는 현상을 말해요. 확성기를 비롯한 여러 금관 악기들은 이러한 원리에 의해 길고 좁은 관을 지나 퍼져나가는 모양으로 만들게 돼요.

전자기 유도 법칙

다이내믹 마이크는 전자기 유도를 이용한 마이크예요. 이는 자기장을 변화 시켜 도선에 전류가 흐르게 하는 것이에요. 마이크를 사용할 때 소리가 마이크에 도달하면 진동판이 떨리게 되고, 진동판에 연결된 코일이 같이 떨리는데 이때 전자기 유도 원리에 의해 떨림에 맞는 전류가 발생하여 외부 전력 없이 마이크를 사용할 수 있는 거예요.

음파 반사

스피커를 설치할 때에는 설치하는 공간과 위치를 잘 살펴야 해요. 음파는 벽처럼 단단하고 평평한 곳에 부딪히면 대부분의 소리가 반사되어 돌아오기 때문이에요. 만약 이러한 메아리를 줄이길 바란다면, 소리가 반사되어 돌아오는 벽면 앞에 커튼을 달아 소리를 흡수시킬 수 있어요.

유아중심·놀이중심 누리과정의 자연탐구영역

개정 누리과정에서 추구하는 것은 유아가 자연과 생명을 존중하는 역량을 키우는 것이다. 실제로 유아들은 자신이 처한 주변 세계와 자연에 대해 언제나 호기심을 갖고 있으며 그들의 생활 속에서 부딪치는 문제들을 나름의 방법으로 해결하고자 노력한다.

이때 유아는 탐구를 위해 다양한 방법으로 시도하기도 하고 실패를 통해 생각의 발전을 가져오기도 한다. 또한, 나뭇잎 하나 주워들고 빛깔과 모양에 대해 호기심을 갖고 관찰하는 과정을 즐기는 것처럼 생명력 있는 자연에 끌리게 되며 궁금증을 해결하려 한다. 계절이 바뀌며 변화하는 자연현상과 생명체에 대한 소중한 관심과 경험은 그들의 삶과 밀접한 관련이 있기 때문이다.

이 장에서는 유아과학교육의 핵심인 자연탐구영역에서 추구하는 내용을 살펴보고 유아교사로서 과학에 대해 쉽게 다가서도록 이해를 높이고자 한다.

제6장

유아중심 · 놀이중심 누리과정의 자연탐구영역

하나 탐구과정 즐기기

둘 생활 속에서 탐구하기

셋 자연과 더불어 살기

나는 과학에 위대한 아름다움이 있다고 생각하는 사람이다.
연구실 과학자는 단순한 기술자가 아니라 마치 동화처럼
자신에게 감명을 주는 자연 현상 앞에 선 어린 아이이기도 하다.
-마리 퀴리-

1. 탐구과정 즐기기

'탐구과정 즐기기'는 유아가 주변 세계와 자연에 대해 지속적으로 호기심을 가지고, 궁금한 것을 탐구하는 과정에 적극적으로 참여하면서 서로 다른 생각에 관심을 갖는 내용이다.

1) 목표와 핵심 내용의 이해

탐구과정 즐기기에 대한 목표를 이해하고 그 내용을 살펴봄으로써 유아에게 진정한 탐구가 일어나는 과정을 즐기도록 한다.

(1) 목표

'탐구과정 즐기기'의 목표는 '일상에서 호기심을 가지고 탐구하는 과정을 즐긴다'이다.

(2) 내용이해

① 주변 세계와 자연에 대해 지속적으로 호기심을 가진다

유아가 물질, 물체, 동식물, 자연현상 등에 호기심을 가지고, 놀이에서 지속적으로 궁금한 것을 찾아가거나 표현하는 내용이다.

② 궁금한 것을 탐구하는 과정에 즐겁게 참여한다

유아가 궁금한 것을 알아보기 위해 관찰, 비교, 분류, 예측, 실험 등의 다양한 탐구과정을 자발적으로 즐기는 내용이다.

③ 탐구과정에서 서로 다른 생각에 관심을 가진다

유아가 탐구하는 과정에서 자신의 생각을 또래나 교사와 함께 공유하고, 서로 다른 생각에 관심을 가지는 내용이다.

| 글 & 그림상자 6-1 | 오감(五感)과 호기심

Q 실생활에서 아이들과 어떻게 과학을 할 수 있을까?

A 주위를 관찰하는 힘을 길러 주세요. 과학에서 기초탐구과정 기능에는 관찰, 분류, 측정, 예상, 추리, 의사소통이 있습니다. 그중 관찰은 과학의 시작입니다. 눈, 코, 입, 귀, 손의 다섯 가지 감각을 사용해 주위 사물이나 대상을 관찰한 사실에서 생기는 의문이나 호기심이 바로 과학적 탐구를 시작하게 합니다. 지금 우리 주위에 보이는 대상 하나를 정해 유심히 관찰하게 해 보세요.

출처: http://www.dge.go.kr/

Q&A

오감을 이용해 어떤 과학놀이를 할 수 있을까?

2) 유아 자연탐구경험의 실제

개정 누리과정에서는 '탐구과정 즐기기', 즉 유아가 어떤 호기심을 가지고 놀이를 진행하는지에 대한 이해를 돕기 위해 실제 사례를 소개하고 있다(2019 개정 누리과정 해설서 참고).

(1) 개정 누리과정의 사례

#1

유아들의 모래 구덩이 만들기가 계속되고 있다. 오늘은 유아들이 모래 속으로 물을 붓는다. 한 유아가 "물이 자꾸 없어져."라고 말한다. 옆에 있던 유아들도 함께 "왜 자꾸 없어지지?", "땅을 더 파야 해.", "아니야, 빨리 물을 부어야 해."라고 이야기 나누며 물이 스며드는 것에 호기심을 가진다.

〈사진 예시〉

#2

어제는 메뚜기를 발견하여 관찰하던 유아들이 오늘은 방아깨비를 이리저리 살펴보며 이야기를 나눈다.

수연: 방아깨비 발밑이 찐득찐득해. 너도 해 볼래?

가현: 약간 간지러운데, 찐득해. 풀에 붙으려고 그런가 봐.

규리: 음… 먹이를 잡아먹으려고 그런 거야.

수연: 이것 봐. 찐득한 발로 내 손을 잡으려고 하는 것 같아.

〈사진 예시〉

(2) 실제 현장 사례

▣ 비눗방울 놀이

유아가 실외놀이에서 고개를 들고 하늘을 향해 비눗방울을 불고 있다. 옆에 있던 유아가 비눗방울을 불고 있는 친구에게 "왜 비눗방울이 하늘로 올라가는 걸까?"라고 말하자 다른 유아가 "그건 바람을 타고 가는 게 아닐까?"라고 대답했다. 또 다른 유아들은 "비눗방울이 가벼워서 위로 가는 거야", "봐봐 하늘에 구름처럼 둥둥 떠 있네"라고 말했다.

▣ 씨앗 관찰하기

유아들이 화단 앞에 있는 꽃들 앞에 모여 앉아 있다.
민호: 꽃이 없고 까만 게 보이는데. 이게 뭐지?
예린: 이거 씨앗인가 봐. 우리 엄마가 이런 거 화분에 심는 거 봤어.
은혁: 아! 맞다. 꽃이 떨어지고 씨로 변했나 봐.
민호: 그럼 이게 분홍 꽃의 씨앗이구나.
예린: 옆에 꽃도 이제 씨앗으로 변해 가고 있어. 씨가 많아지겠네.

2. 생활 속에서 탐구하기

'생활 속에서 탐구하기'는 유아가 물체의 특성과 변화를 여러 가지 방법으로 탐색하고, 물체를 세어 수량을 알아보고, 물체의 위치와 방향, 모양을 알고 구별하며, 길이와 무게 등의 속성을 비교하고, 반복되는 규칙을 찾아보고, 모은 자료들을 기준에 따라 분류하며, 도구와 기계에 관심을 가지고 생활 속의 문제를 다양하게 탐구하는 내용이다.

1) 목표와 핵심 내용의 이해

생활 속에서 탐구하기에 대한 목표를 이해하고 그 내용을 살펴봄으로써 유아가 그들의 일상에서 자연스러운 탐구를 실천해 보도록 한다.

(1) 목표

'생활 속에서 탐구하기'의 목표는 '생활 속의 문제를 수학적, 과학적으로 탐구한다'이다.

(2) 내용이해

① 물체의 특성과 변화를 여러 가지 방법으로 탐색한다

유아가 주변에서 쉽게 발견할 수 있는 친숙한 물체나 물질의 크기, 모양, 색, 냄새, 소리, 질감과 같은 기본적 특성에 관심을 갖는 내용이다. 나아가 그 물체나 물질을 자르고 섞는 등 다양한 방법으로 변화시켜 보며, 변화되는 특성과 변화되지 않는 특성이 무엇인지 탐색해 보는 내용이다.

② 물체를 세어 수량을 알아본다

유아가 일상에서 수에 관심을 가지고, 수량을 세어 많고 적음 및 수량의 변화를 알아보는 내용이다.

③ 물체의 위치와 방향, 모양을 알고 구별한다

유아가 자신과 물체를 기준으로 앞, 뒤, 옆, 위, 아래 등 공간 안에서 위치와 방향을 알아가는 내용이다. 유아가 주변 환경에서 네모나 세모, 둥근 기둥, 상자 모양 등을 찾고 다양한 모양에서 공통점과 차이점을 알아가는 내용이다.

④ 일상에서 길이, 무게 등의 속성을 비교한다

유아가 일상에서 길이나 무게 등 측정 가능한 속성을 알고, 이 속성을 기준으로 물체를 비교하여 순서 지어 보는 내용이다. 이 과정에서 유아는 자신의 신체를 비롯하여 다양한 물체를 활용하고, 다양한 비교 어휘를 사용하면서 순서를 지어 보는 내용이다.

⑤ 주변에서 반복되는 규칙을 찾는다

유아가 생활 주변에서 사물이나 사건의 양상이 일정한 순서로 반복 배열되는 것에 관심을 갖고 즐기며, 반복되는 배열에 숨어 있는 질서와 규칙을 발견하여 다음에 올 것이 무엇인지를 예측하는 내용이다.

⑥ 일상에서 모은 자료를 기준에 따라 분류한다

유아가 일상생활에서 흥미와 관심에 따라 필요한 자료를 다양한 방법으로 모으고, 수집한 자료의 공통점과 차이점을 탐색하며. 이를 하나 또는 그 이상의 다양한 기준(예: 모양, 크기, 색깔 등)에 따라 정리하고 조직해 보는 내용이다.

⑦ 도구와 기계에 대해 관심을 가진다

유아가 일상생활에서 사용하는 다양한 도구와 기계에 관심을 가지고 직접 사용해 보면서, 도구와 기계가 우리의 생활에 어떠한 도움을 주는지에 대해 관심을 가지는 내용이다.

2) 유아 자연탐구 경험의 실제

개정 누리과정에서는 '생활 속에서 탐구하기', 즉 유아가 생활 속에서 어떤 문제를 탐구하고 놀이를 진행하는지에 대한 이해를 돕기 위한 실제 사례를 소개하고 있다(2019 개정 누리과정 해설서 참고).

(1) 개정 누리과정의 사례

#1

우리 밀 과자를 만드는 과정에서 유아들은 버터와 달걀, 밀가루를 숟가락으로 휘저으며 놀라운 표정으로 말한다.

"어? 이것 봐! 반죽이 점점 갈색으로 변하고 있어."

"색깔이 진하게 변한다.", "점점 찐득찐득해지고 있어."

"섞는 게 힘들어. 이제 네가 해 봐."

〈사진 예시〉

#2

유아들이 모여 하고 싶은 놀이에 대해 자유롭게 이야기를 나누고 있다.

민지: 야, 우리 같이 놀자. 뭐할까?

현우: 나는 술래잡기.

민지: 나는 꼬마야 줄넘기 할래.

현우: 우리 손들어서 정하자. 술래잡기하고 싶은 사람 손!
… 한 명, 두 명, 세 명. 그러면 줄넘기하고 싶은 사람 손!

민지: 똑같잖아. 술래잡기도 세 명이고, 줄넘기도 세 명이잖아.

#3

유아들이 숨바꼭질을 한다. 한 유아가 "선생님, 쉿! 나 여기 밑에 숨어 있다고 말하면 안 돼요."라고 말하곤 미끄럼틀을 올라가는 계단 아래쪽으로 들어가 숨는다. "내 앞에 계단이 있으니까 친구들에게 난 잘 안 들키겠지? 하하."라고 혼잣말을 하며 웃는다.

#4

복도에서 5세 수진이가 3세 승우와 4세 민석이를 만난다. 수진이가 "내가 키 재 줄게. 너희 둘이 여기에 서 봐."라고 말한다. 승우와 민석이가 등을 마주 대고 서자 수진이는 "니가 좀 더 큰데. 내가 누가 무거운지도 봐 줄게." 하며 두 유아를 차례로 뒤에서 두 팔로 안고 들어 올린다. 수진이는 "너보다 얘가 좀 더 무거워." 하며 웃는다.

#5

바깥 놀이터에서 유아가 친구들에게 "우리 이 열매 모으자. 개미는 이걸 좋아하거든." 하며 제안하자, 유아들이 "여기 많다."라고 말하며 바닥에 떨어진 작은 열매를 줍기 시작한다. 한 유아가 솔방울을 내밀자, "아니야. 솔방울은 너무 커, 좀 작은 게 필요해. 동그랗게 이거랑 똑같이 생긴 것만." 하고 말한다. 잠시 후 유아들이 주운 열매를 모으고, "이것 봐, 진짜 다 똑같은 열매다.", "그런데 여기 빨간 건 잘 익은 건가?", "내일 오면 개미가 빨갛게 익은 건 다 먹었겠지?"라고 말하며 빨간 열매와 초록 열매를 골라낸다.

#6

유아들이 선생님과 함께 콩나물무침 요리를 하고 있다. 작은 절구를 보던 한 유아가 “와! 맷돌이다.”라고 말하자, 다른 유아들이 “저건 콩콩 찧는 거야.”, “맷돌이 아니고…?” 하며 선생님을 쳐다본다. 선생님은 “이건 절구인데.”라고 말하자, 유아들이 “오늘 콩나물 무침에 쓰려고요?” 하고 묻는다. 선생님은 “그래. 이걸로 깨소금을 만들어 볼까?”라고 말하며 절구 안에 깨를 넣는다.

(2) 실제 현장 사례

▣ 딱지치기

유아들이 딱지를 가지고 교실 바닥에서 딱지치기를 한다.

혜수: 내 딱지는 색종이로 만든 거야.
시내: 나는 우유갑으로 빳빳하게 만들었는데.
경민: 우리 형이 두꺼운 거로 하면 잘 된다고 했어.
그래서 난 신문 두 장씩 겹쳐서 만들었지.
혜수: 우리 한번 해 볼까? (혜수와 경민, 시내가 서로 번갈아 가며 딱지를 친다.)
경민: 세게 쳐야 넘어가네.
시내: 내 것은 두꺼워도 안 돼. 꽉 밟아서 납작하게 해 볼까?
경민: 그러네. 시내 것이 가장 두꺼운데 나보다 힘이 없어.

■ **자석놀이**

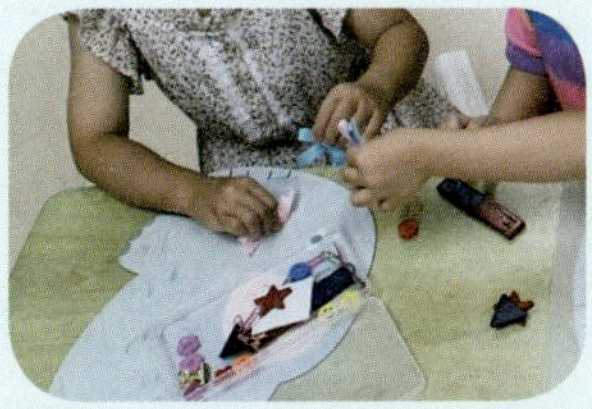

흥미영역에 있는 자석을 유아가 들고 오더니 다른 유아의 머리핀에 가져다 댄다. 유아는 "자석이 네 머리핀에 붙었어. 이것 봐!"라고 말한다. 유아는 머리핀을 빼고 다른 유아에게 "네 것도 줘 봐." 하며 유아들의 머리핀을 모은다. 유아들은 모여서 자석으로 머리핀을 들어 올려 본다. "자석이 약한가 봐. 두 개밖에 못 잡네.", "아니야 이렇게 하니까 세 개가 붙는데.", "또 다른 것은 무엇이 있을까?", 다른 유아가 가위를 가져와서 "이거 붙을 거 같아."라고 말하며 자석에 붙여 본다.

3. 자연과 더불어 살기

'자연과 더불어 살기'는 유아가 주변의 동식물에 대해 관심을 가지고, 생명과 자연환경을 소중히 여기며, 날씨와 계절의 변화를 생활과 관련짓는 내용이다.

1) 목표와 핵심 내용의 이해

자연과 더불어 살기에 대한 목표를 이해하고 그 내용을 살펴봄으로써 유아가 자연을 소중히 여기며 함께 살아가도록 한다.

(1) 목표

'자연과 더불어 살기'의 목표는 '생명과 자연을 존중한다'이다.

(2) 내용이해

① 주변의 동식물에 관심을 가진다

유아가 등 · 하원, 산책, 바깥 놀이터, 교실에서 접할 수 있는 동식물을 관찰하거나 직접 길러 보면서, 동식물의 특성에 관심을 가지고 탐구하는 내용이다.

② 생명과 자연환경을 소중히 여긴다

유아가 동식물뿐만 아니라 동식물이 살아가기에 좋은 환경에 대해 관심을 가지고, 이들을 생명체로서 소중히 여기는 내용이다.

③ 날씨와 계절의 변화를 생활과 관련짓는다

유아가 낮과 밤, 날씨, 계절의 변화를 느끼고, 자연의 변화가 자신의 옷차림, 놀이 등 일상생활에 영향을 준다는 것을 이해하고 적절하게 대처하는 내용이다.

| 글 & 그림상자 6-2 | 자연과 더불어 살기: 생명존중

출처: https://www.facebook.com/gforsp

Q&A 예비교사로 내가 할 수 있는 생명존중은 무엇일까?

2) 유아자연탐구경험의 실제

개정 누리과정에서는 '자연과 더불어 살기', 즉 유아가 동식물, 생물과 자연환경과 관련하여 어떤 놀이를 진행하는지에 대한 이해를 돕기 위한 실제 사례를 소개하고 있다(2019 개정 누리과정 해설서 참고).

(1) 개정 누리과정의 사례

#1

성민: 저, 도토리 엄청 주웠어요.
교사: 벌써 도토리가 떨어져 있었어?
성민: 네. 다람쥐들이 도토리를 많이 먹으라고 조금만 주웠어요.
교사: 어머! 네가 주워온 도토리를 보니까 정말 가을이 온 걸 알겠구나. 네 말대로 다람쥐들은 맛있는 도토리를 먹는 가을이라서 신나겠다.
성민: 저는요. 가을이 제일 좋아요.
교사: 아~ 그렇구나. 왜?
성민: 가을은 진짜 시원하잖아요. 난 더운 날씨가 싫어요.

〈사진 예시〉

#2

유아가 개미를 발견하고 모두 놀란다.

"야 개미다.", "여기 봐.", "으~악", "무서운 거 아니야."

한 유아가 "열매 같은 걸 가져가나 봐. 무겁겠다.", "배가 고픈가 봐.", "어디로 가지?", "밟지 마."라고 이야기하며 개미가 지나갈 수 있도록 몸을 옆으로 비키며 개미를 내려다본다.

〈사진 예시〉

(2) 실제 현장 사례

▣ 달팽이

영민이가 가방에서 투명 컵 속에 있는 달팽이와 배춧잎을 꺼낸다.

영민: 선생님! 이것 보세요.

교사: 아! 달팽이네.

영민: 우리 엄마가 배추를 사 오셨는데 배춧잎 사이에 달팽이가 있었어요.
친구들 보여 주려고 통에 담아 왔어요.

교사: 영민이가 배춧속에 있는 달팽이가 신기했구나.

영민: 이렇게 작은 달팽이가 살고 있는 게 신기해요.

교사: 그러네~ 배추밭이 아닌 교실에서 달팽이가 잘 지내려면 무엇이 필요할까?

■ **비 오는 날 장화**

유아들이 실외 놀이하다가 장화 신은 발을 보며 이야기 나눈다.

한 유아가 "이 장화 어때?"라고 말하자, 다른 유아가 "나도 비와서 장화 신었는데 우리 똑같다."라고 이야기한다. 옆에 있던 유아는 "난 집에서 장화 신어 봤더니 작아서 못 신었는데. 그래서 발이 다 젖었어." 하며 앉아서 젖은 양말을 벗는다. 이것을 바라본 유아는 "맞아. 장화 신으니까 양말은 안 젖는 거 같아."라고 말하며 자기의 양말을 만진다.

■ **황사가 있는 날**

유아들이 점심시간 식사를 마치고 도시락을 정리한다.

민이: 선생님, 우리 바깥놀이 못 나가죠.

소리: 맞아, 오늘 황사가 심해서 나가면 안 된다고 뉴스에 나왔어.

교사: 뉴스를 보았구나. 오늘은 황사가 심해서 미세먼지로 바깥놀이를 할 수 없겠네.

민이: 그런데 황사는 대체 왜 생기는 거예요? 매일 맑은 날이면 좋을텐데…

소리: 우리 엄마가 사막에서 모래들이 날아오는 거라고 하던데, 모래들이 못 날아오게 막으면 좋겠어요!

교사: 황사를 막아서 바깥놀이를 많이 하고 싶구나~ 그럼 우리 함께 황사가 왜 생기는지 어디서 오는 건지 알아보고 막을 수 있는 방법을 찾아볼까?

민이, 소리: 좋아요!

유아과학교육, 고마운 과학의 출발점!

"즐겁게 놀 수 있도록 도와주는 고마운 기구들"

놀이터에서 즐겁게 놀 수 있도록 도와주는 고마운 기구들이 있어요. 그 물건들에는 어떤 과학 원리들이 숨어 있을까요? 그리고 그 원리를 이용해 아이들은 어떻게 놀 수 있을까요? 예비교사의 생각이 궁금해요!

과학아 고마워 !		과학아 놀자 ^^
과학의 원리는 무엇일까?	즐겁게 놀 수 있도록 도와주는 고마운 놀이기구	아이들은 어떻게 놀까?
• 관성의 법칙 • 진자운동의 원리	 그네	
• 관성의 법칙 • 가속도의 법칙	 미끄럼틀	
• 관성의 법칙 • 지레의 원리	 시소	

놀이터에서 즐겁게 놀 수 있도록 도와주는 고마운 기구! 그 속에 숨은 과학원리를 함께 알아봐요!

관성의 법칙

우리가 즐겁게 놀이기구를 타다가 타던 기구가 갑자기 멈추려 하면 잘 안 멈춰지거나 몸이 앞으로 쏠리는 것을 경험할 수 있어요. 이는 지금의 운동상태를 계속 유지하려는 관성 때문이에요.

진자운동의 원리

그네는 한번 움직이기 시작하면, 마찰 때문에 멈추거나 외부 힘에 의해 멈출 때까지 계속해서 움직여요. 이는 그네가 중력의 영향에 따라 앞뒤로 자유롭게 움직일 수 있도록 한 점에 고정되어 있는 진자의 형태로 만들어져 있기 때문이에요. 이러한 진자는 고정된 한 축이나 점의 주위를 일정한 주기로 움직이는데, 이를 진자운동이라 해요.

가속도의 법칙

중력에 따라 긴 미끄럼틀을 타고 내려가다 보면 처음 시작했을 때보다 아래로 갈수록 속도가 빨라지는 것을 경험할 수 있어요. 이는 시간에 따라 속도가 빨라지거나 느려지는 정도인 가속도와 관련이 있어요. 이러한 가속도는 물체의 질량이 클수록 작아지며, 큰 힘을 줄수록 커져요.

지레의 원리

시소는 무거운 물체를 작은 힘으로 들어 올릴 수 있는 도구인 지레의 원리를 이용해 만들었어요. 지레를 이루는 3요소는 작용점, 받침점, 힘점으로, 시소는 받침점이 힘점과 작용점 사이에 있어 두 힘의 무게중심을 잡아주는 역할을 해요.

유아중심·놀이중심 누리과정의 자연탐구영역에서의 통합적 접근

누리과정에서 유아의 놀이는 교사가 그 놀이에 몰입하여 놀이를 이해하고 유아의 놀이를 따라가게 되면서 진행된다고 볼 수 있다.

놀이는 유아의 일상에 자연스럽게 나타나는 것으로 그들은 세상과 관계를 맺고 세상에 대한 궁금증을 해결하는 방법으로 놀이를 진행한다.

놀이 속에는 자연탐구영역에서 제시하고 있는 탐구과정 즐기기, 생활 속에서 탐구하기, 자연과 더불어 살기의 경험이 자연스럽게 이루어지고 자연과 날씨 등 주변 환경과 사물을 만나면서 새로운 것을 알아가고, 다양하게 배울 수 있게 된다. 이렇게 유아는 놀이하며 배워 나간다.

이 장에서는 자연탐구영역의 내용과 관련하여 놀이가 시작되는 유아의 호기심에서부터 놀이가 이뤄지는 순간의 의미를 찾아보고 5개 영역과 통합되는 연결점에 대한 이해를 높이고자 한다.

제7장

유아중심 · 놀이중심 누리과정의 자연탐구영역에서의 통합적 접근

하나 자연탐구영역에서의 통합적 접근의 예시

둘 5개 영역에서의 통합적 접근

나는 바닷가에서 노는 한 소년과 같았다.
내가 더 예쁜 조개와 더 동그란 조약돌을 찾는 동안
거대한 진리의 바다는 여전히 말없이 내 눈 앞에 펼쳐져 있었다.
-아이작 뉴턴-

1. 자연탐구영역에서의 통합적 접근의 예시

2019 개정 누리과정 해설서에서는 자연탐구영역의 통합적 놀이의 사례를 '꿀벌처럼'이라는 주제로 첫째 날부터 일곱째 날까지 유아의 놀이 경험으로 이루어져 있다. 꿀벌 사례에서 유아의 놀이는 바깥 놀이터에서 바닥에 힘없이 널브러져 있는 벌을 발견하고 "아! 여기 벌이 있어. 죽었나 봐!"라는 유아의 외침에서 시작되었다.

| 글 & 그림상자 7-1 | 꿀벌이야기

유아는 호기심이 넘치는 과학자다. 궁금한 것에 대해 답을 찾기 위해 적극적으로 탐색하고 탐구하며 이를 즐긴다.

"얘들아! 여기 꿀벌이 있어."

자연탐구영역은 유아가 물질, 사물, 자연현상, 동식물 등의 특성과 변화를 수학적, 과학적으로 탐구하는 다양한 경험과 관련된 내용이다. 교사는 유아가 호기심을 가지고 주도적으로 탐구하는 과정을 즐기며, 스스로 궁금증을 해결해 가도록 돕는다.

또한 유아가 주변의 동식물, 생명, 자연환경에 관심을 가지며 생명을 소중히 여기고 사람과 자연이 더불어 살아가는 방법을 실천하도록 지원할 수 있다.

출처: '2019 개정 누리과정 해설서' 자연탐구 영역의 실제 중

이 책에서는 유아들의 공동관심사 중 각종 바이러스 및 미세먼지로 인한 질병 예방을 위해 유아들이 일상적으로 사용하고 있는 '마스크'를 주제로 자연탐구영역에서의 통합적 놀이 사례[1]를 살펴보고자 한다.

1) '자연탐구영역에서의 통합적 접근의 예시'에 제시된 내용은 풀꽃향기 유치원에서 실행한 것으로 집필진이 직접 촬영한 것을 활용하였다.

1) 월요일

유아들이 아침 등원하여 신발장에서 신발을 벗는다. 이때 명준이가 옆에서 신발을 벗는 선호를 바라보며 이야기한다.

명준: 선호야! 네 것은 분홍색이네.
선호: 맞아. 오늘은 엄마가 분홍색을 주셔서 썼어.
　　　네 것은 공룡이 그려져 있네.
명준: 내가 이거 쓰고 간다고 했어. 멋지지.
　　　나도 내일은 파란색 쓰고 올까?
　　　우리 선생님은 무슨 색인지 가서 보자.

명준이와 선호는 다가오는 선생님에게 인사를 하고는 둘이서 마주 보고 웃는다. 매일 쓰고 다니는 마스크에 대해 오늘은 호기심을 보인다.

명준: 선생님은 그냥 흰색이네.
선호: 우리 아빠 거랑 같은 거야.
교사: 너희들 것은 무늬도 있고 색깔도 멋진 것을 썼구나.
선호: 그런데요. 선생님 왜 마스크는 색깔이 다 달라요?
교사: 선생님 집에 파란색도 있단다.
명준: 매일 새것을 쓰니까 우리 내일은 모두 파란색 쓰고 와요.

2) 화요일

유아들이 어제 귀가하며 오늘은 파란색 마스크를 쓰고 오자고 제안을 해서 가능한 유아들은 파란색 마스크를 쓰고 와서 가방을 정리하고 블록영역 앞에 모여 앉는다.

명준: 파란 마스크 쓰고 온 사람?
유아들: 나!, 나! 우리 비슷하네.
선호: 그런데 네 것은 입 모양이 다른데.

몇몇 유아들은 역할영역의 거울 앞으로 가서 자기 마스크의 겉모양을 살펴본다.

지민: 내 것은 앞이 툭 튀어나왔어.
다은: 내 것은 주름이 있다.
유아들: 봐봐!

유아들은 서로의 마스크가 색깔도 다르고 모양이 다르다고 말한다.
명준: 지민이 것을 보니까 입술에 안 닿을 것 같은데.
지민: 응. 그래서 엄마가 말하기 쉽대.
명준: 그래? 너 내 이름 불러봐. 한번 보게.
지민: 명준아~
명준: 신기하네. 내 마스크는 말하면 벌렁벌렁 거리는데 네 것은 안 움직여.
교사: 마스크 앞에 공간이 있어서 말하기가 편한가 보다.
유아들: 나도 해 볼래.

유아들은 서로의 이름을 부르며 마스크의 입이 움직이는지를 바라본다. 한참 친구들을 보던 혜원이가 교사에게 말한다.

혜원: 선생님! 마스크는 입이 뚱뚱해요. 마구 말해도 하나도 입술이 안 닿을 것 같아요.
교사: 선생님 것은 입 앞에 공간이 많아서 말하기가 편하단다.
혜원: 그럼 입이 안 닿는 마스크 그려 봐야겠다.

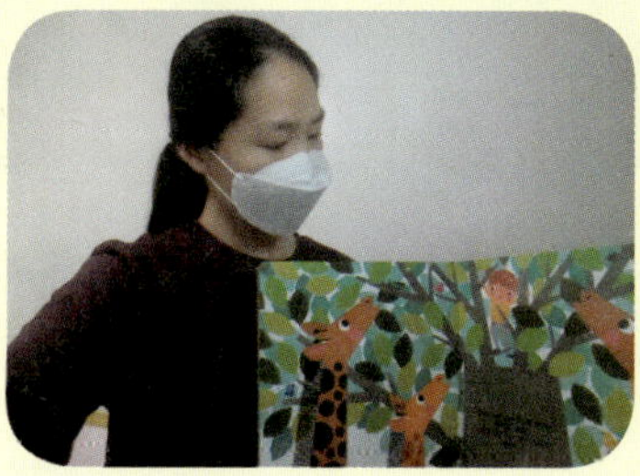

3) 수요일

교사는 유아들이 입이 닿는 것과 닿지 않는 것을 궁금해하여서 두 개 마스크의 입 부분을 아세테이트지로 덧대어 아이들에게 보여 준다. 유아들에게 실제 입이 어떻게 닿는지를 보여 주고 싶어 고민한 후 제안한 것이었다.

교사: 얘들아! 선생님이 비닐로 만든 마스크가 있어.
유아: 오~ 이상해요. 입이 다 보여요.
교사: 어제 혜원이가 입이 안 닿는 마스크를 그림으로 그린 걸 따라서 만들어 봤어.
명준: 어. 두 개가 다르게 생겼네요. 한 번 써 봐요. 선생님!
교사: 그럴까? (교사는 비닐을 부착한 평평한 마스크를 쓴다.)
선호: 그건 입에 달라붙어 보여요. 비닐에 입김도 보이고.
교사: 그러네. 선생님이 말하니까 입김이 나오고 입술도 붙는구나.
명준: 다른 거 써 보세요.
교사: (이번에는 입체형 마스크를 써본다.) 자, 이건 어때?
유아들: 입이 안 붙어. 그치.
교사: 그래. 입이 마스크에 달라붙지 않고 말하기가 좋네.
명준: 그래서 우리 아빠도 그거 쓰고 다니시는 거구나.
혜원: 내가 그린 그림이랑 똑같네.

유아들은 마스크의 입 모양에 따라 편리한 것과 그렇지 않은 것을 구분하여 이야기한다. 교사가 비닐로 만든 마스크를 쓰고 위생 동화를 들려주자 유아가 비닐에 침이 튀었다며 휴지를 가져다준다.

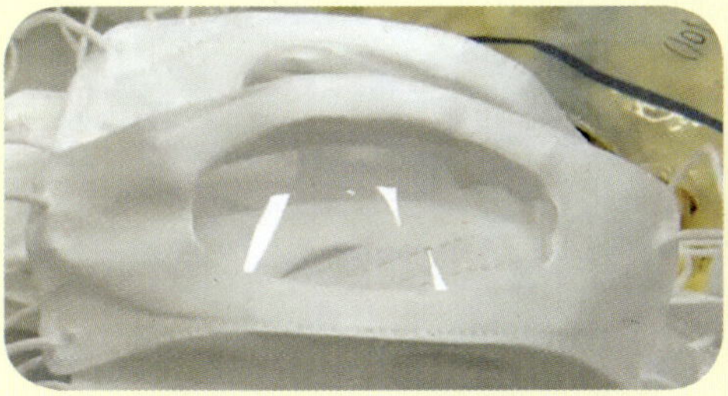

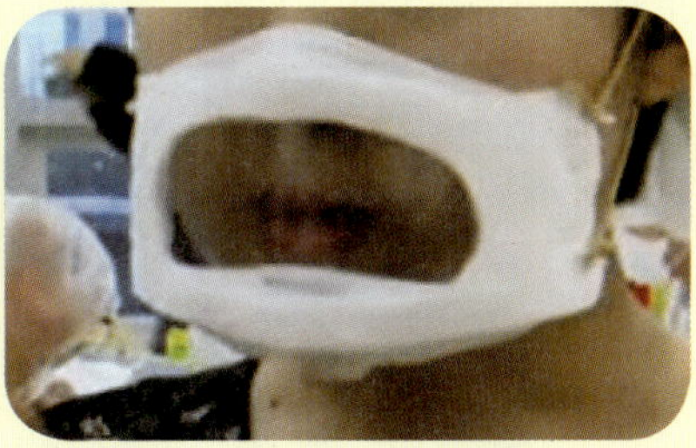

4) 목요일

유아들과 실외놀이시간 신나게 미끄럼틀을 타던 수현이는 교사에게 다가온다.

수현: 선생님! 제 마스크가 안에 땀이 났어요. 축축해요.
교사: 그렇구나. 마스크는 침방울이 튀어나오지 않게 하려고 쓰는 것이라 안에서 땀이 젖었나 보네. 교실 가서 새것으로 써야겠다.
선호: 맞아 뉴스에서 봤어. 침방울이 튀면 전염되는 거래.
명준: 그래서 마스크는 또 쓰면 안 된대. 세균이 많아서.
교사: 그래. 너희들이 잘 알고 있네.
수현: 선호 것은 안 젖었어?
선호: 난 땀 안 났는데.
수현: 내 것만 땀이 나나 봐.

교사가 어제 썼던 비닐 마스크를 다시 상기 시켜 유아에게 말해 준다.

교사: 선생님 것 어제 말하니까 침방울 맺힌 거 봤지.
명준: 맞다. 봤어요.
교사: 그래서 예준이가 선생님에게 휴지 갖다준 거야.

유아들은 마스크와 침방울에 관해 한참 동안 이야기하며 서로의 것에 호기심을 보였다. 교실로 돌아와 교사는 분무기와 여러 종류 마스크, 쟁반을 과학놀이에 놓아 주었다.

돋보기를 들고 있던 지호가 갑자기 분무기를 바라보며 교사에게 뿌려 봐도 되냐고 물어본다. 교사는 괜찮다고 이야기하고 지호는 분무기를 가지고 돋보기에 뿌린다. 돋보기 표면에 물방울이 흘러내린다. 그리고 다시 마스크에 물을 뿌린다.

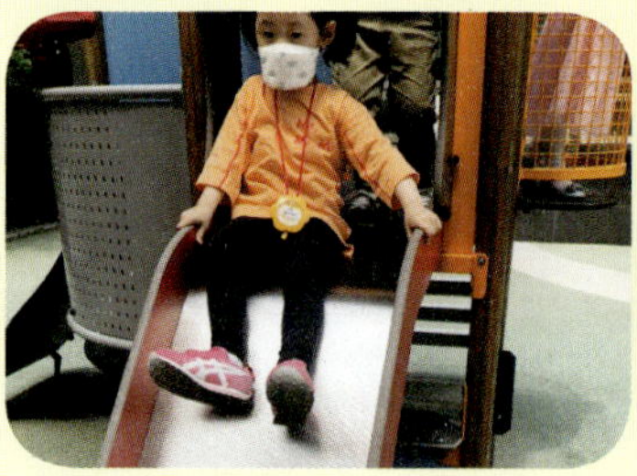

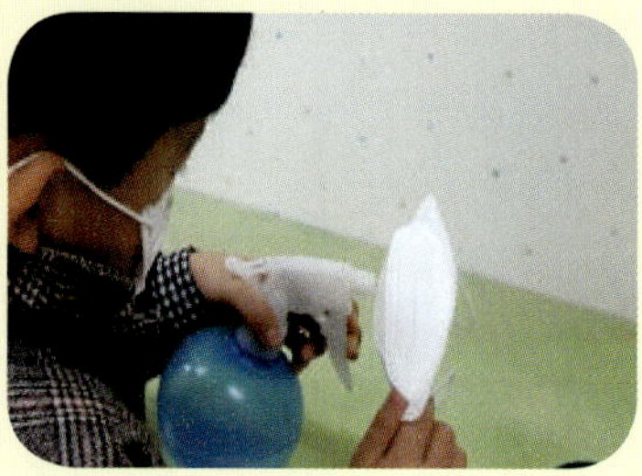

유아들이 한참 지호를 바라보다가 교사에게 선생님의 마스크 줄에 대해 묻는다.

선호: 선생님 것 마스크 줄은 늘어나요?
예지: 아니야. 우리 엄마도 있는데 저건 안 늘어나.
교사: 궁금했구나. 선생님 줄은 늘어나지는 않지만 길어서 불편하지 않아.
예지: 우리도 마스크 줄 있으면 좋겠다. 꼭 목걸이 같아.

유아들은 예지의 말에 호기심을 보이며 노란색 줄을 달고 온 수현이에게 다가간다.

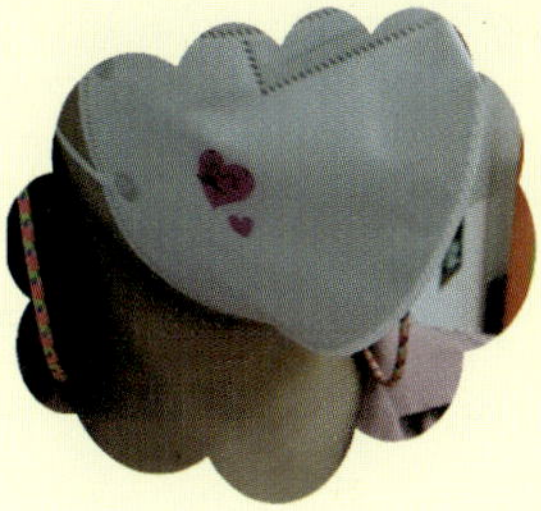

5) 금요일

교사는 유아들이 마스크 줄에 관심 보이는 것을 보고 오늘은 일회용 덴탈 마스크와 다양한 끈을 준비하여 주었다. 유아들이 끈을 꺼내어 길이를 재어 보고 있다.

지호: 내 줄은 빨간색 운동화 끈처럼 생겼어.
다은: 내 것은 노란색 목걸이 같은데.
교사: 지민이랑 다은이는 무엇을 하고 싶니?
다은: 선생님처럼 줄 달고 싶어요.
교사: 그렇구나. 그러면 선생님이 마스크에 줄을 달 수 있도록 고리를 줄게.

유아들은 다은이가 노란 줄을 가지고 마스크에 다는 것을 보더니 하나씩 줄을 가지고 와서 가위로 자르고 옆에 있는 덴탈 마스크에 고리로 연결한다.

다은: (마스크 줄을 목에 걸고) 노란색 예쁘지.
선호: 내 것도 만들어 주라.

유아들은 이후로도 마스크에 스티커를 붙여 가며 자기만의 마스크 만들기에 집중하고 있다.

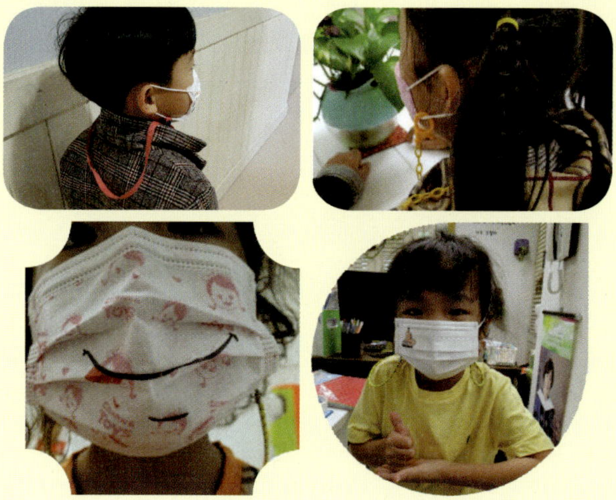

유아들은 마스크와 관련된 캠페인 포스터를 보고 있다.

선호: 너 뉴스 봤어?
다은: 뭐?
선호: 마스크 줄 때문에 동물들이 죽을 수도 있대.
다은: 정말? 선생님! 왜 줄 때문에 동물이 죽어요?

교사는 유아들이 궁금해하는 관련 사고 뉴스를 함께 보도록 제안하고 시청한다.

선호: 아! 그럼 나도 마스크 버릴 때 줄을 가위로 잘라서 버려야지.
다은: 우리 아빠는 만지지 말라고 하시고 돌돌 말아서 휴지통에 넣으신다.
교사: 그래. 마스크 줄로 동물들이 위험하지 않도록 잘라서 버리는 것도 중요하고 다은이 아빠처럼 외부에 노출되었던 부분을 접어서 버리는 것도 좋은 방법인 것 같네.

유아들은 교사의 말을 듣고 각자 마스크를 집에 가서 어떻게 버릴 것인지 상황에 따라 이야기 나눈다.

| 글 & 그림상자 7-2 | 마스크캠페인

출처: https://blog.naver.com/kfdazzang

Q&A 마스크를 유아가 잘 착용할 수 있는 방법이 있다면?

2. 5개 영역에서의 통합적 접근

자연탐구영역에서 유아들이 관심을 가진 놀이를 누리과정의 5개 영역과 관련하여 연결 지어 볼 수 있다. 놀이의 과정 중 일어난 일들이 어떤 영역의 놀이 기준과 관련되는지 각 영역의 목표와 내용범주를 살펴보고 해당되는 내용을 이해하는 것을 목표로 한다.

1) 신체운동 · 건강

유아가 자신의 몸에 관심을 가지고 신체활동에 즐겁게 참여하며, 건강하고 안전한 생활을 해 나가는 다양한 경험과 관련된 내용을 통해 통합적 접근의 관점에서 살펴본다.

(1) 목표와 내용

'신체운동 · 건강영역'의 목표는 '실내외에서 신체활동을 즐기고, 건강하고 안전한 생활을 한다'이다.

| 표 7-1 | 신체운동 · 건강영역의 내용

내용범주	내용
신체활동 즐기기	신체를 인식하고 움직인다.
	신체 움직임을 조절한다.
	기초적인 이동운동, 제자리 운동, 도구를 이용한 운동을 한다.
	실내외 신체활동에 자발적으로 참여한다.
건강하게 생활하기	자신의 몸과 주변을 깨끗이 한다.
	몸에 좋은 음식에 관심을 가지고 바른 태도로 즐겁게 먹는다.
	하루 일과에서 적당한 휴식을 취한다.
	질병을 예방하는 방법을 알고 실천한다.

내용범주	내용
안전하게 생활하기	일상에서 안전하게 놀이하고 생활한다.
	TV, 컴퓨터, 스마트폰 등을 바르게 사용한다.
	교통안전 규칙을 지킨다.
	안전사고, 화재, 재난, 학대, 유괴 등에 대처하는 방법을 경험한다.

(2) '마스크' 사례 통합적 접근

■ 건강하게 생활하기

- 자신의 몸과 주변을 깨끗이 한다.
  - 마스크가 축축하지 않도록 위생과 청결을 관리하는 방법을 알게 됨
- 질병을 예방하는 방법을 알고 실천한다.
  - 마스크의 기능과 역할에 대해 알게 됨. 질병을 예방해 주는 마스크의 원리에 대해 관심 가짐

2) 의사소통

유아가 다른 사람과 소통하며, 일상에서 만나는 글자나 상징에 관심을 가지고 책과 이야기를 즐기는 경험과 관련된 내용을 통해 통합적 접근의 관점에서 살펴본다.

(1) 목표와 내용

'의사소통영역'의 목표는 '일상생활에 필요한 의사소통 능력과 상상력을 기른다'이다.

| 표 7-2 | 의사소통영역의 내용

내용범주	내용
듣기와 말하기	말이나 이야기를 관심 있게 듣는다.
	자신의 경험, 느낌, 생각을 말한다.
	상황에 적절한 단어를 사용하여 말한다.
	상대방이 하는 이야기를 듣고 관련해서 말한다.
	바른 태도로 듣고 말한다.
	고운 말을 사용한다.
읽기와 쓰기에 관심 가지기	말과 글의 관계에 관심을 가진다.
	주변의 상징, 글자 등의 읽기에 관심을 가진다.
	자신의 생각을 글자와 비슷한 형태로 표현한다.
책과 이야기 즐기기	책에 관심을 가지고 상상하기를 즐긴다.
	동화, 동시에서 말의 재미를 느낀다.
	말놀이와 이야기 짓기를 즐긴다.

(2) '마스크' 사례 통합적 접근

■ 듣기와 말하기

- 말이나 이야기를 관심 있게 듣는다.
  - 유아들은 친구들이 마스크의 모양이나 주름에 대해 하는 이야기를 관심 있게 들음
- 자신의 경험, 느낌, 생각을 말한다.
  - 마스크와 관련한 자신의 생각과 느낌, 경험을 친구들과 이야기 나눔
- 상대방이 하는 이야기를 듣고 관련해서 말한다.
  - 교사와 친구들이 하는 말을 듣고 관련해서 말함
- 바른 태도로 듣고 말한다.
  - 교사와 친구들이 말할 때 눈을 보고 끝까지 들으며 경청함

■ 나를 알고 존중하기

- 내가 할 수 있는 것을 스스로 한다.
  - 마스크에 대한 궁금증을 조사, 탐구하는 과정에 능동적으로 참여하고 스스로 궁금증을 해결하는 경험을 함

3) 사회관계

유아가 자기 자신과 다양한 삶의 모습을 이해하고, 다른 사람과 더불어 살아가기 위해 필요한 의미 있는 경험과 관련된 내용을 통해 통합적 접근의 관점에서 살펴본다.

(1) 목표와 내용

'사회관계영역'의 목표는 '자신을 존중하고 더불어 생활하는 태도를 가진다'이다.

| 표 7-3 | 사화관계영역의 내용

내용범주	내용
나를 알고 존중하기	나를 알고 소중히 여긴다.
	나의 감정을 알고 상황에 맞게 표현한다.
	내가 할 수 있는 것을 스스로 한다.
더불어 생활하기	가족의 의미를 알고 화목하게 지낸다.
	친구와 서로 도우며 사이좋게 지낸다.
	친구와의 갈등을 긍정적인 방법으로 해결한다.
	서로 다른 감정, 생각, 행동을 존중한다.
	친구와 어른께 예의바르게 행동한다.
	약속과 규칙의 필요성을 알고 지킨다.
사회에 관심 가지기	내가 살고 있는 곳에 대해 궁금한 것을 알아본다.
	우리나라에 대해 자부심을 가진다.
	다양한 문화에 관심을 가진다.

(2) '마스크' 사례 통합적 접근

■ 더불어 생활하기

- 서로 다른 감정, 생각, 행동을 존중한다.
  - 마스크와 관련된 놀이 및 조사탐구를 전개해 나감에 있어 친구들과 다양한 생각을 나누고, 존중하며 의견을 조율해 감
- 약속과 규칙의 필요성을 알고 지킨다.
  - 원에서 함께 놀이하며 마스크를 쓰고 생활하는 것에 대해 마스크 사용수칙의 중요성을 이해하고 많은 이들에게 알리고자 함

4) 예술경험

유아가 자연, 생활, 예술에서 아름다움을 찾아보고 느끼며, 다채롭고 창의적인 방법으로 자신의 경험, 생각, 느낌을 표현해 보고, 다양한 예술 표현을 존중하는 경험과 관련된 내용을 통해 통합적 접근의 관점에서 살펴본다.

(1) 목표와 내용

'예술경험영역'의 목표는 '아름다움과 예술에 관심을 가지고 창의적 표현을 즐긴다'이다.

| 표 7-4 | 예술경험영역의 내용

내용범주	내용
아름다움 찾아보기	자연과 생활에서 아름다움을 느끼고 즐긴다.
	예술적 요소에 관심을 갖고 찾아본다.
창의적으로 표현하기	노래를 즐겨 부른다.
	신체, 사물, 악기로 간단한 소리와 리듬을 만들어 본다.
	신체나 도구를 활용하여 움직임과 춤으로 자유롭게 표현한다.
	다양한 미술 재료와 도구로 자신의 생각과 느낌을 표현한다.
	극놀이로 경험이나 이야기를 표현한다.
예술 감상하기	다양한 예술을 감상하며 상상하기를 즐긴다.
	서로 다른 예술 표현을 존중한다.
	우리나라 전통 예술에 관심을 갖고 친숙해진다.

(2) '마스크' 사례 통합적 접근

■ 아름다움 찾아보기

- 예술적 요소에 관심을 갖고 찾아본다.
  - 마스크를 꾸밀 수 있는 다양한 재료와 방법을 찾아봄

■ 창의적으로 표현하기

- 다양한 미술재료와 도구로 자신의 생각과 느낌을 표현한다.
  - 사인펜, 스티커, 바늘과 실 등 다양한 미술재료와 도구로 마스크를 꾸미며 놀이함. 내가 갖고 싶은 마스크를 상상하고 그리며 놀이함

■ 예술 감상하기

- 다양한 예술을 감상하며 상상하기를 즐긴다.
  - 다양한 예술작품을 감상하고, 나의 마스크에 결합하는 방법에 대해 상상하며 놀이함

5) 자연탐구

유아가 물질, 사물, 자연현상, 동식물 등의 특성과 변화를 수학적·과학적으로 탐구하는 다양한 경험과 관련된 내용을 통해 통합적 접근의 관점에서 살펴본다.

(1) 목표와 내용[2)]

'자연탐구영역'의 목표는 '탐구하는 과정을 즐기고, 자연과 더불어 살아가는 태도를 가진다'이다.

| 표 7-5 | 자연탐구영역의 내용

내용범주	내용
탐구과정 즐기기	주변 세계와 자연에 대해 지속적으로 호기심을 가진다.
	궁금한 것을 탐구하는 과정에 즐겁게 참여한다.
	탐구과정에서 서로 다른 생각에 관심을 가진다.
생활 속에서 탐구하기	물체의 특성과 변화를 여러 가지 방법으로 탐색한다.
	물체를 세어 수량을 알아본다.
	물체의 위치와 방향, 모양을 알고 구별한다.
	일상에서 길이, 무게 등의 속성을 비교한다.
	주변에서 반복되는 규칙을 찾는다.
	일상에서 모은 자료를 기준에 따라 분류한다.
	도구와 기계에 대해 관심을 가진다.
자연과 더불어 살기	주변의 동식물에 관심을 가진다.
	생명과 자연환경을 소중히 여긴다.
	날씨와 계절의 변화를 생활과 관련짓는다.

2) 제4장에서 제시한 자연탐구영역을 5개 영역의 통합적 접근의 의미에서 다시 살펴보기로 한다.

(2) '마스크' 사례 통합적 접근

■ 탐구과정 즐기기

• 주변 세계와 자연에 대해 지속적으로 호기심을 가진다.
  – 모든 사람이 마스크를 쓰고 다니는 이유에 대해 관심 가지고, 이후 친구들과 선생님들 모두 각기 다른 마스크를 하고 있는 것에 호기심을 갖고 그 이유를 알아보는 과정에 적극적으로 참여함
• 탐구과정에서 서로 다른 생각에 관심을 가진다.
  – 마스크에 대해 탐구하고 궁금한 것에 대한 생각을 나누는 과정에서 친구들, 선생님의 생각을 관심 있게 듣고 나와 다를 수 있음을 경험한다.

■ 생활 속에서 탐구하기

• 물체의 특성과 변화를 여러 가지 방법으로 탐색한다.
  – 마스크에 습기가 차는 것을 본 후 분무기로 물을 뿌려 보며 방수 기능에 대해 탐색함
  – 여러 가지 마스크를 가지고 놀이하며 다양한 재질과 두께가 있으며, 여러 겹의 필터로 구성되어 있다는 것을 알게 됨
• 물체의 위치와 방향, 모양을 알고 구별한다.
  – 마스크의 모양에 따라 기능이 다름을 구별하는 경험을 함
  – 덴탈 마스크 사용 시의 올바른 주름방향을 알고, 역할에 대해 알게 됨
• 일상에서 모은 자료를 기준에 따라 분류한다.
  – 같은 반 친구들이 쓰고 온 마스크를 모양, 색, 기능 등에 따라 분류하고 공통점과 차이점에 대해 이야기 나눔
• 도구와 기계에 대해 관심 가진다.
  – 분무기를 이용해 마스크의 방수기능을 실험해 봄. 가위를 이용해 마스크를 분해해 보며 구조와 구성에 대해 알아봄

■ 자연과 더불어 살기

• 생명과 자연환경을 소중히 여긴다.
  – 유아들은 마스크와 관련된 캠페인을 보며 버려지는 마스크 때문에 다치거나 생명을 잃는 동물들이 있다는 것을 알게 됨. 유아들은 관련된 사고에 대한 뉴스를 보고 난 후 생태계 및 환경보호를 위해 마스크를 올바르게 버리는 방법에 대해 이야기 나눔

유아과학교육, 고마운 과학의 출발점!

"깨끗한 공기를 마실 수 있도록 도와주는 고마운 물건들"

공기가 좋지 않을 때 먼지를 걸러내는 고마운 물건들이 있어요. 그 물건들에는 어떤 과학 원리들이 숨어 있을까요? 그리고 그 원리를 이용해 아이들은 어떻게 놀 수 있을까요? 예비교사의 생각이 궁금해요!

과학아 고마워 !		과학아 놀자 ^^
과학의 원리는 무엇일까?	공기가 좋지 않을 때 먼지를 거르는 고마운 물건	아이들은 어떻게 놀까?
• 정전기의 원리 • 결로 현상	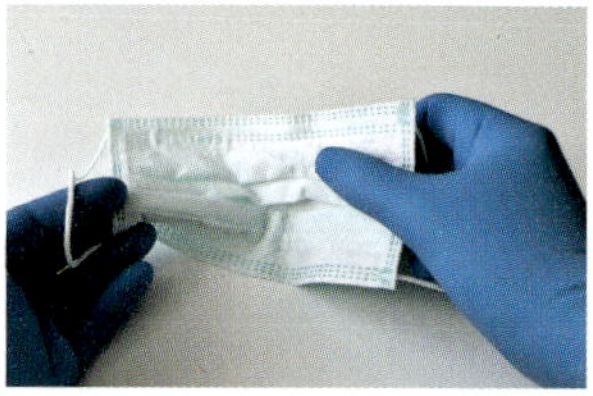 마스크	
• 정전기의 원리 • 기압차의 원리 • 베르누이의 법칙	 공기청정기	
• 정전기의 원리 • 기압차의 원리 • 베르누이의 법칙	 청소기	

먼지를 걸러내 깨끗한 공기를 마실 수 있도록 도와주는 고마운 물건! 그 속에 숨은 과학원리를 함께 알아봐요!

정전기의 원리

정(靜)전기는 흐르지 않고 물체에 머물러 있는 전기를 말해요. 마스크와 공기청정기, 청소기에 사용되는 필터는 모두 정전기의 힘으로 먼지를 걸러내는 일을 해요. 특히, 마스크의 경우, 미세먼지나 바이러스가 이 필터에 달라붙어서 입이나 코로 못 들어오게 막아 주어요.

결로 현상

온도가 낮은 곳에서 마스크를 쓰고 있다 보면 특별히 말을 많이 하지 않았는데 마스크 안쪽이 젖어 있는 경우가 있어요. 이것은 결로 현상으로, 우리가 숨을 쉬면서 내뱉는 따뜻한 입김이 찬 공기와 만나 에너지를 빼앗기고, 물로 응결되어 액체로 변해서 생기는 현상이에요.

기압차의 원리

먼지를 빨아들이는 청소기와 공기청정기는 '기체는 기압이 높은 곳에서 낮은 곳으로 이동해 기압이 평형을 이루려는 성질'과 관련이 있어요. 청소기와 공기청정기를 작동하면 내부에 있는 팬이 회전하며 내부의 바람을 외부로 내보내요. 그러면 내부의 기압이 낮아지게 되고, 기압이 평형을 유지하기 위해 상대적으로 고기압인 외부의 공기를 내부로 빨아들이면서 먼지도 같이 쓸려오게 돼요.

베르누이의 법칙

내부의 팬이 움직이는 속도를 조절할 수 있는 청소기와 공기청정기는 기체의 속도가 증가하면 기압이 낮아진다는 베르누이의 법칙과도 관련이 있어요. 상황에 따라 팬의 회전속도가 증가할수록 기압이 낮아져 외부의 공기를 흡입하는 힘이 강해지기 때문이죠.

유아과학교육의 운영

유아교육과정은 전인적 발달을 목표로 유아들의 경험, 흥미, 요구 등을 바탕으로 통합하여 실행하는 것을 지향하고 있다. 다양한 영역의 통합은 과학교육에도 적용되며, 유아에게 깊이 있는 탐구와 더불어 사고확장의 기회를 제공한다는 점에서 교육적 의의를 가진다.

이에 교사는 유아과학교육을 실행할 때에 과학적 개념과 지식전달에 중점을 둔 수동적인 학습보다는 일상생활과 관련된 친숙한 주제를 통해 다양한 영역과 통합한 과학교육이 이루어질 수 있도록 계획하고, 놀이흐름에 따라 지원방안을 계획함으로써 자연스러운 확장의 기회를 가질 수 있도록 해야 한다.

이 장에서는 유아과학교육의 운영과 구성을 살펴보고, 이를 바탕으로 유아과학교육계획에 대한 이해를 높이고자 한다.

제8장

유아과학교육의 운영

하나 유아과학교육의 운영과 구성

둘 유아과학교육의 계획

인생의 지혜는 계획과 실천을 적절히 조화시키는 일에 달려 있다.
-그라시안-

1. 유아과학교육의 운영과 구성

유아교육기관의 교육계획은 교육과정에 기초하여 운영된다. 지금까지 국가 수준의 교육과정은 계획된 교육과정으로 연·월·주간·일일계획안을 작성하여 계획·실행·평가되어 왔다.

2019 개정 누리과정에서는 유아교육과정의 기본원리는 유지하되, 유아 놀이의 의미에 대해 고민하고 계획한 것을 검토하고 수정해 나가는 것을 강조한다(임부연, 2020; 정혜욱·김은영 외, 2019). 이 같은 방향에 따라 교사는 유아과학교육을 계획하는 데 있어 유아의 흥미에서 발현된 주제를 선정하고 그에 따른 목표를 설정하여 내용을 구성하되 관찰과 성찰을 통해 전개해 나가도록 한다.

| 글 & 그림상자 8-1 | 일상생활 속 재미있는 과학 자료집

출처: https://blog.naver.com/seouledu2012

서울시교육청은 유아들이 일상생활 속 관찰과 실험을 통해 즐겁게 과학을 배울 수 있는 「일상생활 속 재미있는 과학」 자료집을 개발하였다. 자료집에는 유치원과 가정에서 손쉽게 놀이를 통해 실행할 수 있는 42가지의 과학 놀이들이 실려 있으며, 서울특별시 교육청 블로그에서도 살펴볼 수 있다.

Q&A 유아들과 어떤 과학놀이를 할 수 있을까?

1) 유아과학교육의 주제선정

유아의 전인적 발달을 목표로 하는 유아교육과정은 유아의 일상 속에서 친숙하게 경험할 수 있는 생활주제를 중심으로 다양한 활동을 통합하여 이루어져 왔다. 통합은 유아의 흥미나 요구에서 시작된다. 교사는 이를 통해 유아 스스로 의미 있는 배움을 경험하고 놀이를 통한 배움의 지식이 자연스럽게 통합되어 살아 있는 교육이 될 수 있도록 교육을 계획하고 운영해야 한다.

주제의 선정은 그 주제를 통해 유아들의 삶과 경험, 다양한 분야의 학습과 발달을 통합할 수 있으면서도 유아들이 자발적으로 충분히 탐색할 수 있고 흥미로운 주제인지, 그 주제가 교육적 의미가 있는지 등에 대한 검토에 기초하게 된다(서영민, 2014; 이기숙·김정원 외, 2016).

이러한 관점에서 교사는 유아과학교육의 주제를 선정할 때에 유아들의 과학적 흥미, 과학적 탐구능력 및 기술능력, 생활 속 과학 개념과의 관련성 및 지역사회 특성과의 과학의 관련성 등을 고려하여 주제를 선정한다. 이를 통해 선정된 주제는 유아로 하여금 관심 대상과 현상에 대해 깊이 있게 탐구하는 과정에 능동적이고 적극적으로 참여할 수 있게 한다.

특히, 유아의 흥미는 주제선정에 있어 매우 중요한 요소이므로 교사는 일상에서 이루어지는 유아들의 대화와 놀이에 늘 귀 기울일 수 있도록 한다. 이러한 과정을 통해 수집된 흥미와 관심 주제들은 유아의 발달 수준과 활용 자원 등을 고려하여 실행 가능 여부에 따라 구체적인 활동들로 이어지게 된다.

2) 유아과학교육의 목표

유아과학교육의 주제선정 이후 교사는 해당 주제를 중심으로 교육과정을 운영할 때에 유아가 경험하게 될 교육목표에 대해 검토해 본다. 목표는 유아의 연령과 발달적 요구, 지역특성이나 사회·문화적 배경과 요구에 따라 다양하게 설정될 수 있다(서영숙·안소영 외, 2019). 이는 해당 주제를 운영하는 의의와 목적, 운영의 방향을 살피는 과정이기도 하다.

교육목표 진술에 대하여 고전적 이론가 타일러(Tyler, 1949)는 교육을 통해 행동에 어떠한 변화를 가져오도록 할 것인가를 중심으로 기술되어야 한다고 하였다. 이는 행동적 목표 진술의 방식으로 '봄에 피는 철쭉의 특징을 설명할 수 있다'와 같이 교육내용과 행동을 기술하는 것을 의미한다.

이와 같은 관점에서 메이거(Mager, 1962)는 교수목표 진술 시 구체적 행위 동사를 사용해 관찰과 평가가 가능하도록 해야 한다고 하였다. 그러나 이와 같은 행동적 수업목표는 단기적인 목표일 수밖에 없어 장기간에 걸친 더욱 유의미한 성과를 무시하게 되므로 질적인 평가가 가지는 가치를 고려하지 못한다는 한계를 가진다(박형섭, 2016; 신재한, 2005). 따라서 교육목표의 진술은 행동적 목표 외에 질적이고 간접적인 목표가 함께 고려되어야 한다.

교육목표는 유아에게 기대되는 변화나 달성해야 할 구체적인 방향을 제시하는 것으로 평가의 출발점이며(김남희·정혜영, 2014; 김명옥·강현석, 2012), 일반적으로 지식·기능·태도의 측면에서 이루어지고 있다(이희경, 2007; 홍후조, 2016).

| 표 8-1 | 목표진술의 영역별 내용

영역	내용
지식	• 원리, 개념, 사실, 용어, 정보 등에 관한 지적 활동을 다룬다. 예 ~안다, ~이해한다, ~을 추론한다 등
기능	• 정신운동수행과 관련된 실천적인 행동의 범주를 다룬다. 예 ~을 조작한다, ~을 찾아낸다, ~을 지적한다 등
태도	• 정의적 행동과 관련된 것으로 가치관, 신념, 느낌 등을 표현한다. 예 ~을 느낀다, ~하는 태도를 갖는다 등

그러나 학자들의 다양한 관점에서 볼 수 있듯이 교육목표는 유아과학교육을 포함하여 모든 교육계획안에 획일적인 방법으로 진술되지 않는다. 교육목표 진술에 있어 교사는 유아의 발달수준과 교육방법에 따라 다양하게 접근하도록 한다(최양미, 2003; 한유미, 2004).

또한, 교육계획의 기간에 따라 목표내용의 범주가 일반적인 것에서 구체적인 것까지 포함될 수 있으므로 교육목표를 설정할 때에는 다양한 요인이 고려되어야 한다.

첫째, 목표설정 및 진술은 활동 전개에 있어 교사의 지원 방향을 제시해 줄 수 있을 만큼 충분히 구체적이고 정확하게 계획되어야 한다.

둘째, 목표설정 및 진술은 활동이 시작되기 전에 계획되어야 하며, 활동 과정에서 발생되는 새로운 목표를 수용할 수 있을 만큼 융통성이 있어야 한다.

셋째, 목표설정 및 진술은 관찰 가능한 유아의 행동변화뿐만 아니라 눈에 보이지 않는 질적인 측면의 변화를 함께 고려하도록 한다.

넷째, 목표설정 및 진술은 유아의 개별적 특성과 발달수준을 고려해야 하며 잠재능력을 최대한 신장시킬 수 있도록 한다.

| 글 & 그림상자 8-2 | 유치원 교육계획 수립과 교사연수

부산 해운대교육지원청, 유아·놀이 중심 교육계획 수립, 교육과정 내실화 추진

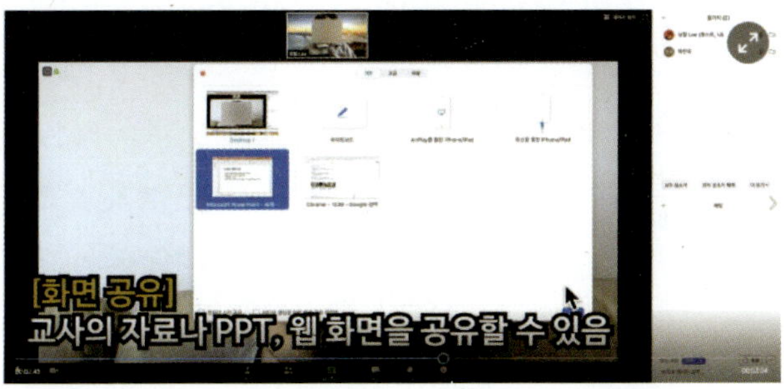

출처: 환경일보(2020. 03. 27.). http://www.hkbs.co.kr/news/

2019 개정 누리과정에 따른 유아중심·놀이중심의 자율적이고 창의적인 단위 유치원의 교육계획 수립을 지원하기 위해 부산광역시서부교육지원청은 관내 유치원 교사 100여 명을 대상으로 '2020 유치원 교육계획수립 지원연수'를 온라인 화상연수로 실시하였다.

Q&A

교육과정 계획에 있어 교사연수는 어떠한 의미를 가질까?

3) 유아과학교육의 내용

유아과학교육의 내용은 선정된 주제와 관련된 개념을 주제망으로 조직함으로써 체계적으로 구성할 수 있다. 주제망은 교육내용의 범주를 개념으로 유목화하여 그림으로 나타낸 것이다. 주제망에 소개된 개념들은 교육내용을 의미하며, 다양한 활동방향을 예상할 수 있게 한다.

주제망을 구성할 때 교사는 유아들의 수많은 아이디어 중 가장 보편적인 개념 하나를 선정하여 이를 중심으로 교육내용을 조직하도록 한다.

이 책에서는 이에 대한 구체적 예로 누리과정 자연탐구영역의 목표를 고려하여 '봄'에 관한 주제망을 구성하고 유아과학교육 내용을 구성하는 과정을 살펴본다.

계절적 특성에 따라 날씨와 생활, 자연환경에 다양한 변화를 가져오는 '봄'을 주제로 한 과학교육은 자연탐구영역의 '탐구과정 즐기기', '생활 속에서 탐구하기', '자연과 더불어 살기'의 내용에 적합한 주제이다.

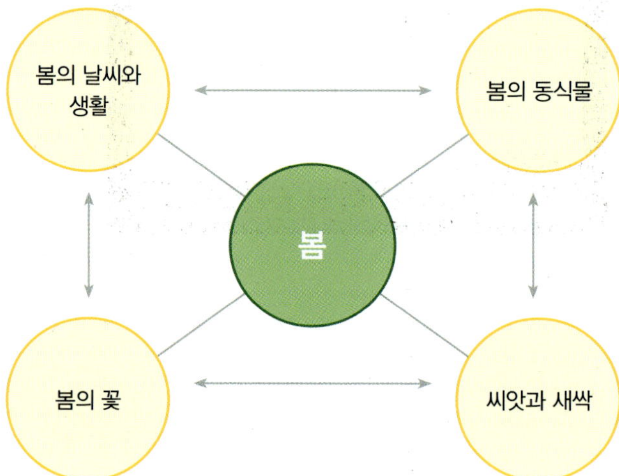

| 그림 8-1 | '봄' 주제 관련 기본개념 간 상호관계망

보편적인 개념이란 [그림 8-1]과 같이 상호관계되는 기본 개념들을 아우르는 것을 의미한다. 이러한 내용의 조직은 유아들로 하여금 각각의 개념들이 서로 연관되어 있음을 경험하고, 통합적으로 사고할 수 있게 한다.

기본개념을 선정한 후 주제망을 조직하는 방법은 다양하나 일반적으로 개념중심의 주제망과 활동중심의 주제망이 활용되고 있다.

(1) 개념중심의 주제망

개념중심의 주제망은 주제-소주제-관련 개념으로 확대하여 작성하는 방법을 의미한다. 이는 주제와 관련된 개념의 범주를 미리 설정함으로써 이후 개념들과 관련된 활동내용을 구체적으로 계획할 수 있도록 한다는 이점을 가진다. 앞서 언급한 '봄' 주제의 개념중심 주제망은 [그림 8-2]와 같이 살펴볼 수 있다.

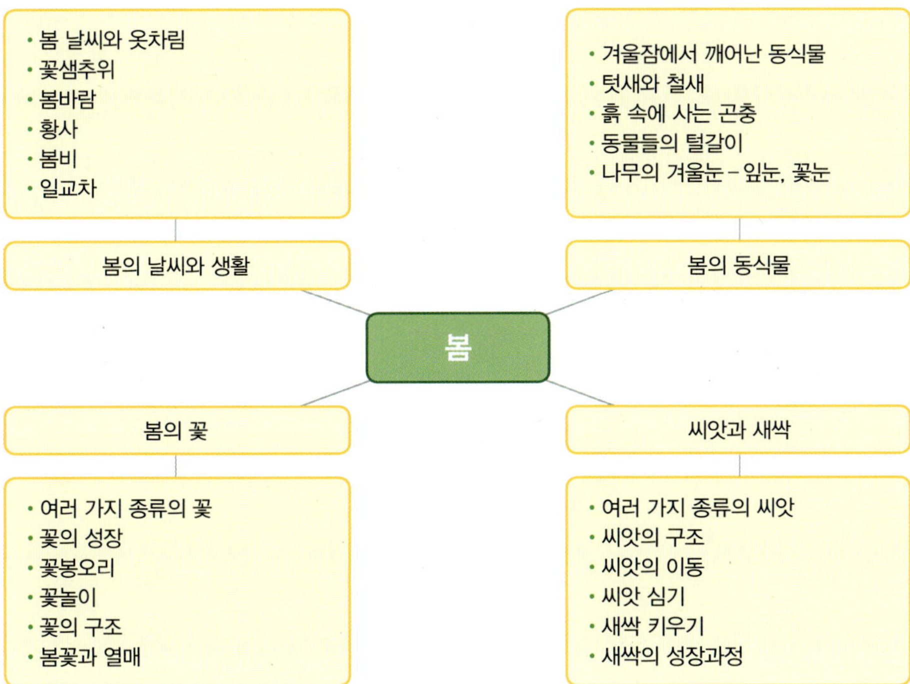

| 그림 8-2 | 개념중심의 '봄' 주제망

또한 이에 대한 구체적인 예로 누리과정의 자연탐구영역에서 제시한 목표를 고려하여 살펴보면, '탐구과정 즐기기'에 중점을 둔 교통기관 주제에서는 '교통기관-자동차-버스'를, '생활 속 탐구하기'에 중점을 둔 측정도구 주제에서는 '측정도구-저울-체중계'를 제시할 수 있다.

(2) 활동중심의 주제망

활동중심의 주제망은 주제-활동영역-활동내용(활동명)으로 작성하는 방법을 의미한다. 이는 활동영역과 그에 대한 활동내용을 한 번에 제시하여 전체 활동의 흐름을 살펴볼 수 있다는 이점을 가진다. 특히, 활동중심의 주제망은 교사가 과학교육을 실행함에 있어 다양한 영역 간의 통합을 고려하고 경험의 범주를 계획하는 데 매우 유용하다고 할 수 있다.

누리과정의 자연탐구영역에서 제시한 목표를 고려하여 이에 대한 구체적인 예를 나타내면, 탐구과정 즐기기에 중점을 둔 교통기관 주제에서는 '교통기관-과학활동-고무동력 비행기를 만들어요'를, 생활 속 탐구하기에 중점을 둔 측정도구 주제에서는 '측정도구-과학활동-우리 반 친구들 키 그래프를 그려요'를 제시할 수 있다. 또한, 앞서 언급한 '봄' 주제의 활동중심 주제망은 [그림 8-3]과 같이 구성할 수 있다.

교사는 이와 같은 주제망을 완성한 후 주제망에서 다루어진 개념과 예상 활동들이 실제 교육활동으로 전개되기 전에 교육과정을 계획하여 구체적인 내용을 조직하도록 한다.

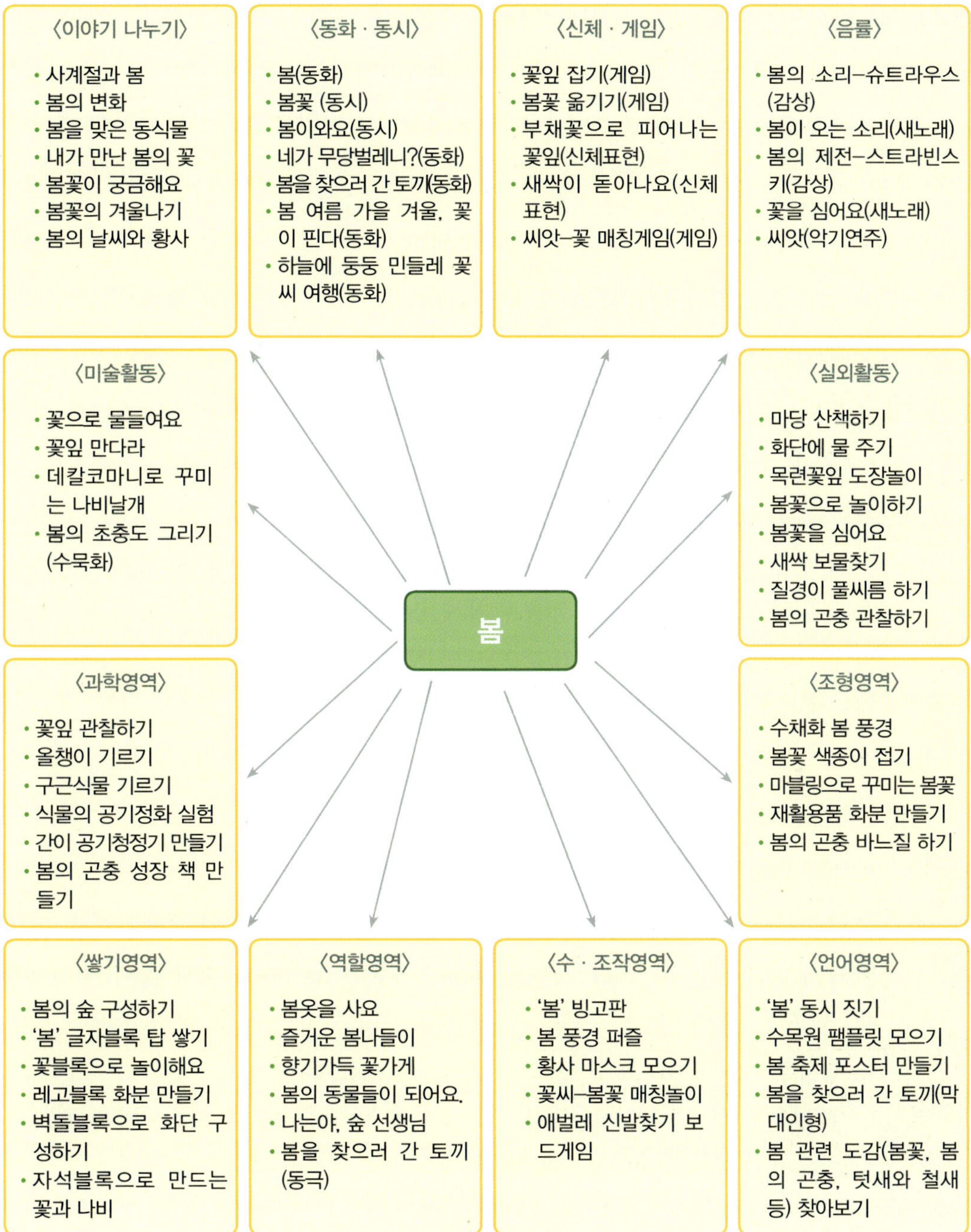

| 그림 8-3 | 활동중심의 '봄' 주제망

2. 유아과학교육의 계획

교육과정의 계획은 교육과정의 구성에 따라 다양하게 수립·운영된다. 이러한 교육계획은 체계적인 교육을 위해 구체적이고 상세하게 제시되나 유아의 흥미와 상황에 따라 융통성 있게 수정·실시될 수 있다.

특히, 2019 개정 누리과정에서는 유아의 놀이를 중심으로 의미 있는 배움이 일어날 수 있도록 교사의 교육적 판단과 전문성을 강조하며, 다양한 방식으로 계획안이 작성될 수 있음을 언급한다. 이는 정해진 형식에 따라 교사가 계획한 내용을 그대로 교육하며 획일화를 가져왔던 기존의 문제를 해결하기 위한 방안(강은진, 2019; 이양숙 · 하양승 외, 2020)으로 유아의 놀이흐름을 이해하여 지원하는 교사의 역할을 강조한 것이다.

이에 교사는 계획안을 작성함에 있어 전체적인 흐름을 살필 수 있는 사전계획을 세우되, 유아들의 놀이상황을 관찰해 흥미를 보이는 주제를 추가로 선정하거나 관련 내용으로 확장해 나갈 수 있도록 한다(교육부·보건복지부, 2019c; 충청남도교육청, 2020).

1) 연·월간교육계획

연간교육계획은 1년간, 월간교육계획은 한 달 동안 진행될 교육과정을 계획하여 구성한 것이다. 교사는 계절, 명절, 특별한 행사와 관련한 경험(예: 올림픽, 월드컵, 개원기념일 등)을 고려해 유아들이 흥미 있어 할 만한 주제를 토대로 생활주제를 선정하고 연·월간교육계획을 세울 수 있다.

〈표 8-2〉는 학기 시작 전, 교사가 유아에게 친숙한 생활주제를 선정하고 과학교육 관련 내용을 도출하여 계획한 연·월간교육계획안의 예이다.

| 표 8-2 | 연 · 월간교육계획안의 예

<table>
<tr><th colspan="3">1학기</th><th colspan="3">2학기</th></tr>
<tr><th>생활주제</th><th>주제</th><th>과학교육 관련내용</th><th>생활주제</th><th>주제</th><th>과학교육 관련내용</th></tr>
<tr><td>우리 반과 친구 (3/1 ~2주)</td><td>· 우리 반의 의미
· 친구들의 마음
· 함께 지키는 약속</td><td>· 우리 반의 위치, 공간</td><td>여름 (8/3~4주)</td><td>· 여름방학 이야기
· 계절의 변화와 생활</td><td>· 계절의 변화</td></tr>
<tr><td>자연과 생활 (3/3 ~4주)</td><td>· 동식물과 자연
· 더불어 사는 자연</td><td>· 동식물의 특징과 서식조건</td><td>우리나라 (9/1~4주)</td><td>· 우리명절 '추석'
· 재미있는 전래놀이
· 아름다운 문화
· 신기한 전통과학</td><td>· 전통과학과 역사</td></tr>
<tr><td rowspan="2">봄 (4/1 ~4주)</td><td rowspan="2">· 봄 날씨와 생활
· 봄의 동식물
· 봄의 꽃
· 씨앗과 새싹</td><td rowspan="2">· 계절의 변화
· 식물의 생장과 환경
· 식물의 구조</td><td>가을 (10/1 ~3주)</td><td>· 나무와 나뭇잎
· 열매와 수확</td><td>· 계절의 변화
· 식물의 생식</td></tr>
<tr><td>교통기관과 안전 (10/4주 ~11/1주)</td><td>· 궁금한 교통기관
· 다양한 교통기관
· 교통 안전수칙</td><td>· 기계와 동력</td></tr>
<tr><td>가족 (5/1 ~4주)</td><td>· 감사의 어버이날
· 소중한 우리 가족
· 가족의 형태
· 가족의 역할</td><td>· 생식과 유전</td><td>세계 여러나라 (11/2 ~3주)</td><td>· 5대양 6대주
· 세계의 친구들
· 세계여행을 떠나요</td><td>· 지구와 세계
· 세계의 대륙</td></tr>
<tr><td>건강한 생활 (6/1 ~5주)</td><td>· 건강한 음식
· 건강한 생활
· 질병을 예방해요
· 아플 땐 이렇게</td><td>· 영양소
· 감염과 질병
· 청결과 위생</td><td>겨울 (11/4주 ~12/2주)</td><td>· 팔도김치 열전
· 김장을 담그려면
· 건강한 김치</td><td>· 계절의 변화
· 발효와 저장</td></tr>
<tr><td>지구와 환경 (7/1 ~3주)</td><td>· 지구와 에너지
· 지구를 지켜요
· 아나바다 운동</td><td>· 에너지
· 환경파괴와 보존</td><td>생활도구 (1/4주 ~2/3주)</td><td>· 고마운 생활도구
· 생활도구와 과학
· 생활도구와 발명</td><td>· 도구와 발명</td></tr>
</table>

2) 주간교육계획

주간교육계획은 연 · 월간 교육계획을 기초로 유아들의 관심 생활주제와 관련해 전개될 수 있는 활동들을 비교적 구체적으로 제시한 것이다. 작성형식은 획일적이지 않으나 그 주에 다루어질 주제를 중심으로 편성되며 활동영역 및 내용이 전반적으로 소개되도록 작성한다.

〈표 8-3〉은 이에 대한 구체적인 예로 앞서 제시한 생활주제 '봄'과 관련하여 누리과정의 자연탐구영역의 '자연과 더불어 살기[1]'내용을 풍부하게 경험할 수 있는 '봄의 꽃'을 주제로 한 주간교육계획안이다.

| 표 8-3 | 주간교육계획안의 예

<table>
<tr><th colspan="2">생활주제</th><td>봄</td><th>주제</th><td>봄의 꽃</td></tr>
<tr><th colspan="2">주요 내용</th><td>봄꽃을 만나요</td><th>기간</th><td>4. 6. ~ 4. 10. 〈1주간〉</td></tr>
<tr><th colspan="2">목표</th><td colspan="3">• 계절의 변화와 주변 식물에 관심 가진다.
• 다양한 놀이를 통해 꽃의 특징을 알아본다.
• 봄꽃의 아름다움을 느끼고 소중히 여기는 자세를 기른다.</td></tr>
<tr><th colspan="2">교사의 주제 전개 예상</th><td colspan="3">유치원 마당 산책 중 봄꽃 발견 ➡ 봄꽃으로 놀이하기 ➡ 봄꽃 심기 ➡ 봄꽃 관찰 기록하기</td></tr>
<tr><th colspan="5">영역별 활동 예상</th></tr>
<tr><td rowspan="6">대·소집단</td><td>이야기 나누기</td><td colspan="3">내가 만난 봄의 꽃, 봄꽃이 궁금해요, 봄꽃의 겨울나기</td></tr>
<tr><td>동화동시</td><td colspan="3">〈봄 여름 가을 겨울, 꽃이 핀다〉(동화), 〈봄꽃〉(동시)</td></tr>
<tr><td>음률</td><td colspan="3">꽃을 심어요(새노래), 씨앗(악기연주)</td></tr>
<tr><td>미술</td><td colspan="3">꽃으로 물들어요, 꽃잎 만다라</td></tr>
<tr><td>신체게임</td><td colspan="3">꽃이 피어요(신체표현), 봄꽃 옮기기(게임)</td></tr>
<tr><td>실외활동</td><td colspan="3">유치원 마당을 산책해요, 봄꽃으로 놀이해요, 봄꽃을 심어요</td></tr>
</table>

1) 2019 개정 누리과정의 자연탐구영역 중 '자연과 더불어 살기'의 내용은 '주변의 동식물에 관심을 가진다', '생명과 자연환경을 소중히 여긴다', '날씨와 계절의 변화를 생활과 관련 짓는다'이다.

영역별 활동 예상				
자유놀이	쌓기	레고블록 화분 만들기	역할	향기 가득 꽃가게
	언어	봄꽃 도감 만들기	수·조작	꽃씨–봄꽃 매칭놀이
	과학	꽃잎 관찰하기, 구근식물 기르기	조형	마블링으로 꾸미는 봄꽃
가정연계		우리 가족이 좋아하는 봄의 꽃 알아보기	지역사회 연계	4/7(화) 화훼농원 방문

사전계획 후 교육을 실행할 때에 교사는 실제 이루어진 놀이과정과 교사의 지원과정을 〈표 8-4〉와 같이 기록함으로써 유아 놀이의 흐름을 이해하고, 효과적으로 지원할 수 있다.

| 표 8-4 | 놀이 과정 및 교사지원 기록의 예

생활주제	봄	주제	봄의 꽃
주요 내용	봄꽃을 만나요	기간	4. 6.~4. 10. 〈1주간〉
예상 목표	• 계절의 변화와 주변 식물에 관심 가진다. • 다양한 놀이를 통해 꽃의 특징을 알아본다. • 봄꽃의 아름다움을 느끼고 소중히 여기는 자세를 기른다.		
요일	놀이과정 기록		교사지원
4/6 (월)	• 유치원 마당 산책 중 화단의 봄꽃을 발견함 • 떨어진 꽃잎을 이용해 놀이함  • 내가 만난 봄의 꽃을 소개함 • 봄꽃에 대해 궁금한 점을 이야기함 • 더 많은 종류의 봄꽃을 보고 싶어함		• 친구들과 함께한 봄꽃놀이를 사진과 함께 소개함 • 봄이 되면 왜 꽃이 많이 피는지 질문함

요일	놀이과정 기록	교사지원
4/7 (화)	• 화훼농원을 방문함 – 여러 종류의 봄꽃을 둘러봄 – 농원에 계신 분께 봄꽃에 대해 궁금한 점을 여쭤봄 〈알게 된 점〉 1. 식물은 봄에만 꽃을 피우는 것은 아니다. 2. 식물은 종류에 따라 다양한 모습으로 겨울을 지낸다. – 한해살이 풀: 씨앗의 모습으로 겨울을 지냄 예 다닥냉이, 팬지 등 – 두해살이 풀: 싹이 튼 어린식물이 땅에 납작하게 붙어 겨울을 지냄 예 민들레, 양지꽃 등 – 여러해살이 풀: 땅속에 뿌리 혹은 뿌리 줄기가 살아 있어 이듬해 봄에 싹을 틔움 예 마가렛, 무스카리, 수선화, 튤립, 패랭이꽃 등 3. 기르고 싶은 봄꽃의 생장 조건을 알고 그 환경을 맞추면 겨울에도 꽃을 피울 수 있다. • 봄꽃을 사서 돌아옴	• 봄꽃에 대한 유아들의 궁금증을 기록하여 질문함 • 농원에 다녀온 후, 식물의 생장과 꽃모종 심는 방법에 대해 알아볼 수 있는 자료를 제공함
4/8 (수)	• 새노래 '꽃을 심어요'를 함께 부름 • 꽃 심는 방법을 이야기 나눔 • 유아와 함께 사 온 봄꽃 모종을 화단에 심음  • 몇 명의 유아들이 나무에 피어난 봄꽃(목련, 철쭉, 개나리, 산수유 등)이 겨울을 지내는 방법을 궁금해함 *"근데 나무에 있는 꽃들은 추운 겨울을 어떻게 지낸 거지?"* *"나뭇가지에서 피니까 그 속에 숨긴 게 아닐까?"* 〈알게 된 점〉 1. 나무의 경우, 줄기가 살아 있는 채로 겨울을 보내며 겨울눈의 형태로 겨울을 남 2. 겨울눈은 잎의 정보를 압축한 '잎눈'과 꽃의 정보를 압축한 '꽃눈'이 있음 3. 꽃눈의 모습으로 지낸 봄꽃들은 봄이 되어 따뜻해진 온도를 감지해 피어남 예 개나리, 목련, 철쭉, 벚꽃 등	• 화원에서 사 온 꽃이 성장하기에 좋은 환경(일조량, 온도, 물 주는 시기 등)에 대해 알아볼 수 있도록 자료를 제공함 • 도감과 자연동화 외에 가드닝 잡지, 수목원 팸플릿, 인터넷 검색을 통해서도 자료를 수집할 수 있도록 도움 • 봄에 피는 꽃들은 겨울을 어떻게 지냈을지 질문함

요일	놀이과정 기록	교사지원
4/9 (목)	• 봄꽃놀이 중 목련 꽃잎이 갈색으로 변한 것을 발견함   *"하얀색 목련꽃잎이 갈색이 됐네?"* • 목련 꽃잎으로 놀이하며 꽃잎을 누르면 색이 변한다는 것을 발견함 *"손톱으로 목련꽃을 누르니까 색이 변했어!"* *"그러네, 내 발밑에 있던 목련잎도 갈색 자국이 생겼어!"* *"내 꽃팔찌로도 눌러 보자!"* • 꽃잎을 누르며 색이 달라지는 모습을 관찰하던 유아들이 꽃잎에서 나온 즙에 흥미를 가짐 *"꽃을 누르면, 색이 변하면서 밑으로 조금씩 물이 나와"* *"꽃잎 속에 물이 있나 봐."* *"꽃잎이 물을 먹으니까, 그걸 머금고 있나 봐."* • 꽃잎을 빻아 봄  *"선생님 꽃잎을 빻으니까 물이 나와요."* *"이것 봐, 꽃에서 나온 즙 때문에 절구가 물들었어."* • 꽃잎의 즙으로 그림을 그리고 싶어 함 *"이걸로 천을 물들이면 좋을 것 같아!"* *"근데, 마르지 않은 꽃잎으로만 해야 돼. 마른 꽃잎은 부서져 버려."*	• 봄꽃놀이를 하며 새롭게 발견한 것을 친구들과 공유함 • 꽃잎의 색이 변하는 이유가 물이 빠져나와서 그렇다는 유아들의 추측에 따라 이를 확인할 수 있는 재료와 도구를 제공함 • 마른 꽃잎은 왜 물이 나오지 않는지 질문함

요일	놀이과정 기록	교사지원
4/10 (금)	• 꽃잎을 빻아 천을 물들여 봄 *"어? 꽃잎이랑 다른 색깔이 묻어나네?"* *"녹즙같아. 빨간 꽃잎인데 왜 이런 색이 나지?"* *"이상하네, 천 말고 다른 데 해 볼까?"* • 꽃잎에서 나온 즙으로 그림을 그려 봤지만 예상한 것과 다른 색이 묻어나자 유아들은 천이 아닌 돌멩이 등에 꽃잎을 빻아 묻어나는 색을 살펴봄  • 꽃잎 색 그대로 그림을 꾸밀 수 있는 방법을 궁금해함	• 유아들이 필요로 하는 도구와 재료들을 중심으로 지원함 • 꽃잎을 이용한 다양한 예술작품을 감상할 수 있도록 게시함
놀이 돌아보기	우연히 떨어진 꽃잎을 주워 놀이한 몇몇 친구들의 이야기를 소개한 이후, 화단에 꽃을 심고 돌보는 것에 관심을 갖던 유아들이 점차 꽃잎을 이용해 다양한 놀이를 만드는 것에 적극적으로 참여하게 됨을 알 수 있었다. 특히, 유아들은 꽃잎을 이용한 다양한 놀이 중 꽃잎 빻기나 물들이기 등의 물리적 변화와 관련된 놀이에 큰 흥미를 보이므로 이를 고려한 다양한 관찰, 실험방법에 대해 이야기를 나눠야겠다.	

놀이과정과 지원내용의 기록은 유아의 놀이를 더 주의 깊게 바라보며 놀이 활성화를 위한 구체적 지원 방향을 모색하는 데 도움이 된다. 2019 개정 누리과정에서는 주제와 관련한 가정연계에 있어 사전에 계획된 주간교육계획안을 배부하기보다 주제가 마무리된 후 놀이의 과정과 지원내용을 공유할 것[2]을 안내하고 있다.

2) 주간교육계획에 관한 가정연계자료에는 주제선정의 계기와 놀이 전개과정, 지원내용, 다음 주제로 이어지는 과정 등을 안내하는 내용이 제시될 수 있다.

| 글 & 그림상자 8-3 | 소통하는 유아교육, 누리과정 포털!

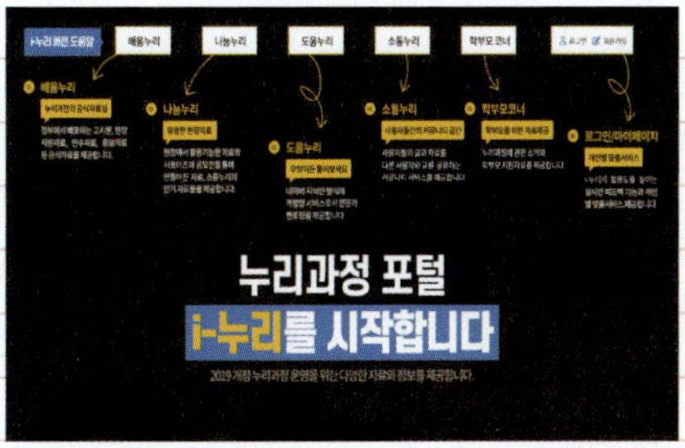

출처: 누리과정포털(https://www.i-nuri.go.kr/)

출처: 육아정책연구소(https://seoul.childcare.go.k)

교육부에서는 2019 개정 누리과정에 대한 국민의 이해를 도모하고 유치원과 어린이집 현장에서 원활히 활용될 수 있도록 누리과정포털 'i-누리(https://www.i-nuri.go.kr/)'를 운영하고 있다. 이를 통해 유아교사들은 누리과정 공식자료 외 유용한 현장자료를 볼 수 있으며 놀이실천사례 등 다양한 현장경험을 공유할 수 있다.

Q&A 교육과정 운영에 있어 교사들의 실천사례 공유는 어떠한 의미를 가질까?

3) 단위활동계획

단위활동계획안은 주간교육계획안에 기초하여 작성된 일일교육계획안의 여러 활동들을 하나씩 따로 분리하여 교육계획안을 작성하는 것이다.

이에 대한 구체적인 예를 살펴보면, 자연탐구영역의 목표 중 '생명과 자연을 존중한다'의 관점에서 이루어진 '봄꽃을 심어요'활동을 들 수 있다.

이는 앞서 제시된 주간교육계획에서 제시된 활동 중 실외활동에 해당되는 것으로 직접 봄꽃을 심는 과정에서 봄꽃의 특징을 살펴보고, 성장과정에 대한 관심을 지속할 수 있도록 한다는 점에서 과학교육의 의의를 가진 활동이다. 또한 이를 통해 유아는 생명의 소중함을 느끼고, 보호하는 자세를 기를 수 있다.

| 표 8-5 | 단위활동계획안의 예

<table>
<tr><th>생활주제</th><td>봄</td><th>주제</th><td>봄의 꽃</td><th>주요 내용</th><td>봄꽃을 만나요</td></tr>
<tr><th>활동명</th><td colspan="3">봄꽃을 심어요</td><th>활동일자</th><td>4/7(화)</td></tr>
<tr><th>활동목표</th><td colspan="5">• 봄꽃의 특징과 성장에 관심 가진다.
• 도구를 이용해 봄꽃 모종을 심을 수 있다.
• 생명의 소중함을 느끼고, 보호하는 자세를 기른다.</td></tr>
<tr><th>누리과정 관련내용</th><td colspan="5">• 의사소통영역: 듣기와 말하기, 읽기와 쓰기에 관심 가지기
• 예술경험영역: 아름다움 찾아보기
• 자연탐구영역: 탐구과정 즐기기, 생활 속에서 탐구하기, 자연과 더불어 살기</td></tr>
<tr><th>활동자료</th><td colspan="5">다양한 봄꽃 모종, 모종삽, 비료, 물 뿌리개, 팻말, 네임펜</td></tr>
<tr><th rowspan="2">활동절차</th><th colspan="5">활동내용</th></tr>
<tr><th colspan="3">사전계획</th><th colspan="2">실제활동</th></tr>
<tr><th>도입
(5분)</th><td colspan="3">1. 동요 '꽃을 심어요'를 부른다.
2. 꽃을 심어 본 경험을 이야기 나눈다.
3. 꽃의 모종을 심는 방법을 소개한다.</td><td colspan="2" rowspan="3">실외에서 유아들과 함께 동요를 부르며 비료를 섞는 것으로 활동을 시작하였다.

활동의 마무리에서 다양한 봄꽃 모종들의 이름이나 특징에 대해 유아들이 직접 찾아볼 수 있도록 도감을 제공하였다.</td></tr>
<tr><th>전개
(20분)</th><td colspan="3">1. 심고 싶은 모종을 선택해 화단에 심는다.
2. 내가 심은 봄꽃에 물을 준다.
3. 꽃의 별명을 짓고, 팻말에 심은 날짜와 함께 적어 꽂는다.</td></tr>
<tr><th>마무리
(15분)</th><td colspan="3">1. 가장 기억에 남는 것을 이야기 나눈다.
2. 새롭게 알게 되거나 발견한 것을 소개한다.
3. 꽃을 잘 기르기 위한 방법과 궁금한 것을 알아보는 방법을 이야기 나눈다.</td></tr>
<tr><th>평가</th><td colspan="5">활동을 통해 다양한 봄꽃이 있음과 씨앗이 아닌 모종의 형태로 심을 수 있다는 것을 알게 되었다. 또한, 자신과 친구들이 심은 모종에 대해 직접 조사하여 소개하고자 하는 적극적인 탐구의 태도를 보이므로 다양한 자료들을 제공하도록 해야겠다.</td></tr>
<tr><th>사후
지원방안</th><td colspan="5">• 모종 외에 봄꽃 씨앗과 구근식물을 과학영역에 비치하고, 실내에서 기르며 성장과정을 관찰할 수 있도록 한다.
• 화단이 아닌 화분에 심어 가정에서 기르고 싶다는 의견이 많았으므로, 가정연계활동에 대한 교사협의가 필요할 것으로 보인다.</td></tr>
</table>

일반적으로 유아교육기관에서는 일일교육계획안에서 하루일과의 내용을 구체적으로 기술하기 때문에 단위활동계획안은 생략한다.

그러나 교육실습 및 연구수업, 장학수업 등의 공개수업에서는 단위활동계획안을 작성한다. 이때 교사는 활동명, 목표, 유형, 자료, 절차 등을 구체적으로 작성한다. 또한 활동 후에는 평가를 통해 유아의 흥미 변화, 활동의 전개 상황 등을 기술하고, 이를 고려해 대안적 절차 등을 준비, 실행할 수 있도록 한다.

2019 개정 누리과정은 유아의 놀이에 귀 기울이며 놀이의 의미와 배움을 발견하고, 교감하며 지원하는 것을 강조한다. 교사의 지원은 놀이를 확장하고 의미 있는 배움이 일어나도록 돕는 것으로 적절한 환경구성과 바람직한 상호작용을 포함한다(방현실, 2020; 정혜욱 · 김은영 외, 2019). 이때 교사와 유아 간의 상호작용은 협력과 상호이해를 기반으로 이루어진다(김인경 · 정선아 외, 2020; 중앙육아종합지원센터, 2019).

이와 같은 관점에서 주제망을 통한 교육과정 운영 및 과학교육의 계획은 유아의 관심과 흥미에서 발현된 주제를 체계적으로 조직할 수 있으면서도 융통성 있게 전개하고 지원해 나갈 수 있다는 점에서 적합한 방법이라 할 수 있다.

유아과학교육, 고마운 과학의 출발점!

"즐거운 물놀이를 할 수 있도록 도와주는 고마운 물건들"

즐거운 물놀이를 할 수 있도록 도와주는 고마운 물건들이 있어요. 그 물건들에는 어떤 과학원리들이 숨어 있을까요? 그리고 그 원리를 이용해 아이들은 어떻게 놀 수 있을까요? 예비교사의 생각이 궁금해요!

과학아 고마워!		과학아 놀자 ^^
과학의 원리는 무엇일까?	즐거운 물놀이를 도와주는 고마운 물건	아이들은 어떻게 놀까?
• 부력의 원리 • 중력의 원리 • 수직항력의 원리	 서핑보드	
• 부력의 원리 • 작용·반작용의 법칙	 오리발	
• 부력의 원리 • 용해 현상	 구명조끼	

즐거운 물놀이를 도와주는 고마운 물건! 그 속에 숨은 과학원리를 함께 알아봐요!

부력의 원리

물놀이를 할 때 손으로 잡고 있지 않아도 서핑보드, 오리발, 구명조끼가 물에 뜨는 것을 볼 수 있는데, 이는 부력과 관련이 있어요. 부력은 물이 물체를 떠받치는 힘을 말해요. 부력에 의해 물체가 뜨게 하려면 물체의 무게가 부력보다 가벼워야 하고, 물에 잠기는 부분의 부피가 클수록 더 잘 뜰 수 있어요.

중력, 수직항력의 원리

파도를 타며 즐기는 서핑을 할 때 사람들은 타원형의 널빤지인 서핑보드를 이용해요. 서퍼는 보드에 엎드려 수영을 하다가 위로 올라서서 파도를 타게 되는데, 이때 작용하는 힘은 중력과 파도에 의한 수직항력 등이 있어요. 서퍼는 중력에 의해 파도의 마루에서 골을 향해 미끄러져 내려오게 되고 파도와 맞닿은 보드의 수직 방향으로 파도가 떠받치는 힘, 즉 수직항력의 작용으로 마루보다 조금 내려온 빗면 부분에서 계속 미끄러지며 파도를 탈 수 있어요.

작용·반작용의 법칙

수영할 때 사람들은 팔을 움직이고 발장구를 치며 앞으로 나아가게 되는데, 이는 물체를 밀었을 때 물체도 똑같은 힘으로 밀어낸다는 작용·반작용의 법칙으로 설명할 수 있어요. 이때 사용하는 오리발(swim fins)은 본래의 발보다 큰 면적을 갖게 하여 발장구를 칠 때 더 큰 힘으로 밀 수 있게 함으로써 추진력을 높이는 역할을 해요.

용해 현상

수분감지 팽창 구명조끼는 물에 닿았을 때 용수철을 잡고 있던 보빈이 용해되면서 고정된 바늘이 가스 실린더에 구멍을 내고 구명조끼에 CO_2(이산화탄소)를 주입할 수 있도록 만들어져 있어요. '용해'는 가스, 액체, 혹은 고체가 용액 혹은 용매로 들어가 액체화되는 현상으로 흔히 '녹는다'라고 표현해요.

제3부에서 학습할 주요 내용과 태도

유아중심·놀이중심 누리과정은 유아들이 가진 내면의 힘과 놀이의 힘을 이해하고 교사의 지원을 통해 의미 있는 배움이 될 수 있도록 하는 것을 강조한다.

유아들은 유능한 존재로 스스로 탐색하고 탐험하며 자신의 궁금증을 해결해 나간다. 이러한 맥락에서 유아과학교육은 실생활에서의 과학적 지식과 기술을 직접 활용하여 문제해결력을 키워 나갈 수 있게 하는 것이 중요하다. 이는 배움의 과정에서 지식과 개념을 정해진 위계에 따라 습득하는 전달중심의 교육이 아닌 스스로 탐구해 나가는 경험중심의 교육이 무엇보다 중요함을 의미한다. 이에 다양한 접근을 통한 유아과학교육의 의의와 실제를 살펴봄으로써 유아들의 놀이에 담긴 배움을 다각도로 실천하는 방향을 찾아보고자 한다.

제3부
유아과학교육의 실제

*인생은 목표를 이루는 과정이 아니라 그 자체가 소중한 여행일지니
서투른 자녀교육보다 과정 자체를 소중하게 생각할 수 있는
훈육을 시키는 것이 더욱 중요하다.
–키르 케고르–*

창의적 접근을 통한 유아과학교육

호기심이 강한 발달적 특성을 지닌 유아가 잠재능력을 최대한 발휘하고, 일상생활에서 직면하게 되는 문제를 효과적으로 해결하도록 돕기 위해서는 창의적인 접근이 필요하다. 그리고 이러한 창의적 접근은 유아의 과학적 소양의 함양에도 긍정적인 영향을 미친다. 특히 놀이를 통한 창의적 접근은 유아로 하여금 즐거운 과학, 재미있는 과학, 고마운 과학의 세계로 몰입할 수 있도록 해 준다.

이 장에서는 유아과학교육을 위한 창의적 접근의 기초이해, 창의성 구성 요인, 창의적 사고기법 즉, 브레인스토밍, 색다른 용도법, 강제결합법, 스캠퍼, 결점열거법, 희망열거법을 살펴보고 유아교육현장에서 어떻게 유아과학교육에 활용해야 할지에 대해 탐구하도록 한다.

제9장

창의적 접근을 통한 유아과학교육

하나
창의적 접근법의 기초이해

둘
창의적 접근을 통한 유아과학교육의 실제

창의성에서 가장 중요한 것은 불확실에 대해 도전하는 것이다.
-빌 로퍼-

1. 창의적 접근법의 기초이해

21세기 교육의 패러다임은 사람이 중심이 되는 사회 즉, 감성을 지닌 창조지식인의 사회로 진화를 강조한다. 이러한 교육적 지향점의 변화에 따라 '창의력과 상상력 교육'이 상당한 중요성을 가지게 되었다(신재한 · 이병소 외, 2015).

과학지식을 습득한 것만으로는 미래에 일어날 일에 대처하기가 매우 어렵다. 따라서 현대사회의 급격한 변화에 대하여 문제를 해결할 수 있도록 창의적인 인재를 육성해야 한다. 또한, 제4차 산업혁명시대의 도래에 따라 앞으로 정보화 기술이 발전할수록 매우 단순한 직업을 제외하고 창조적인 일에 인간이 담당해야 하기 때문에 창의적인 과학교육이 필요하다.

| 글 & 그림상자 9-1 | 창의인성교육 온라인 플랫폼

출처: https://www.crezone.net

크레존은 대한민국의 다양한 창의체험 정보와 창의인성교육 전문자료를 모두 접할 수 있는 온라인 플랫폼이다. 창의인성교육넷 크레존은 2011년 정식 오픈한 후 창의적 체험활동과 프로그램 관련 정보를 지원하는 서비스를 운영하며 공신력 있는 정부기관으로부터 굿 콘텐츠 서비스 인증을 획득함으로써 신뢰받는 범국민 온라인 플랫폼으로 발전해 왔다.

Q&A

창의적인 유아과학교육을 위해 크레존의 활동에서 어떤 시사점을 받을 수 있을까?

1) 창의적 접근법의 배경과 개념

미래사회는 지식이 많은 사람보다는 지식을 잘 활용할 수 있는 사람을 필요로 한다. 또한 자연과 생명을 존중하며 다른 사람과 함께 살아가는 바른 인성을 갖추고 창조적 사고로 지속 가능한 사회를 만들어 갈 수 있는 역량을 갖춘 사람이 필요하다(교육부 · 보건복지부, 2019c; 김경숙, 2019). 또한 2019 개정 누리과정은 유아의 자율성과 창의성 신장을 추구하는 교육과정이다.

유아는 호기심을 가지고 주변 세계를 탐색하고 탐구하며 재미있는 상상을 해 나가고 자신만의 방식으로 놀이를 변형하고 창조하면서 창의성을 기른다.

교사는 이렇듯 타고난 유아의 특성을 자극해 주며, 잠재능력을 이끌어 내고, 과학적인 태도로 창의적인 문제해결을 할 수 있도록 해야 한다.

창의성의 정의는 다양하지만 고전적인 연구로 유명한 토렌스(Torrance, 1962)는 "창의성이란 새롭고 독특한 아이디어, 다른 관점, 문제를 새로운 시각으로 보는 것"이라고 하였으며, 길포드(Guilford, 1970)는 "창의성이란 새롭고 신기한 것을 낳는 힘"이라고 하였다. 이소희(2012)는 "창의성이란 새로운 생각과 방법으로 더 좋은 결과를 내는 힘"이라고 하였으며, 전경원(2004)은 "창의란 자신과 타인의 행복을 위하여 사회와 문화에서 가치를 부여할 수 있는 물건이나 아이디어를 만들어 내는 것뿐만 아니라, 문제를 해결하기 위해 새로운 의견을 생각해 내는 능력 또는 그것을 기초화하는 인격적 특성으로 창의력과 창의성을 포함한다"고 하였다.

창의력(creative ability)은 발산적 사고, 창의적 사고, 상상력을 포함한 일체의 창의적 과정과 산출물에 관한 것을 일컫는다. 주로 '인지적 접근'을 하고 있다. 창의성(creative personality)은 창의적인 과정과 산출물로 유도하는 창의자의 성격과 환경에 관한 것을 일컫는다. 주로 '사회 · 심리적 접근'을 하고 있다.

유아에게 있어서는 이런 정의가 어느 정도 재해석되어야 한다. 고전적인 연구로 유명한 베어(Baer, 1977)는 창의성에 대한 정의를 내리면서 창의적이려면 새로운 것만으로는 충분하지 않고, 반드시 적절해야 한다는 것을 강조하고 있지만, 유아의 경우에 있어서는 적절하거나 유용한 산출물을 만드는 것이 쉽지도 않고 그것의 적절성을 평가하기도 쉽지 않다. 그러므로 유아를 대상으로 창의성을 정의하려면, 유아 자신에게 새롭고 적절하면 창의적으로 봐야 할 것이다. 예를 들면 유아가 태어나서 처음으로 다른 것을 모방하지 않고 종이컵으로 색다르게 마스크를 만들었다고 했을 때 창의적이라고 할 수 있다(전경원·김경숙 외, 2020).

2) 유아과학교육에서 창의적 접근법의 의의와 구성요소

유아과학교육에 있어서의 창의적 접근은 큰 의미를 가진다. 유아기는 창의적인 사고의 원동력이 되는 상상력이 매우 뛰어난 시기이며, 오감을 통해 다양한 정보를 받아들이는 매우 민감한 시기이다. 또한 많은 경험과 환경과의 상호작용으로 창의성을 형성할 수 있는 중요한 시기이다(김경숙, 2013).

오늘날 우리는 과학기술의 발달에 힘입어 시공간을 초월한 초고속 정보화사회에서 편리한 생활을 하고 있다. 이러한 시대에서 앞으로 더욱 행복한 생활을 하기 위해서는 유아기부터 매일의 생활에서 새롭게 사물과 자연을 바라보는 능력을 키울 수 있도록 교육할 필요가 있다.

과학영역에서 유아를 대상으로 한 창의적 접근이 효과적으로 이루어지기 위해서는 창의성의 구성요소인 개방성, 민감성, 상상력, 유창성, 융통성, 정교성, 독창성을 고려한 밀도 높은 교육이 이루어져야 한다(이소희, 2012). 특히, 과학과 밀접한 관련성을 지닌 누리과정의 자연탐구영역의 교육에서는 유아가 주변의 환경과 자연세계에 대해 지속적으로 호기심을 갖고, 궁금한 것을 탐구하는 과정에 즐겁게 참여함과 동시에 이 탐구과정에서 만나게 되는 서로 다른 생각에도 관심을 가질 수 있도록 도와야 한다.

창의성을 연구한 학자들은 창의성이 단일한 특성으로 구성되는 것이라기보다는 여러 가지 중요한 하위 요소들로 구성되어 있으며(Guilford, 1970; Torrance, 1962), 이러한 구성요소들은 크게 인지적 측면과 정의적인 측면으로 구분될 수 있다고 보았다(Guilford, 1967).

실제적으로 우리 일상생활에서 창의성은 비창의적 - 창의적으로 구분될 정도로 독특한 특성이지만, 앞서 언급한 바와 같이 창의성의 하위요소들인 개방성, 상상력, 유창성, 융통성, 정교성, 독창성 등은 서로 다소 대립되거나 중복되는 점이 있으며, 특히 과학영역에서는 이 모든 하위 요소가 적재적소에서 발현되어 시너지를 내어야 한다. 대표적인 교육동향으로 STEAM(김진수, 2007; Yakman, 2007)을 들 수 있다. 따라서 초기 발달단계인 유아를 대상으로 과학영역에서의 창의성을 함양하기 위해서는 과학적 지식은 물론 지혜가 필요하며, 적절한 발문은 매우 중요한 역할을 한다.[1)]

(1) 개방성

개방성은 열린 생각으로 더 좋게 변화시킬 수 있는 잠재된 힘을 말한다. 개방성이 지니는 교육적 의의는 창의성 계발에서 전제 조건이 된다는 점이다. 개방성이 지닌 특징은 새로운 경험 및 타인의 생각에 대한 수용하는 능력이 크다는 점이다.

1) 발문(發問, questioning)은 어떤 내용을 알고 있는 사람이 모르는 사람에게 질문을 하여 그에 대한 대답을 다양한 측면에서 생각해 보도록 함으로써 스스로 정답이나 깨달음을 얻게 하는 질문기법이다. 발문의 주요한 목적은 발문 받은 대상자로 하여금 능동적인 활동과 적극적인 사고를 유발하는 데 있다. 발문은 간단하고 명료하며, 개괄적이면서 사고를 자극할 수 있어야 하고, 뚜렷한 목적을 내포하고 있어야 한다. 이를 위한 발문은 학습자의 경험과 지식의 범위 내에서 이루어져야 하며, 개인별 특성을 최대로 고려하여야 한다(교육심리학용어사전, 2000).

자연탐구영역에서 창의적인 개방성을 키울 수 있는 발문의 예시이다.

상황

유아들이 교실에 비치된 큰 블록과 작은 블록을 이용해 놀고 있다.

– 어떻게 하면 더 재미있게 놀 수 있을까?
– 다 같이 만들 수 있는 건 뭐가 있을까?
– 교실 밖에서는 블록으로 어떻게 놀 수 있을까?

(2) 상상력

상상력은 새로운 욕구충족을 위해 새로운 세상을 그려 보는 힘을 말한다. 상상력이 지니는 교육적 의의는 창의성 계발에서 원동력이 된다. 상상력의 특징은 현재 상태에서 보고, 느끼고, 생각할 수 있는 것을 뛰어넘는 데 있다. 이러한 상상력을 발달시켜서 창조성을 극대화하려면 '뚱단지 같은 생각'도 어떤 제한을 받지 않고 '상상의 나래를 펼 수 있도록' 자유롭게 표현할 수 있어야 한다. 물론 이렇게 하기 위해서는 유아가 다양한 상황에서 다양한 경험이 축적되어야 한다. 백번 듣는 것이 한 번 보는 것보다 못하다는 뜻인 고사성어 '백문불여일견(百聞不如一見)'이 지닌 의미는 경험의 중요성을 단적으로 말해 준다. 특히 사람의 가장 기본적인 심리학적 경험 중 하나가 상상력인데, 그 상상력은 유아기에 나타나고 형성됨을 볼 때(전경원·김경숙 외, 2020) 상상력의 힘은 그야말로 상상을 초월한다고 할 수 있다.

자연탐구영역에서 창의적인 상상력을 키울 수 있는 발문의 예시이다.

상황

블록길을 이어가던 은혜는 자동차를 발견하고는 "윙" 하며 하늘을 나는 흉내를 낸다. 그러자 옆에 있는 동수가 자동차는 하늘을 날지 못한다고 말했다.

– 자동차를 하늘에서 날게 하려면 어떻게 해야 할까?
– 자동차가 하늘을 난다면 어떤 일이 벌어질까?
– 자동차 말고도 하늘을 날았으면 하는 것은 또 무엇이 있니?

(3) 민감성

민감성은 주의 깊은 관찰과 경험으로 새로운 아이디어를 찾는 힘을 말한다. 민감성이 지니는 교육적 의의는 창의성 계발에서 출발점이 된다. 민감성의 특징은 일상생활에서 접할 수 있는 갖가지 도구나 현상에 대해 세심한 관심을 가지고, 주도면밀하게 살펴보는 데 있으며, 이를 통해 새로운 아이디어를 생각해 낼 수 있다는 점이다.

유아들은 종종 무엇인가를 볼 때, 코를 틀어박기도 하고, 코를 벌렁거리며 흠흠거리기도 하고, 두 눈을 동그랗게 뜨고 보기도 한다. 더 자세히, 더 제대로, 더 똑똑히 보기 위해서이다. 이렇듯 유아과학교육에서 민감성은 아무리 강조해도 지나치지 않다.

주지하다시피 유아의 생각은 자연스러운 놀이를 통해서 발현하므로 유아중심 · 놀이중심 누리과정에 따른 교육은 더욱더 의미가 크다. 따라서 교사들은 더욱 민감성을 높여서 자신과 유아들을 살펴보아야 한다는 것을 절감할 수 있다.

자연탐구영역에서 창의적인 민감성을 키울 수 있는 발문의 예시이다.

상황

유아들이 실외에서 진흙을 만지면서 흙의 변화와 느낌을 이야기하며 놀고 있다.

- 진흙을 만지니까 어떤 느낌이니? 무엇처럼 느껴지니?
- 마른 흙과 어떤 점이 다르니? 마른 흙을 만졌을 때와 어떻게 다르니?
- 진흙에서도 냄새가 나니? 어떤 냄새 같니?
- 흙이 더 잘 뭉쳐지게 하려면 무엇이 더 필요할까?

(4) 유창성

유창성은 제한된 상황에서 많은 양의 아이디어를 산출해 내는 힘을 말한다. 유창성이 지니는 교육적 의의는 창의성 계발에서 촉매작용을 한다. 유창성의 특징으로는 반응의 질보다는 양에 더 초점을 맞춘다는 점이다. 많을수록 더 좋다는 뜻인 '다다익선(多多益善)'과 맥락을 같이 한다. 더욱 좋은 것은 섬비단 위에 꽃을 보탠다는 뜻인 '금상첨화(錦上添花)'처럼 양도 많을 뿐만 아니라, 그 질도 좋을 수 있도록 교육될 필요가 크다. 이렇게 되려면 인간발달의 초기 단계인 유아기부터 자연스러운 분위기에서 생활할 수 있도록 도와주어야 한다.

자연탐구영역에서 창의적인 유창성을 키울 수 있는 발문의 예시이다.

상황

놀이터에서 시소를 타던 도윤이는 개미를 발견한다. 나무, 풀, 흙 사이를 부지런히 오고 가는 개미를 발견하고 살펴보고 있다.

- 개미가 왜 부지런히 왔다 갔다 할까?
- 개미 하면 생각나는 것은 무엇이니?
- 개미보다 더 크기가 작은 곤충들은 무엇일까? 도윤이 나이만큼 말해 볼 수 있을까?
- 개미처럼 땅에서 다니는 것들은 어떤 것들이 있을까?
- 개미는 무엇을 먹고 살까?

(5) 융통성

융통성은 열린 생각으로 생각을 키우고 문제해결의 가능성을 높이는 힘을 말한다. 융통성이 지니는 교육적 의의는 창의성 계발에서 확산성을 높여 준다. 융통성의 특징은 어떤 문제를 해결하거나 아이디어를 내는 데 한 가지 방법에 집착하지 않고, 여러 가지 방법으로 접근하여 반응한다는 점이다.

일반 성인의 사회에서도 "융통성 없이 꽉 막혔다"는 말을 듣는 안타까운 사람들이 꽤 있다. 때로 사람은 융통성을 발휘해야 하며, 이러한 융통성은 개방적인 환경에서 함양될 수 있다.

만약 유아기부터 꽉 막히게 된다면? 성인이 되어서는 어떻게 될까? 상상만 해도 답답하기 그지 없는 노릇이다. 따라서 유아기에는 '좌충우돌', '천방지축'이라는 표현이 허용될 수 있을 정도로 열린 환경에서 교육되어야 한다. 그러려면 유아의 생각을 존중해 주어야 한다. 더구나 과학교육에서는 한 생각이나 행동에 머무르지 않고 다양하게 접근해야 새로운 발견과 발명이 이루어질 수 있다.

자연탐구영역에서 창의적인 융통성을 키울 수 있는 발문의 예시이다.

상황

유아들이 갈색 색종이 뒷면에 갈색 색연필로 색칠한 후 종이를 찢어 빈 페트병에 넣고 "이건 간장이야"라고 말한다.

- 페트병으로 만든 간장 외에 또 우리는 무엇을 만들 수 있을까?
- 페트병을 다른 용도로 사용한다면 어떻게 사용할 수 있을까?
- 페트병으로 만든 것에 새로운 이름을 지어 볼까?

(6) 정교성

정교성은 새로운 생각과 방법을 구체화해서 완성도를 높이는 힘을 말한다. 정교성이 지니는 교육적 의의는 두 가지로 대별할 수 있다. 하나는 처음부터 정교하게 되도록 접근하는 관점에서의 의의와 다른 하나는 어떤 과정을 끝내고 제대로 마무리를 하기 위해 다듬는 관점에서의 의의이다. 이렇게 볼 때, 정교성의 특징은 완성도를 높인다는 점이다.

자연탐구영역에서 창의적인 정교성을 키울 수 있는 발문의 예시이다.

상황

교실 문 안쪽 고리에 친구들과 선생님의 마스크가 걸려 있는 것을 본 정근이가 자유놀이시간에 그리기 시작했다.

- 고리에 걸어둔 마스크들이구나~ 왜 하나씩 따로 걸어 보관하는 걸까?
- 다양한 마스크들이 있네~ 왜 어떤 마스크는 주름이 있고, 어떤 마스크는 주름이 없는 걸까?
- 마스크 코 부분에 철사는 어떻게 표현할 수 있을까?

(7) 독창성

독창성은 고유한 생각과 방법으로 가치 있는 성과를 만들어 내는 힘을 말한다. 독창성이 지니는 교육적 의의는 창의성 계발에서의 궁극적 목표가 된다. 구체적으로 풀어 보면, 한자어로서 독창성(獨創性)의 '창'과 창의성(創意性)의 '창'

은 동일한 의미로 '새로움'에 방점이 찍혀 있다. 나아가 이러한 맥락에서도 독창성의 '독'은 '혼자서' 및 '스스로'의 의미가 강조되어 있다. 즉 유연한 사고에서 진전하여 자신만의 독특한 아이디어를 산출하는 능력이라는 특징이 있다.

자연탐구영역에서 창의적인 정교성을 키울 수 있는 발문의 예시이다.

상황

유아들이 휴지심을 이용해 놀이하고 있다.

- 휴지심으로 어떤 게임을 할 수 있을까? 새로운 게임을 만들어 보자.
- 어떻게 하면 휴지심으로 성을 만들 때 무너지지 않게 만들 수 있을까?
- 이 세상에 하나밖에 없는 휴지심을 만든다면 어떻게 디자인 할 수 있을까?

2. 창의적 접근을 통한 유아과학교육의 실제[2)]

창의성을 촉진, 발현, 신장시키는 것을 목적으로 하는 창의성교육 방법 중 '창의적 사고기법'은 새로운 아이디어를 생산하고 조합하는 데 도움을 주는 훈련도구로 유용하게 활용되고 있다(이소희 2012; 전경원·김경숙 외, 2020). 과학활동에서 창의적 사고기법을 활용하여 적용한다면 유아가 창의적 사고를 하고 과학적인 문제해결 능력을 기르는 데 유용하게 도움을 준다.

널리 알려진 창의성 사고기법은 브레인스토밍, 색다른 용도법, 강제결합법, 스캠퍼, 결점열거법, 희망열거법이 있다.

2) '창의적 접근을 통한 유아과학교육의 실제'에 제시된 내용은 풀꽃향기 유치원에서 실행한 것으로 집필진이 직접 촬영한 것을 활용하였다.

| 글 & 그림상자 9-2 | 창의성

창의성은 모사(모방), 변형, 융합을 포함한다.

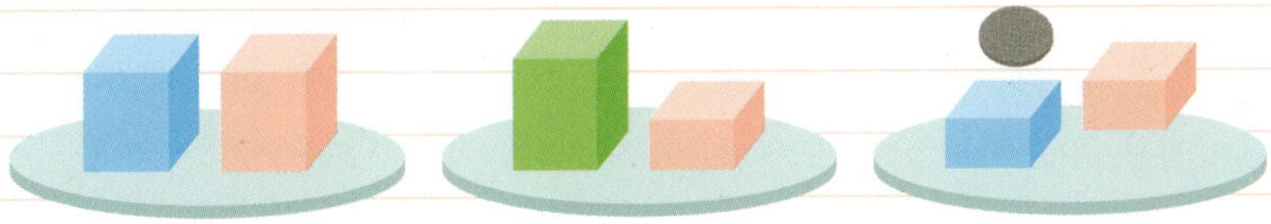

Q&A

창의성의 또 다른 표현 방법으로 무엇을 들 수 있을까?(예: 혁신)

1) 브레인스토밍

뇌에 대한 관심은 어제 오늘 일이 아니다. 그것은 뇌를 어떻게 사용하는가 하는 것이 개인과 사회의 미래를 결정한다고 해도 과언이 아니기 때문이다.

오스본(Osborn, 1953)이 개발한 브레인스토밍(brainstorming)은 '두뇌'라는 뜻의 브레인(brain)과 '폭풍'이라는 뜻의 스토밍(storming)이 결합된 단어로 '두뇌폭풍'을 의미한다. 특정한 문제나 주제에 대해 두뇌에서 마치 폭풍이 몰아치듯이 생각나는 아이디어를 모두 내놓는 기술이다. 이는 집단 발상방법으로 문제 해결의 단계 중 빠른 시간에 많은 아이디어를 낸다는 것에 역점을 둔 아이디어 발상법이다.

브레인스토밍을 하기 위해서는 엄수해야 하는 네 가지의 규칙이 있다. 즉 아이디어는 많을수록 좋으며, 아무리 우스꽝스러운 아이디어라도 수용되어야 하며, 창출된 아이디어를 비난하거나 평가해서는 안 되며, 이미 제안된 아이디어로부터 다른 아이디어를 이끌어 낼 수 있도록 하는 것이다.

(1) 브레인스토밍의 진행

브레인스토밍의 진행은 다음의 순서를 따를 수 있다. 유아에게 적용 가능한 일반적인 방법을 기술하나, 대상 연령이나 그룹의 특성에 따라 교사가 융통성 있게 진행하는 것이 무엇보다 필요하다. 여러 가지 도구를 사용할 수 있으며, 유아에게는 매우 유용하다.

- 주제를 이야기한다 – 탐구과정 즐기기
- 리더는 아이디어를 발언하는 순서를 정한다. 특정 참여자만 발언하는 것이 아니라 누구나 발언할 수 있도록 순서를 정하도록 한다.
  예 리더의 오른쪽에서부터 시작하여 돌아가면서 이야기하기
- 아이디어를 표현한다 – 생활 속에서 탐구하기
  소그룹을 지어 진행하는 경우 유아들이 아직 글쓰기에 익숙하지 않으므로, 대부분의 경우에는 각자 먼저 그림으로 표현하거나 글로 표현하여 순서를 정하여 돌아가면서 아이디어를 산출하는 형태가 된다.
  예 유아들은 각자 포스트잇에 자신의 생각을 기록하여 순서에 맞춰 아이디어가 적힌 포스트잇을 한 번에 한 개씩 꺼내면서 이야기한다. 이때 포스트잇 종이마다 각각의 아이디어를 기록하여 이용할 수 있도록 한다.
- 진행 과정에서 브레인스토밍의 네 가지 규칙을 어기는 경우가 생길 때 리더는 종, 호루라기, 깃발 등을 이용하여 주의 또는 경고의 메시지를 줄 수 있다.

구체적인 예로 질병예방과 바이러스 확산 등에 대한 안전교육 후 유아들이 관련 물품을 조사, 탐구하는 과정에서 실행한 브레인스토밍 활동을 살펴볼 수 있다. '마스크'에 대한 생각을 브레인스토밍한 후, 교사는 유아들과 마스크의 재료와 원리에 대해 이야기를 나누었고 이를 고려해 '마스크 대체품 만들기' 활동을 연계하여 실행하였다.

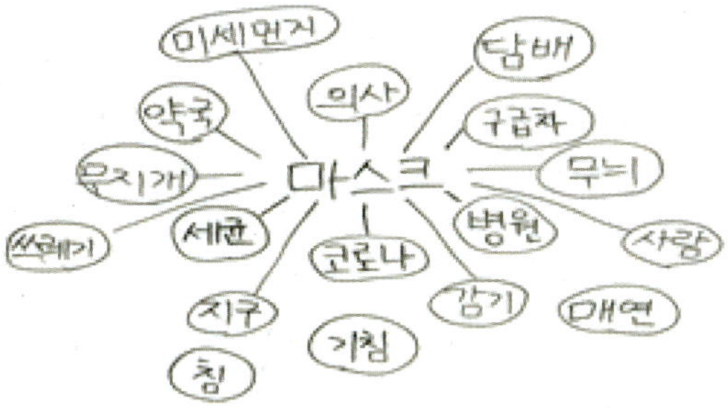

〈'마스크' 브레인스토밍의 예〉

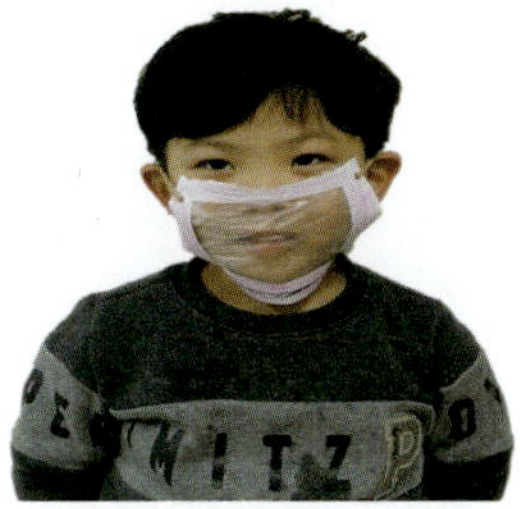

〈'마스크 대체품' 만들기〉

| 그림 9-1 | **'마스크' 관련 브레인스토밍과 활동**

(2) 브레인스토밍의 교육효과

브레인스토밍은 모든 창의성 기법에 적용하며, 창의성 교육에 있어서 기본이 된다고 할 정도로 효과가 큰 창의성 기법이다. 특히 창의성의 구성 요소 중에서도 유창성과 융통성을 증진 시키며 개인과 집단에서 모두 활용이 가능한 장점이 있다.

2) 색다른 용도법

창의성의 기본 바탕은 '새로움'에 있다. 색다른 용도법은 원래 용도 외에 다른 용도로 사용할 수 있는 방법을 찾아보는 기법이다. 다시 말하면 전형적인 또는 일반적인 용도에서 다른 용도로 전환시키는 아이디어를 도출해 봄으로써, 유연한 사고능력을 함양할 수 있도록 돕는다. 따라서 색다른 용도법은 과학교육을 위한 창의적인 접근에서 매우 유용한 방법이며, 유아기에서 실시할수록 더욱 효과적이다. 왜냐하면 색다른 용도법의 활용은 수수께기처럼 재미있기 때문이다. 이러한 접근을 통해 우리 사회에서 널리 알려져 있고, 적용에 대한 관심이 높은 '실용신안특허'의 획득이 비교적 용이한 것이다.

(1) 색다른 용도법의 규칙

색다른 용도법을 처음 적용할 때에는 일상생활에서 흔히 볼 수 있는 익숙하고 간단한 것에서 시작하여, 복잡하고 생소한 것으로 확장해 나아갈 수 있도록 계획하도록 한다.

(2) 색다른 용도법의 진행

- 동기유발 및 워밍업을 진행한다 – 탐구과정 즐기기

  유아가 흥미를 갖도록 유도하기 위하여 재미있는 상황을 설정해 주는 것이 좋다.

  예 제2의 인물이나 인형을 등장시켜 소개하거나, 우리가 살지 않은 미지의 세계나 장소에서 이 사물을 보게 되는 가상적 상황으로 가정하여 워밍업할 수 있다.

- 사물을 제시한다 – 생활 속에서 탐구하기

  유아를 대상으로 한 색다른 용도법의 주제는 우리 주위에서 볼 수 있는 다양한 물건들을 손쉽게 생각해 볼 수 있다.

  예 종이컵, 휴지 속심, 우유갑, 고무줄, 클립, 신문지, 넥타이 등이다. 물론 유아는 호기심이 강하므로 친숙한 것은 물론, 낯선 물건을 사용해서도 얼마든지 다양하게 접근할 수 있다.

  이러한 색다른 용도법을 적용할 주제는 교사에 의해, 또는 유아에 의해서도 제안될 수 있으며 교사와 유아가 함께 의논하여 찾을 수 있다.

- 아이디어를 떠올린다 – 탐구과정 즐기기

  이미 살펴본 브레인스토밍의 네 가지 규칙에 바탕을 두고 다양한 아이디어를 산출해 보도록 한다. 색다른 용도를 표현하는 데 있어, 다른 사람이 생각하지 않은 독특한 아이디어를 산출할 수 있도록 무엇보다 수용적인 분위기를 형성하도록 한다.

- 아이디어를 실행해 본다 – 탐구과정 즐기기
  처음에는 유창성을 발휘하여 많은 것을 연상하는 것이 필요하지만, 익숙해졌다면 참신한 아이디어가 나올 수 있도록 계속 격려하는 것이 필요하다.
- 아이디어를 직접 실행한 느낌을 서로 나눈다.

구체적인 예로 '종이컵'으로 만들기를 하던 중, 원래와는 다른 용도로 사용할 수 있음을 발견한 유아들과 함께 자유롭게 재료를 탐색한 후 실행한 색다른 용도법 활동을 살펴볼 수 있다.

| 그림 9-2 | 종이컵으로 만든 실 전화기

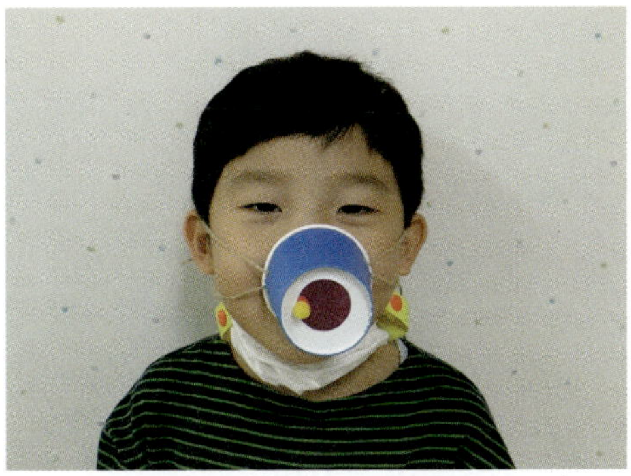

| 그림 9-3 | 종이컵으로 만든 마스크

(3) 색다른 용도법의 교육효과

'색다르다'는 것 자체가 창의성의 한가운데에 있으며, 특히 유창성과 독창성을 동시에 증진 시키는 효과가 크다. 따라서 일상생활 속에서 볼 수 있는 자료(예: 우유갑, 휴지심, 종이컵, 보자기, 신문지, 종이컵 등)부터 시작하는 것이 좋으며, 이를 위해서는 개방적인 환경의 조성과 긍정적인 지지가 필요하다.

3) 강제결합법

오늘날 학문영역에서 통합과 융합 및 통섭이 강조되고 있다. 이러한 접근은 기본적으로 둘 이상의 것을 결합하는 것이다.

강제결합법은 와이팅(Whiting)이 개발한 방법으로 억지로 아이디어 간의 관계를 맺어 보도록 하는 방법으로, 독창적인 아이디어를 산출하도록 돕는 연합적·결합적 사고활동이다. 특히 강제결합법은 유사한 아이디어들이 연속되거나, 더 이상 새로운 아이디어가 산출되지 않을 때 강제결합법을 유용하게 적용할 수 있으며, 참신한 아이디어나 독창적인 아이디어를 산출하는 데 촉진제 역할을 한다.

(1) 강제결합법의 진행

두 가지 접근을 할 수 있다.

① 문제의 진술을 하지 않은 경우

- 임의의 강제결합법 상자를 준비한다. 사물이나 카드를 담을 수 있는 큰 그릇이나 플라스틱 바구니 또는 상자면 가능하다. 여기에 사물의 이름을 적은 쪽지나 실물 또는 그림카드를 넣어 둔다.
- 두 개를 뽑아 읽고 그것을 함께 연결시켜 독창적으로 도출케 한다. 이러한 방법은 사고의 유연성을 격려한다.
- 강제결합법 상자에서 두 개 또는 그 이상의 카드 또는 실물을 꺼낸다.
- 두 카드 또는 실물을 서로 결합할 수 있는 아이디어를 낸다 – 탐구과정 즐기기
- 결합된 아이디어를 그림, 만들기 등으로 표현하고 특징을 설명해 본다 – 생활 속에서 탐구하기

구체적인 예로 계절의 특성과 날씨변화에 유용한 물건들에 대해 이야기를 나눈 후 실행한 강제결합법을 살펴볼 수 있다. 다양한 카드가 들어 있는 강제결합법 상자에서 선풍기와 우산 카드를 뽑은 유아는 우산에 선풍기를 탈부착하여 덥거나 땀이 나면 바람을 쐴 수 있는 '선풍기 우산' 아이디어를 제시하였다.

| 그림 9-4 | 강제결합법 상자

| 그림 9-5 | 선풍기+우산=선풍기 우산의 예

② 문제의 진술을 제시하는 경우

- 문제를 진술한다.
- 임의의 강제결합법 상자에서 카드나 실물을 뽑는다. 처음에는 한 개를 뽑는 것이 좋고, 방법에 익숙해졌다면 카드의 개수를 늘려서 뽑을 수 있다 – 탐구과정 즐기기
- 진술된 문제와 뽑은 카드 또는 실물을 연결하여 해결책을 생각해 본다 – 탐구과정 즐기기

구체적인 예로 유아들이 일상생활에서 친숙하게 활용하는 냉장고의 종류와 특징, 기능에 대해 알아보고, 실행한 '냉장고 광고하기' 강제결합법 활동을 살펴볼 수 있다. 문제로 진술된 '냉장고 광고하기'를 실행하기 위해 유아는 제시된 그림(시계, 종, 고무장갑)과 관련지어 다음과 같이 아이디어를 기술하였다.

문제 – 냉장고 광고하기

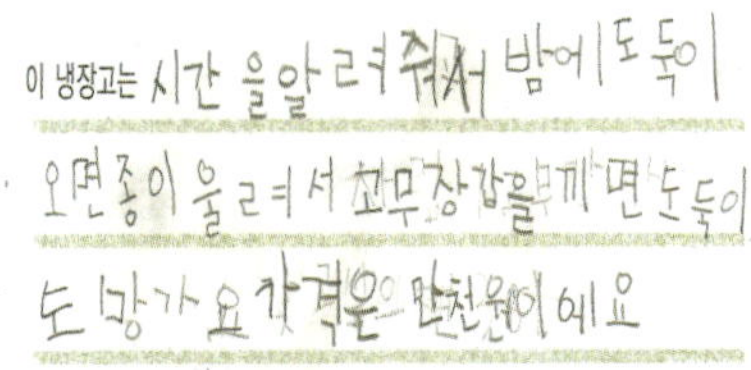

(2) 강제결합법 교육효과

강제결합법의 교육효과는 결과를 창출해 낸다는 데 있다. 특히 창의성의 구성요소 중에서 융통성과 독창성을 증진 시킨다. 특히, 일반적으로 관련성이 낮은 어떤 아이디어나 사물을 색다르게 볼 수 있도록 함으로써 창의적 효과를 극대화할 수 있다. 이를 위해서는 이미 언급한 창의성 기법과 동일하게 개방적인 환경의 조성과 함께 수용적인 태도가 필요하다.

4) 스캠퍼

사회과학에서는 어떠한 현상을 설명하고, 적용 효과를 제고하기 위하여 특정한 단어를 묶거나, 첫 글자를 모아 새로운 용어를 창출하여 사용한다. 대표적인 예로 경영학에서 활용도가 매우 높은 SWOT를 들 수 있으며, SWOT은 강점(Strength)-약점(Weakness)-기회(Opportunity)-위기(Threats)를 말한다. 어린이들이 자신의 강점과 약점을 발견하기 위한 방법으로도 사용되고 있다(이소희, 2008b).

이렇듯 창의성 계발에서 활용도가 높은 스캠퍼(SCAMPER)는 에벌리(Eberle, 1971)가 고안한 일곱 개 항목의 첫 글자를 따서 이름 붙여진 체크리스트 기법이다. 브레인스토밍의 네 가지 규칙을 보완-확장시킨 기법이라고 볼 수 있다(전경원 · 김경숙 외, 2020).

S(substitute)는 다른 무엇으로 대처하기, C(combine)는 다른 무엇과 결합하기, A(adapt)는 다른 원리를 적용하기, M(modify, magnify, minify)은 수정하기 · 확대하기 · 축소하기, P(put to other uses)는 다른 용도 찾기, E(elimination)는 삭제하기, R(rearrange, reverse)은 재정리하기 · 반대로 하기이다. 스캠퍼는 S-C-A-M-P-E-R이라는 각 약자에 따라 사고를 전개하므로 초보자도 활용할 수 있도록 문제 인식을 습관화할 수 있다.

또한, 특정 문제에 출발해서 그것을 변형시키는 방법으로 유연한 상상력을 동원하도록 하며, 용도를 개발하거나, 품질을 개선하거나, 실용성을 증진하는 등에 유용하게 활용된다.

이같이 스캠퍼는 아이디어를 다양한 분야로 생각해 볼 수 있도록 유도해 보는 방법이며, 제시된 약자에 적합하게 아이디어를 산출해야 하므로 주제에 대한 적절성을 고려한 아이디어를 산출하도록 돕는다(전경원 · 김경숙 외, 2020).

(1) 스캠퍼의 진행

- 스캠퍼 기법을 진행하기 위해서는 일곱 개 약자에 대한 의미를 정확하게 이해하여야 한다.
- 스캠퍼를 적용하고자 하는 대상을 제시하거나 선정한다 – 탐구과정 즐기기
  예 자동차, 숟가락, 우산, 신발 등
- 일곱 개의 약자에 따라 아이디어를 산출한다. 이때 일곱 가지 요소에 따른 아이디어를 모두 산출해야 하는 것은 아니다. 따라서 이에 대한 부담을 갖지 않도록 한다. 대상의 특성이나 유아의 이해도에 따라서 적용 가능한 범위를 점차 확장해 가며, 스캠퍼에 익숙하도록 돕는다.
- 유아들이 생각한 아이디어를 만들기, 그리기, 설명하기 등으로 구체적으로 표현해 본다 – 생활 속에서 탐구하기
- 유아들이 표현한 아이디어는 창의적으로 표현하도록 격려한다.

구체적인 예로 유아들과 다양한 '우산'의 모양과 쓰임새, 특징 등을 탐색한 후 스캠퍼 기법을 활용해 새로운 우산에 대한 아이디어를 제시하는 활동을 살펴볼 수 있다.

| 표 9-1 | 스캠퍼 일곱 가지 요소와 '우산' 아이디어

일곱 가지 요소	내용	'우산' 아이디어의 예	기타 예시
대체하기 (S)	· 무엇으로 대치할 것인가?		· 잔디 대신 인조잔디로 대체하기 · 빨대 대신 종이 빨대로 대체하기
결합하기 (C)	· 무엇과 결합할 수 있는가?		· 바구니+바퀴=쇼핑바구니 · 연필+지우개=연필지우개
순응하기 (A)	· 순응은 어떠한가? · 무엇과 비슷한가?		· 찍찍이 원리를 적용한 가방, 운동화, 바지 · 지문인식 열쇠

일곱 가지 요소	내용	'우산' 아이디어의 예	기타 예시
수정하기 확대하기 축소하기 (M)	· 수정은 어떠한가? 색, 모양 등은 어떻게 바꿀 수 있는가? · 확대는 어떠한가? · 작게, 보다 가볍게, 짧게 만들 수 있는 방법은 무엇인가?		· 다양한 모양의 우산, 다양한 맛의 우유 · 크기가 다른 TV, 크기가 다른 냉장고 · 무겁고 가벼운 가방
다른 용도 찾기 (P)	· 다른 용도로 사용할 수 있는가?		· 소파를 침대로 사용 · 폐품을 이용한 예술 작품 만들기
제거하기 (E)	· 제거하는 것은 어떠한가?		· 설탕을 제거한 음료 · 무선 마우스
재정리하기 반대로 하기 (R)	· 어떻게 하면 형식, 순서, 구성을 바꿀 수 있나? · 반대로 하는 것은 어떠한가? · 순서를 바꾸는 것은 어떠한가?		· 뒤집어 입는 옷 · 모빌

출처: 전경원·김경숙 외(2020).

- 우산과 어떤 것을 합체하면 좋겠니? (결합하기)
- 우산을 확대, 또는 축소하면 어떻게 될까? (수정, 축소, 확대하기)
- 우산을 다른 용도로 사용한다면? (다른 용도)
- 우산에서 무엇을 제거하면 좋겠니? (제거하기)
- 우산을 순서나, 방향, 안과 밖이 바뀐다면 어떨까? (재정리하기)
- 우산을 무엇으로 대신할 수 있을까? (대치하기)
- 우산을 보다 더 잘 사용하려면? (순응하기)

| 그림 9-6 | 스캠퍼 기법을 활용한 유아의 '우산' 아이디어

(2) 스캠퍼의 교육효과

스캠퍼의 교육효과는 창의성을 극대화하기 위해 활용할 수 있는 다양한 방법을 결합하는 데 있다. 또한 이를 위해 창의성의 기본 전제라고 할 수 있는 개방성이 SCAMPER의 전 과정에서 기능하면서 다양한 아이디어를 창출하도록 이끈다. 특히 창의성을 구성하는 모든 구성요소와 밀접하게 상호연계시킴으로써 교육효과성을 제고한다. 특히 다양한 과학적 원리가 적용되는 과학교육에서는 생각의 길이-넓이를 확장시키며, 이는 유아과학교육에서도 동일하게 적용된다.

5) 결점열거법

무릇 모든 발명과 개선은 더 좋은 생활을 위한 목적에서 시작되며, 실제적으로는 불편함, 힘듦, 어려움 등을 해결하기 위한 욕구에서 비롯된다. 즉 결점을 제거하거나 완화시키기 위한 목적에서 출발하는 것이다.

결점열거법은 미국 호르포인트 회사에서 나온 발상법으로, 토론자들이 모여서 제품의 아주 작은 흠이라도 열거하면서 가능한 한 많은 결점을 찾아내는 데서 시작되었다. 즉 현재의 상태에 만족하지 않고 결점을 찾아보는 것에서 시작하여 새로운 아이디어를 구하는 방법으로서 특히 신제품개발에서 활용도가 높다.

결점 자체를 찾는 것이 창의성이라고 말할 수는 없지만, 이렇게 결점을 떠올리다 보면 이를 해결하기 위해 다양한 해결책을 생각해 내게 되고 새로운 아이디어를 모색해 낼 수 있게 된다. 이러한 점에서 볼 때, 유아과학교육을 위한 창의적 접근에서 결점열거법은 과학의 고마움을 알게 되는 출발점이 된다.

(1) 결점열거법의 진행

- 대상을 제시하거나 유아와 함께 주제를 선택해 본다 – 탐구과정 즐기기
- 선택된 대상의 결점을 찾아본다 – 탐구과정 즐기기
- 결점열거법으로 탐구하여 변화시킨다 – 탐구과정 즐기기

구체적인 예로 유아들이 자신의 신발에 대한 경험을 나누고 탐색하는 과정을 통해 결점들을 찾아 이야기 나눈 후, 이를 해소할 수 있는 아이디어를 모아 보는 활동을 살펴볼 수 있다.

양말을 안 신고 신으면 냄새가 나요

금방 더러워져요

끈을 묶기가 힘들어요

오랫동안 신으면 더러워요

축구할 때 공이 잘 안 차져요

신발이 금방 작아져서 오랫동안 신을 수가 없어요

| 그림 9-7 | '신발'의 결점 열거하기 예

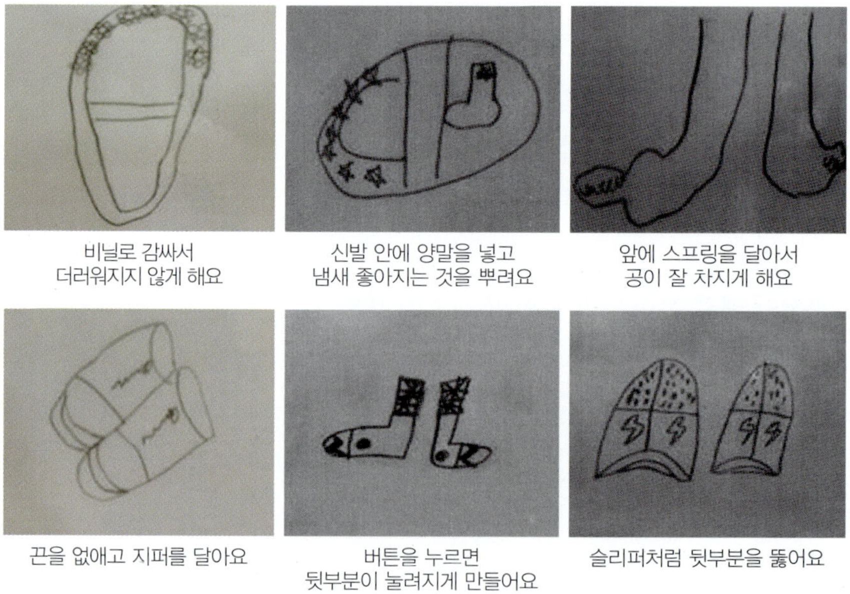

비닐로 감싸서 더러워지지 않게 해요

신발 안에 양말을 넣고 냄새 좋아지는 것을 뿌려요

앞에 스프링을 달아서 공이 잘 차지게 해요

끈을 없애고 지퍼를 달아요

버튼을 누르면 뒷부분이 눌려지게 만들어요

슬리퍼처럼 뒷부분을 뚫어요

| 그림 9-8 | '신발'의 결점 해소하기 예

(2) 결점열거법의 교육효과

결점열거법의 교육효과는 현재 상태보다 더 나은 생활을 위하여 목표를 가지고 주도적으로 접근하여 원하는 문제를 해결한다는 데 있다. 유아는 이 과정을 통해서 적극적인 태도를 함양시키며 상상력과 독창성을 증진 시킬 수 있다. 또한 유아는 자신의 아이디어를 표현해 보고 새롭게 개선된 결과물을 통해서 자신감을 향상시킬 수 있다. 그러므로 교사는 적절한 발문으로 창의적인 문제해결을 할 수 있도록 동기부여를 주도록 한다.

6) 희망열거법

남녀노소를 막론하고 가장 멋진 생활태도는 어떠한 상황에서 절망하거나 낙망하지 않고 희망을 가지는 것이다.

희망열거법은 원하고 바라는 희망을 찾아보는 것으로, 사물이나 상황에 대해 좀 더 바람직한 눈으로 희망 사항을 나열해 아이디어를 이끌어 내는 기법이다. '이런 것이 있다면 좋겠다', '이런 일이 일어난다면 좋겠다', '이렇게 되어 주면 좋겠다'와 같이 희망에 대하여 표현해 봄으로써, 참신한 아이디어를 구할 수 있다. 뿐만 아니라 이러한 과정에서 유아의 심리적 표상이 나타나는 경우도 있어, 유아들의 잠재된 욕구나 바람들을 들여다보고 마음을 읽어 줄 수 있는 기회가 되기도 한다.

(1) 희망열거법의 진행

- 대상을 제시하거나 유아와 함께 자유롭게 주제를 선택해 본다 – 탐구과정 즐기기
- 대상에 대한 희망 사항을 떠올려 본다 – 탐구과정 즐기기
- 대상에 대한 희망 사항을 직접 그려 보거나 만들어 보도록 한다 – 탐구과정 즐기기

구체적인 예로 일상생활에 자주 사용하고 있는 마스크로 인해 쓰레기가 많이 생겨 나고, 동물들이 다치는 등의 일이 생긴다는 뉴스에 대해 유아들과 이야기 나눈 후 실행한 희망열거법 활동을 살펴볼 수 있다. 유아들은 마스크의 크기를 자유롭게 하여 잃어버리지 않도록 함으로써 생겨나는 쓰레기를 줄일 수 있다는 아이디어와 일회용이 아닌 재활용이 가능한 천으로 만든 주머니 마스크 등을 아이디어로 제시하였다.

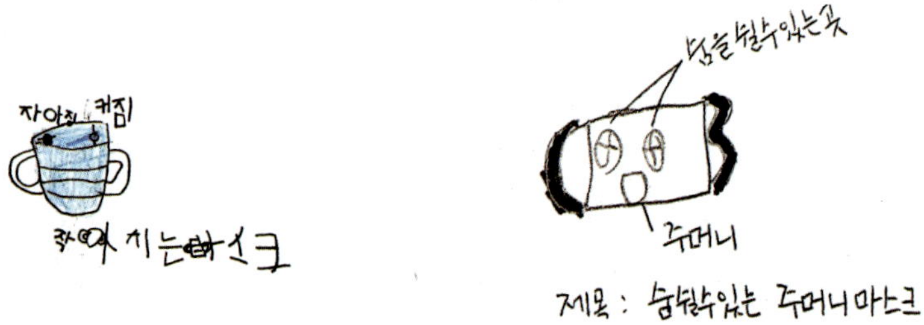

| 그림 9-9 | '마스크' 희망열거법의 예

(2) 희망열거법의 교육효과

희망열거법의 교육효과는 현재도 좋지만, 더 좋은 생활을 위하여 즐겁고 긍정적인 태도로 생각의 나래를 편다는 것이다. 실제적으로 희망적인 상태에서의 접근은 유아가 지닌 강점을 계발할 가능성이 크며, 따라서 성취의 가능성을 높이게 된다.

따라서 교사는 발문할 때, 희망이 이루어진 상태를 그려 보고, 그 방법도 찾아보도록 하는 것이 필요하다.

유아과학교육, 고마운 과학의 출발점!

"물건을 조립하거나, 고칠 때 고마운 도구들"

물건을 조립하거나 고칠 때 도움을 주는 고마운 도구들이 있어요. 그 도구들에는 어떤 과학원리들이 숨어 있을까요? 그리고 그 원리를 이용해 아이들은 어떻게 놀 수 있을까요? 예비교사의 생각이 궁금해요!

과학아 고마워!		과학아 놀자 ^^
과학의 원리는 무엇일까?	물건을 고칠 때 도움을 주는 고마운 도구	아이들은 어떻게 놀까?
• 압력의 원리 • 축바퀴의 원리	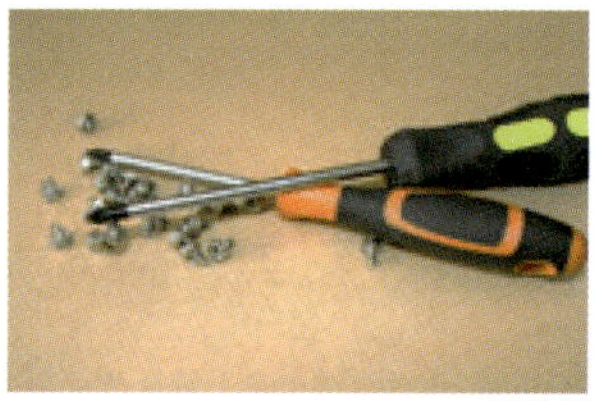 드라이버	
• 압력의 원리 • 빗면의 원리	 나사	
• 압력의 원리 • 지레의 원리	 장도리	

물건을 조립하거나 고칠 때 도움을 주는 고마운 도구! 그 속에 숨은 과학원리를 함께 알아봐요!

압력의 원리

장도리나 드라이버로 못이나 나사를 박아 의자를 조립할 때, 우리는 도구를 수직으로 하여 힘을 가하곤 해요. 이렇게 단위면적에 수직으로 작용하는 힘을 압력이라고 해요. 같은 크기의 힘을 주더라도 면적이 좁을수록 더 큰 압력이 가해지기 때문에 작은 못과 나사를 사용하여 압력의 효과를 높이게 되어요.

축바퀴의 원리

돌려서 사용하는 드라이버와 나사는 축바퀴의 원리를 이용한 도구들이에요. 축바퀴는 큰 바퀴와 작은 바퀴가 중심축을 중심으로 함께 돌아가게 만든 장치를 말해요. 이러한 축바퀴는 힘을 가하는 부분의 지름이 클수록 적은 힘을 들이고도 원하는 효과를 낼 수 있어요.

빗면의 원리

나사와 못의 경우 앞 끝의 각도가 작을수록 가해지는 압력을 집중시키는 효과를 가져요. 특히, 'v' 자형으로 만들어져 있는 것은 빗면의 원리와 관련이 있어요. 빗면은 수평면에 대해 일정한 각도로 기운 평면으로, 우리가 어떠한 일을 할 때 빗면과 같이 수평면을 일정한 각도로 기울이면 적은 힘으로 큰일을 할 수 있어요.

지레의 원리

장도리는 못을 박거나 뽑을 때 사용하는 도구로, 이 중 못을 뽑을 때 사용하는 부분은 지레의 원리와 관련이 있어요. 못을 뽑는 쪽은 넓적하고 둘로 갈라져 있어 사이에 못을 끼우고 손잡이에 힘을 주어 뽑게 되는데 이때 손잡이는 힘점, 둘로 갈라지는 부분은 받침점, 맨 끝부분은 작용점으로 기능해서 적은 힘으로 박힌 못을 뺄 수 있게 해 주어요.

프로젝트 접근법을 통한 유아과학교육

프로젝트(project)는 우리 사회에서 널리 활용되고 있다. 그것은 조직적인 계획을 통해 특정한 목표를 달성하는 데 효과적이기 때문이다.

한 명 또는 여러 명의 유아가 함께 특정 주제에 대해 깊이 있게 탐구하는 프로젝트 접근법(project approach)을 실행할 때에 교사는 가르치려는 입장에서 벗어나 함께하는 자세를 가져야 한다. 함께 관찰하고 가설을 만들고 실험하는 과정을 통해 유아들은 더욱 적극적으로 탐구하려는 태도를 갖게 된다.

유아들의 입장에서 볼 때, 호기심을 따라 적극적으로 탐구해 나가는 프로젝트 접근법은 유아과학교육에서 중요한 의미를 가진다.

이 장에서는 프로젝트 접근법의 기초이해를 위해 개념과 유아과학교육에서의 의의, 진행단계를 살펴보고 프로젝트 접근법을 통한 유아과학교육의 실제에 대한 이해를 높이고자 한다.

제10장

프로젝트 접근법을 통한 유아과학교육

하나
프로젝트 접근법의 기초이해

둘
프로젝트 접근법을 통한 유아과학교육의 실제

궁금증을 풀고 싶다면 어느 주제에 대한 것이든
호기심이 발동하는 그 순간을 잡아라.
-윌리엄 워트-

1. 프로젝트 접근법의 기초이해

프로젝트의 사전적 정의는 특정한 목표을 달성하기 위해서 조직적으로 움직이는 작업 과정을 말한다. 이러한 접근은 경영학계뿐만 아니라, 교육학계에서도 그 활용도가 높으며, 유아교육에서도 예외가 아니다. 유아교육에서 프로젝트 접근법은 유아가 한 가지 주제를 심도 있게 탐색하고, 탐구해 나가는 과정을 통해 지적 · 언어적 · 사회적 발달을 도모하는 교육방법으로 활용되고 있다.

이는 지식과 기술습득을 중심으로 하는 체계적 교수법에 비해 유아들의 흥미와 능동적 참여를 강조하고, 이를 통해 주변 세계와 자연에 대한 깊이 있는 탐구를 경험한다는 점에서 유아과학교육적 의의를 가진다.

1) 프로젝트 접근법의 배경과 개념

'프로젝트 접근법'은 어느 특별한 교수 기법이나 활동 또는 절차가 아닌 유아중심 기반의 교수학습법을 의미한다.

프로젝트에 의한 학습을 교수의 중심활동으로 삼고자 시도했던 대표적인 전문가는 파커(Parker)와 듀이(Dewey)이다. 파커는 1875년, 유아들의 직접 경험과 활동을 통해 교육을 실행하는 Quincy System이라는 새로운 교육방법을 시도하였고, 듀이는 1886년 세워진 자신의 실험학교에서 실제 활동을 통한 학습을 실현하고자 하였다. 이는 프로젝트 형식을 취하는 워크숍과 유사한 것이었다. 이들이 제시한 새로운 교육방법은 읽고, 쓰고, 문장을 구성하고 사고하는 방법을 동시에 통합 학습하도록 하는 시도로서 당시 교육현장에 새로운 방향을 제시하였다(Tanner & Tanner, 1980).

이후, 킬 패트릭(Kilpatrick, 1919)은 듀이의 이론을 바탕으로 오늘날 교육 현실에 맞게 재조직한 '프로젝트에 의한 학습활동'을 콜롬비아 대학 논문집(Teacher's College Record)에 구체적으로 소개하였다. 그는 프로젝트를 '전심을 다하는 유목적적 활동'이라 정의하면서, 유아가 마음대로 자신의 교육과정을 정하도록 하는 것이 아니라 교사의 현명한 지도하에 유아로 하여금 유목적적인 활동을 이루어 나가도록 하는 것이라 설명하였다(문연심 · 이화영, 2007; 이정아, 2018).

이같이 하나의 교육방법으로 출현하게 된 프로젝트 접근법은 1920년대 생동감 넘치는 교육으로 미국에서 큰 관심을 모았으나 1950년대 학문중심교육과정이 대두됨에 따라 쇠퇴하게 되었다. 그러나 1970년대 인간중심교육을 비롯한 운동이 전개되며 프로젝트법에 대한 관심이 다시 대두되었고, 이탈리아의 레지오 에밀리아 교육과정을 참관한 캐츠와 차드(Katz & Chard, 1989)에 의해 연구되기 시작하였다. 이후, 캐츠와 차드는 세계 각국의 유아 및 초등교육계에 유아의 흥미, 지식, 경험에 기초한 통합적 교수학습방법 사례를 소개하면서 프로젝트에 의한 학습방법을 '프로젝트 접근법(the project approach)'이라는 용어로 재조직하여 발표하였다. 이는 주제에 다가가는 방법이 하나로 국한되지 않고, 매우 다양하다는 점과 상황에 따라 그 방법을 얼마든지 달리할 수 있다는 점을 강조한 것이다(Katz et al., 2014).

1990년대 소개된 캐츠와 차드(Katz & Chard, 1989)의 프로젝트 접근법은 기존의 단원중심 교육과정의 문제점을 해결할 수 있는 주제중심의 접근방법(서영숙 · 이남정 외, 1997; 최소자, 1993)으로 오늘날까지도 다양한 접근의 연구가 지속되고 있다(김정연 · 김창복 2019; 나정숙, 2020; 문선영 · 김은심 외, 2018). 특히, 프로젝트 접근법의 국내 활성화를 위해 차드(Chard, 1994)의 저서 『프로젝트 접근법에 대한 교사지침서(*The project approach*)』를 소개한 지옥정(1995)은 지속가능발전의 관점에서 자연친화교육을 실천할 수 있는 프로젝트를 소개하였다.

| 글 & 그림상자 10-1 | 지속가능발전교육과 프로젝트 접근법

출처: https://en.unesco.org/

유네스코(UNESCO)는 유엔지속가능발전 교육 10년[1]의 최종보고서에서 유아기가 지속가능발전의 토대이며 지속가능발전교육의 시작점이라 밝혔다. 더불어 이에 대한 모범사례로 국내에서 실행된 〈무심천 프로젝트〉[2]를 제시하였다.

Q&A

지속가능발전교육과 관련하여 어떤 프로젝트 주제를 선정할 수 있을까?

2) 유아과학교육에서 프로젝트 접근법의 의의

유아들은 선천적으로 탐구의 가장 기초가 될 수 있는 주변의 모든 것에 호기심을 가지고 있다. 이는 과학적 태도의 구성요소 중 하나로 유아 주변의 환경에서 신기한 것을 탐구하려는 본능적 태도라 할 수 있다(이애진 · 유연옥, 2019; 조형숙 · 김선월 외, 2009).

유아들의 호기심은 직접적으로 경험하는 다양한 상황과 현상을 통해 유발되며, 그로 인한 궁금증을 스스로 탐색하고 실험하며 해결해 나가는 과정에서 과

1) 국제사회는 2002년 유엔(UN)총회에서 2005년부터 2014년까지의 10년을 '유엔지속가능발전교육 10년(Decade of Education for Sustainable Development, DESD 2005~2014)'으로 지정하였고, 유네스코를 그 선도기관으로 지정하였다. 또한 DESD가 종료되는 2014년, 유네스코는 더욱 실천적인 국제사회의 노력을 촉구하는 차원에서 ESD를 위한 국제실천프로그램(GAP)을 제시하였다. 이어서, 2019년 11월 열린 제40차 유네스코 총회에서는 GAP의 종료 시점에 즈음해 2019년 이후의 지속가능발전교육의 이행 체계로 '2030을 위한 지속가능발전교육(ESD for 2030)'을 채택하였다.

2) 지옥정(2011). '지속가능성을 위한 유아교육' 시례로시의 '무심천 프로젝트'에 나타난 유아들의 지역사회 참여 내용 분석. 열린유아교육연구, 16(6), 363-382.

학적 탐구능력[3]의 향상을 이루게 된다(안경숙, 2003; 이정아, 2011).

이러한 관점에서 여러 유아교육전문가들은 자신이 관심 가지고 있는 주제나 문제에 대해 직접 조사, 실험, 탐구하며 예측한 것을 확인하고 궁금증을 해결해 나가는 프로젝트 접근법 실천의 중요성을 피력하고 있다.

프로젝트 접근법은 유아에게 무엇을 가르쳐 주는 대신 그들 자신이 특정의 주제를, 특히 하위주제들을 소집단별로 선택하여, 깊이 있게 탐구하는 방법이다.

체계적 수업에서와 달리, 학습내용을 교사가 정하기보다 교사의 도움을 받아 유아 스스로 정하고, 학습동기가 외재적이기보다 내재적이며 기능과 지식의 습득보다는 활용을 중시한다.

◈ *윤은주(2003)*

프로젝트접근법은 유아의 흥미와 관심에 기반을 둔 발현적 교육과정[4]으로, 유아의 개별적인 발달적 특징을 잘 반영하면서도 공통의 관심주제를 서로 협력하여 탐색, 표현하는 가운데 의미 있는 학습과 지식, 기술 및 바람직한 성향을 형성할 수 있게 하는 탁월한 유아교육방법이다.

◈ *서영숙·안지혜 외(2012)*

미래사회 특성은 탈산업화, 정보화, 세계화, 다양화의 네 가지로 이에 기초한 교육의 지향방향은 학습자의 적성을 고려한 교육, 창의력·자기 주도적 학습능력, 문제해결력 증진, 정보화 교육 중시, 지구 시민으로서의 공동체 의식 교육 강화에 맞추어져야 할 필요가 있다.

그 구체적 방법으로는 흥미 있는 주제에 대해 학습자가 몰입하여 능동적으로 조사, 탐구해 나가는 '프로젝트 학습'이 있다.

◈ *지옥정·김수영 외(2017)*

3) 과학적 탐구능력의 구성요소는 학자마다 다양하게 표현되고 있으나 유아기에 적합한 과학적 탐구능력의 구성요소로는 관찰하기, 분류하기, 측정하기, 예측하기, 토의하기, 자료 수집 및 해석하기, 실험하기 등이 공통적으로 제시되고 있다(이경민, 2000; 서윤희, 2003).

4) 발현적 교육과정(emergent curriculum)이란 유아의 흥미와 요구에 따라 융통성 있는 목표를 세운 뒤, 진행 과정에서 유아와 교사의 협의에 따라 교육과정이 발현되도록 운영하는 것을 말한다.

여러 전문가들의 견해에서 볼 수 있듯이 유아중심, 경험중심의 능동적 탐구과정 그 자체인 프로젝트 접근법은 과학적 탐구능력과 태도 향상을 이룰 수 있다는 점에서 유아과학교육에 의의를 가진다(조미정 · 안진경, 2009; 한진아, 2018). 이는 프로젝트 접근법에서의 유아를 '어린 탐구자(Young Investigator)'라 지칭하는 헬름과 캐츠(Helm & Katz, 2001)의 관점과 맥을 함께한다.

3) 프로젝트 접근법의 진행단계[5)]

프로젝트 접근법의 핵심은 유아들이 비교적 오랜 시간 동안 가치 있는 주제를 탐구하고 정밀하게 관찰해 보는 경험을 하도록 장을 마련해 주는 것이다. 프로젝트 접근법 실행을 통해 유아는 스스로 탐구하며 내면의 잠재력을 발휘할 수 있게 되며, 교사는 비계설정자, 촉진자, 중재자, 함께하는 학습자, 전시자 등의 역할을 수행한다.

프로젝트 접근법의 진행단계는 학자마다 주요 관점에 따라 표현에 차이[6)]가 있으나 대체로 캐츠와 차드(1989)가 제시한 '교사의 계획하기'와 프로젝트 실행 3단계인 '시작, 전개, 마무리'에 기반하고 있다. 이때, 교사의 사전계획은 장기간 지속되는 프로젝트이거나 반 전체가 참여하는 경우에 탐구와 성취의 결실을 가져오는 데 결정적 기능을 하게 된다.

5) '프로젝트 접근법의 진행단계'에 제시된 내용은 풀꽃향기 유치원에서 실행한 것으로 집필진이 직접 촬영한 것을 활용하였다.

6) 국내에 프로젝트 접근법을 소개한 지옥정(2020)은 '교사의 계획하기'를 '준비단계'로 표현하여 준비단계-시작단계-전개단계-마무리단계로 제시하고 있으며, 숙명여자대학교 부설 유아원에서 다양한 관점의 프로젝트 접근법을 실천해 온 서영숙(2019)은 '도입단계-전개단계-마무리단계'로 프로젝트 실행 3단계를 제시하고 있다.

(1) 교사의 계획하기

'교사의 계획하기'는 실제 프로젝트로 들어가기 전, 교사의 계획이 이루어지는 과정을 의미한다. 이때 교사는 주제선정과 예상 주제망 작성을 통해 프로젝트에서 이루어질 활동을 예상하고 활용자원들을 검토하게 된다.

① 주제선정

주제선정은 프로젝트 접근법의 성공적인 진행에 있어 중요한 출발점으로 유아의 흥미를 기반으로 교육적 의미가 있는 주제를 선정한다. 이에 관해 캐츠 등(Katz et al., 2014)은 주제선정 시 고려해야 할 선정준거를 다음과 같이 제시한다.

- 유아들이 주변에서 직접 관찰할 수 있는 주제
- 유아들이 평소 경험해 온 주제
- 유아들이 직접 만져 보고 살펴보는 것이 가능한 주제
- 필요 자원이나 지역자원(현장, 전문가)을 구하기 쉬운 주제
- 다양한 방법을 활용해 표상할 수 있는 주제
- 부모의 참여 및 기여가 가능한 주제
- 일반적 의미에서의 문화와 지역 문화 차원에서도 잘 맞는 주제
- 많은 유아가 흥미를 가질 만한 주제이거나 성인의 생각에 유아에게 흥미를 갖도록 해 줄 가치가 있는 주제
- 학교, 교육청, 정부 등의 교육과정 목표와 관련된 주제
- 유아 연령에 따른 기초적 기능을 숙달하고 적용할 기회가 풍부한 주제
- 범위가 너무 좁거나(예: 단추), 광범위(예: 음악, 계절 등)하지 않고 적절히 구체적인 주제

또한, 프로젝트의 주제는 유아들의 일상생활과 과거 경험, 놀이 등 다양한 상황에서 시작되어 확장될 수 있으므로 교사는 유아들의 대화와 놀이를 세심하게 관찰, 기록하여 이를 발견할 수 있도록 한다.

이 책에서는 유아들에게 친숙한 소재이자 질병예방에 도움을 주는 세정제의 한 종류인 '비누'를 주제로 하여 프로젝트 접근법의 전개단계를 살펴본다. 이는 누리과정 5개 영역의 관점에서 다양한 탐구와 활용이 가능하고, 관련 자료와 자원을 구하기 쉽다는 점에서 프로젝트 접근법을 통한 과학교육에 적합한 주제이다.

② 예상 주제망 구성

프로젝트 실행에 관한 주제가 선정되면 우선 주제에서 다뤄질 개념과 아이디어에 대한 주제망을 구성하게 된다. 활동 시작 전 준비단계에서 교사 간 협의를 통해 이뤄지는 주제망은 브레인스토밍[7)]과 유목화[8)]의 과정을 통해 구성하게 된다.

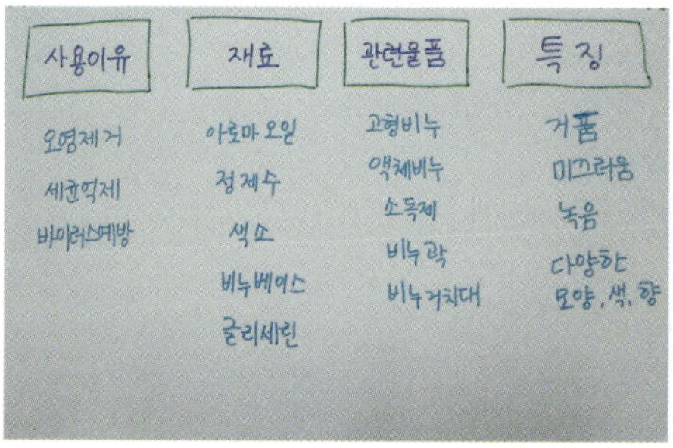

〈교사의 유목화 예〉

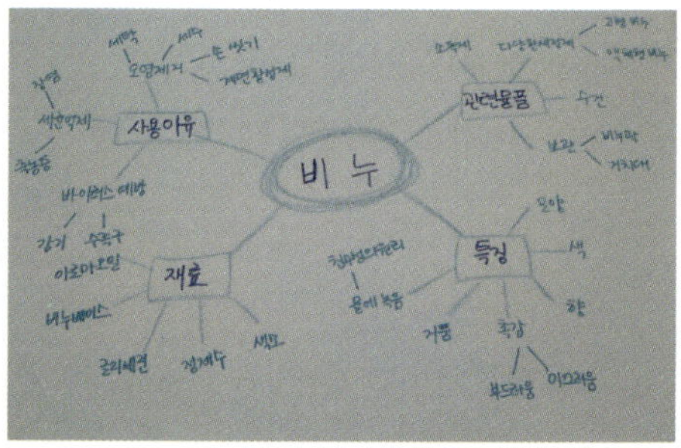

〈교사의 예상 주제망 예〉

| 그림 10-1 | '비누' 프로젝트 교사 예상 주제망 구성의 예

③ 예상 활동안 구성

예상 활동안은 프로젝트 실행에서 이루어질 활동을 예상하는 것으로, 완성된 주제망의 내용을 교육과정 영역에 따라 정리해 보는 것을 의미한다. 이와 같은 예상 활동안은 프로젝트 실행 전, 교사가 다양한 자원을 준비하고 검토하는 데

7) 예상 주제망은 브레인스토밍과 유목화의 과정을 통해 이루어진다. 브레인스토밍의 구체적인 진행 과정은 '제9장 창의적 접근을 통한 유아과학교육'에서 제시된 내용을 참고하도록 한다.

8) 유목화는 브레인스토밍을 통해 나온 단어들을 유사성에 따라 같은 범주에 속하는 것끼리 분류하는 것을 말한다.

유용하게 활용될 수 있다. 여기서 자원이란 현장학습, 초청 전문가뿐만 아니라 유아의 활동에 도움이 되는 재료자원 모두를 포함한다(Katz & Chard, 2007; 서영숙·안지혜 외, 2012).

(2) 시작단계

'시작단계'는 주제도입 후, 이전 경험을 표현하고 이야기하며 나타난 질문들을 나누는 것으로 이루어진다.

① 주제의 도입

주제에 대한 도입은 프로젝트의 방향과 성취를 결정할 수 있는 중요한 요인으로, 교사는 주제와 관련된 상황, 사진, 그림, 이야기, 토론 등을 통해 주제에 대한 유아의 흥미를 모을 수 있다.

② 이전 경험 나누기

주제도입 후 유아는 다양한 표상을 통해 자신의 경험을 되돌아보고 이야기 나누며 서로 어떠한 것을 알고 있고 어떠한 경험을 하였는지를 공유하게 된다. 이 때 표상방식으로는 극 놀이, 그림 그리기, 채색하기, 글쓰기 등이 활용될 수 있다. '비누' 프로젝트에서 교사는 올바른 손 씻기에 대한 '손 씻기 송'을 부르며 주제를 도입한 후 관련 경험을 이야기 나누고, 글과 그림으로 표현하였다.

〈글과 그림으로 이전 경험 표현하기〉

| 그림 10-2 | '비누' 프로젝트 이전 경험 나누기의 예

③ 질문거리 나누기

주제도입과 경험 나누기를 통해 주제에 대한 유아들의 생각과 토론이 점차 활기차고 풍부해지면, 교사는 유아들과 함께 더 알아보고 싶은 질문거리에 대해 생각해 본다. 또한, 질문에 대해 도움을 받을 수 있는 사람이 누구인지도 함께 이야기 나눈다.

이때 교사와 유아의 생각을 함께 모으는 공동 주제망을 구성하며, 주제에 대한 생각을 구체화할 수도 있다. 그러나 질문거리는 주제망이 구성되어야만 나오는 것이 아니므로 질문 쪽지나 상자 등을 통해 수많은 질문들을 지속적으로 다룰 수 있다.

'비누' 프로젝트에서 교사와 유아는 '이전 경험 나누기'를 통해 주제에 관한 서로 어느 정도 알고 있고, 무엇을 경험했는지에 대해 공유하였고, 이를 기반으로 주제에 대한 궁금증을 이야기 나누었다.

〈궁금이 쪽지〉

〈궁금이 상자〉

| 그림 10-3 | '비누' 프로젝트 질문거리 모으기의 예

이와 더불어 교사는 프로젝트 실행에 있어 부모의 참여를 유도함으로써 보다 더 효과적인 활동을 이룰 수 있다. 이와 같은 부모참여의 방법으로는 자원협조와 프로젝트 실행에 관한 의견 제안, 재능기부, 프로젝트 마무리 행사 참여 등이 있다.

(3) 전개단계

프로젝트 전개단계는 시작단계에서 나타난 교사와 유아의 주제에 대한 경험, 관심 방향, 이해 정도를 고려해 질문에 대한 본격적인 조사탐구활동들이 이루어지게 된다.

① 현장조사 준비

전개단계는 시작단계에서 나타난 유아들의 질문거리를 해결할 수 있는 현장 방문 장소와 전문가 초청에 대한 토의로 시작된다.

현장조사는 유아와 교사가 함께 계획할 수 있으며 토론을 통해 전문가들에게 묻고 싶은 것이나, 현장조사를 통해 직접 보고 싶은 것에 대해 이야기를 나눈다. 현장조사 장소는 가까운 가게, 공원 등 관련 주제에 대한 것을 직접 보고 들을 수 있는 곳으로 선정하고, 질문목록과 관찰 도구, 물건, 재료 등을 준비한다.

'비누' 프로젝트에서 유아는 '왜 비누를 사용해야 하는지, 손을 씻지 않으면 어떻게 되는지' 등 비누의 기능과 원리 등에 대해 궁금해하였다. 이에 이와 같은 궁금증을 해결할 수 있는 현장조사 장소들을 조사하였고, 그중 질병예방교육을 함께할 수 있는 '어린이 식품안전체험관'을 현장조사 장소로 선정하였다.

② 현장조사

현장조사에서 유아들은 실제 현장에서 궁금한 것들을 직접 물어보거나 살펴보면서 질문거리들을 해결할 수 있다. 연령이 높은 유아의 경우, 현장의 모습을 메모하거나 스케치하여 기록할 수 있으나 연령이 낮은 유아의 경우 부모참여를 통해 관찰과 기록을 도울 수 있다.

'비누' 프로젝트에서 어린이 식품안전체험관으로 현장조사를 간 유아들은 궁금했던 비누의 기능과 원리에 대한 질문을 해결할 수 있었고, 더불어 손 씻기 교육과 올바른 비누 사용법 등에 대해서도 배울 수 있었다.

〈어린이 식품안전체험관 방문〉

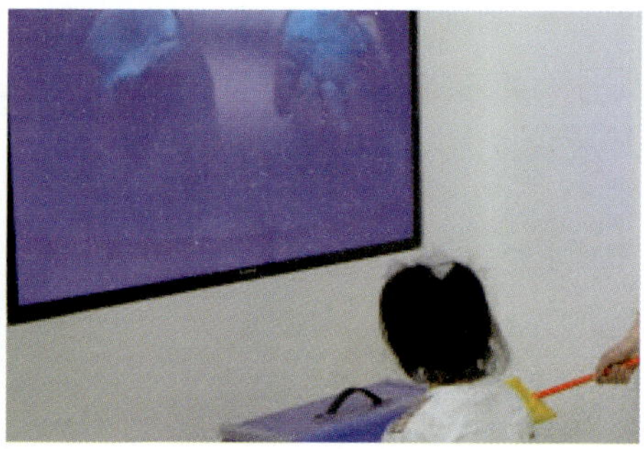
〈손 씻기 교육 및 체험〉

| 그림 10-4 | '비누' 프로젝트의 현장조사 예

③ 현장조사 후 활동

현장조사 후에는 그림, 도표, 쓰기 등 다양한 방법으로 관찰한 바를 표상한다. 표상활동을 통해 자신이 관찰하고 기록한 내용을 이야기 나누며 유아들은 경험을 확장할 수 있다. 이와 같은 현장조사는 여러 번의 방문을 통해 이루어질 수도 있고, 전문가 초청과 함께 이루어질 수 있다. 또한, 현장조사가 어려울 경우에는 전문가 초청을 통해서만 활동이 이루어질 수도 있다.

'비누' 프로젝트에서 유아들은 현장조사를 통해 비누에 대해 더 많은 궁금증을 갖게 되었고, 새로운 관심거리에 따라 집단을 나누어 조사, 탐구를 실행하고 그 결과를 공유하였다.

그중 '비누 만들기'의 경우, 비누공예 전문가인 유아의 어머니들을 전문가로 초청하여 함께 진행한 활동으로, 비누를 만드는 데 필요한 재료와 과정에 대해 알아보고 질문거리를 해결할 수 있는 시간으로 이루어졌다.

■ 비누 만들기 활동 전

유아 1: 모든 비누는 다 같은 방법으로 만들어져요?

전문가: 보통은 공장에서 비누를 만드는 여러 재료를 섞어 기계로 찍어 내곤 하지만, 앞에 있는 비누베이스를 녹인 후, 향이 나는 오일을 넣고 글리세린을 뿌려 굳히면, 내가 원하는 비누를 직접 만들 수 있어요.

유아 2: 오일이랑 글리세린은 왜 넣는 거예요?

전문가: 오일은 좋은 향기가 나도록 도와주고, 글리세린은 손이 건조해지지 않도록 도와줘요.

유아 3: 과일껍질이나 꽃으로 비누향을 만들 수 있어요?

전문가: 말린 식물이나 커피 가루 같은 것을 함께 넣어 만들기도 해요. 하지만, 너무 알갱이가 크거나 많은 양을 넣으면 거칠어서 씻을 때 피부가 다칠 수도 있어요.

유아 4: 아, 그러면 어떻게 해요?

전문가: 재료마다 넣는 양이 정해져 있기 때문에, 만드는 방법을 알아보고 정확한 양을 넣어 만들어야 해요.

| 그림 10-5 | '비누' 프로젝트의 현장조사 후 전문가 초청의 예

프로젝트가 전개되면서 유아들은 다양한 활동을 하게 된다. 이때 이루어지는 여러 가지 표상 및 탐구활동의 과정과 결과물을 통해 교사는 주제에 대한 유아들의 생각이나 흥미가 어떻게 변화되고 있는가를 살펴볼 수 있다. 이 같은 과정을 통해 도출되는 결과물은 개별 프로젝트 폴더나 전시 벽 등을 통해 공유할 수 있다.

(4) 마무리 단계

① 전시 및 발표

프로젝트의 마무리 단계에서 유아들은 프로젝트 전 과정을 통해 이뤄 온 결과물이나 성취물을 다른 사람들[9)]과 공유하고 평가하게 된다. 공유의 경험은 프로젝트 과정을 담은 사진을 전시, 설명하거나 표상활동 결과 및 작품 등을 발표하는 것으로 이루어질 수 있으며 공유내용은 교사와 유아의 협의를 통해 결정한다.

② 프로젝트 평가

전시회 및 발표회가 끝나고 난 후 마무리 토의에서는 교사와 유아들이 전시회 진행 과정을 평가하고, 전시된 결과물과 자료 등을 정리하는 방법에 대해 이야기를 나누게 된다.

9) 방문하는 사람들은 가족이나 다른 반 유아 외에도 특별한 도움을 준 전문가나 현장사람들 외에도 지역사회주민이 함께할 수 있다.

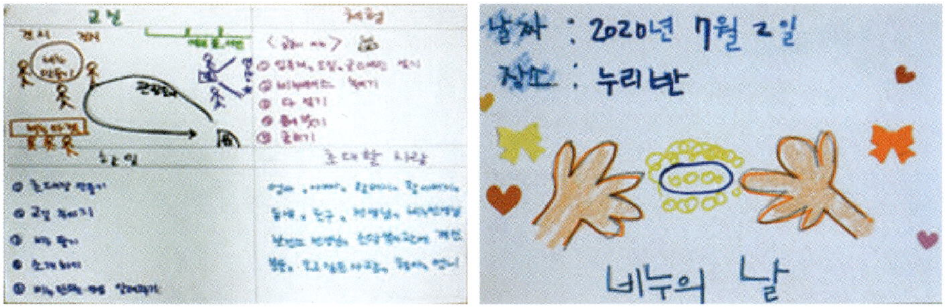

〈전시 및 발표회 준비표〉 〈전시 및 발표회 초대장〉

| 그림 10-6 | '전시 및 발표회' 준비과정의 예

2. 프로젝트 접근법을 통한 유아과학교육의 실제[10)]

프로젝트 접근법은 유아의 호기심에서 비롯된 특정 주제를 심도 있게 탐구해 나가는 교육방법으로, 궁금한 점을 스스로 해결해 나가는 과정 자체를 강조한다. 여기서 과정이란, 무엇을 경험하는가뿐만 아니라 유아들이 어떻게 문제를 확인해 나가는가를 포함한다.

이 책에서는 풍부한 과학적 탐구과정을 경험할 수 있는 '택배상자'를 주제로 프로젝트 접근법을 통한 유아과학교육 사례를 살펴본다.

1) 교사의 계획하기

프로젝트 준비단계는 교사의 계획이 이루어지는 단계로 주제선정, 예상 주제망 구성, 예상 활동안 구성이 중점적으로 이루어진다.

10) '프로젝트 접근법을 통한 유아과학교육의 실제'에 제시된 내용은 풀꽃향기 유치원에서 실행한 것으로 집필진이 직접 촬영한 것을 활용하였다.

(1) 주제선정

주제선정은 유아의 흥미를 기반으로 교육적 의미가 있는 주제를 선정하며, 구체적인 자료제시의 가능 여부, 관련 지역사회 기관 및 전문가 등의 자원 활용 가능 여부, 유용한 교구의 활용 가능 여부 등을 함께 고려하여야 한다.

교사는 풍부한 과학적 탐구과정의 경험이 가능한 주제를 선정하기 위해 유아들의 놀이를 관찰하던 중, 택배와 관련된 극 놀이를 하며 다양한 경험을 나누는 모습을 보고 프로젝트 주제를 '택배상자'로 선정하게 되었다.

택배상자는 배달문화의 확산으로 택배물량이 급증함에 따라 주변에 쉽게 구할 수 있는 자료이자 이를 활용한 다양한 탐구활동이 가능하고, 관련 기관 및 현장에 계신 분들과의 만남이 용이하다는 점에서 프로젝트 실행에 적합한 주제라 할 수 있다.

(2) 예상 주제망 구성

주제선정 후 교사는 동료 교사와의 협의를 통해 예상 주제망을 구성하였고, 교사 스스로 주제에 대한 개념정도 및 흥미수준, 방향을 파악하는 기회를 가졌다.

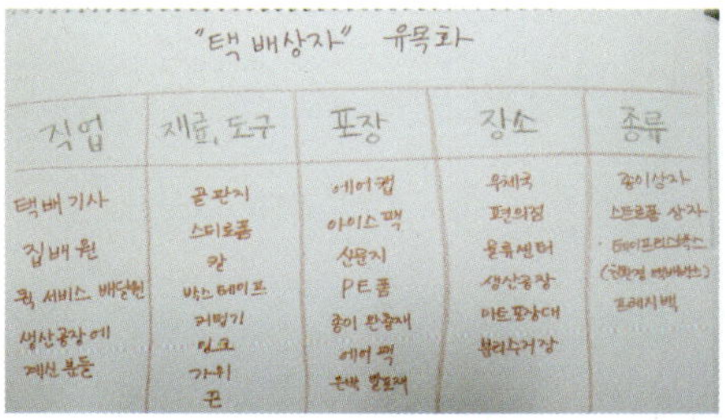

〈교사의 유목화 예〉

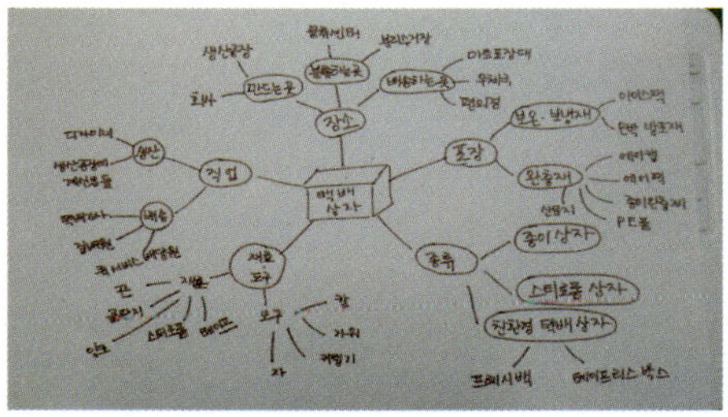

〈교사의 예상 주제망 예〉

| 그림 10-7 | 예상 주제망 구성의 예

(3) 예상 활동안 구성

교사의 '택배상자' 예상 주제망을 기반으로 프로젝트 실행에서 이루어질 수 있는 활동들을 예상안으로 구성하고 자원을 검토하였다.

이야기 나누기/토의
- 이전 경험 나누기
- 택배상자의 특징
- 다양한 택배상자
- 택배상자의 기능
- 택배상자를 만들기까지
- 택배상자를 조사해요
- 현장조사를 가요
- 택배상자를 바꾼다면?

동화/미디어

〈동화〉
- 상자 세 개
- 갈매기 택배
- 꿀꿀바와 수상한 택배
- 행복을 배달하는 폴짝이

〈미디어〉
- 택배상자를 만들어요

관찰/실험

〈관찰〉
- 여러 종류의 택배상자
  – 모양, 색, 치수 등 비교
- 택배 상자에는 어떤 글씨가 있을까?

〈실험〉
- 얼마나 들어갈까?
- 젖지 않는 택배상자

음률/신체표현

〈동요〉
- 택배송
- 편지 개사하기

〈신체표현〉
- 택배의 달인

택배상자

게임/실외활동

〈게임〉
- 택배상자 쌓기
- 택배상자 배달하기

〈실외활동〉
- 택배상자를 찾아서
- 택배상자로 놀이해요

현장조사/전문가초청

〈현장조사〉
- 택배물류센터
- 택배 상자 생산공장
- 우체국

〈전문가 초청〉
- 택배기사님
- 택배상자 생산자
- 우편집배원

미술/조형
- 택배상자 오브제
- 택배상자 꾸미기
- 현장조사 후 그림 그리기
- 택배상자 디자인하기
- 새로운 택배상자 만들기
- 초대장 만들기

가정연계 활동
- 우리집 택배상자 정리하기
- 택배기사님께 감사인사 드리기
- 우체국 가 보기

| 그림 10-8 | '택배상자' 프로젝트 예상 활동안 구성의 예

2) 시작단계

프로젝트 시작단계는 주제도입을 통해 흥미를 모으고, 관련 경험을 나누며 질문거리를 정리하는 활동으로 이루어진다.

(1) 주제의 도입

'택배상자' 프로젝트 실행을 위해 교사는 등원 시간, 유치원에 배달 온 택배 상자들을 교실 문 앞에 비치하였다. 이를 통해 택배상자에 흥미를 가진 유아들과 관련 동화를 들으며 주제를 도입하였다.

① 아침에 본 '택배상자'에 대해 이야기 나눈다.

- 오늘 아침, 교실에도 택배상자들이 있었어요. 택배 안에 무엇이 있을까요?
- 왜 직접 가서 사지 않고, 택배를 주문했을까요?

② 동화 〈상자 세 개〉[11]를 감상한다.

> 토끼와 코끼리, 공룡이 함께 크리스마스를 준비할 때, 초인종이 울린다. 밖에 나가 보니 상자 세 개가 배달이 되어 있고 친구들은 누가 어떤 상자를 가질지 이야기 나눈다.
>
> *- 동화 <상자 세 개> 중에서*

- 동물 친구들 집 앞에 무엇이 있었나요?
- 누가 상자를 가져다 놓은 걸까요?
- 이렇게 누군가에게 택배를 받아 본 경험이 있나요?

---

11) 신원(2011). 상자 세 개. 경기: 한국헤르만헤세.

(2) 이전 경험 나누기

교사는 택배상자에 관한 자신의 경험을 먼저 소개하였고, 뒤이어 몇 명의 유아가 경험을 이야기한 후, 그림과 글로 표현하며 이전 경험 나누기를 실행하였다.

① '택배상자'에 관한 경험을 이야기 나눈다.

교사: 선생님은 멀리 사는 친구가 생일인데, 만날 수가 없어서 선물을 상자에 넣어서 택배를 보낸 적도 있어요.
사랑: 저도 엄마랑 우체국에 가서 외할머니댁에 사과상자를 보낸 적이 있어요!
예지: 우리 엄마는 택배기사님이 방문할 수 있게 예약도 해요.
교사: 택배상자에 대한 다양한 경험이 있네요. 그럼, 친구들과 경험을 나눌 수 있도록 그림으로 그려 볼까요?

② 택배상자에 관한 이전 경험을 그림으로 표현해 본다.

| 그림 10-9 | '택배상자'에 관한 이전 경험 그리기

- 어떤 경험을 그림으로 그리고 싶나요?
- 어디에서 경험한 것인가요?
- 어떻게 그리면 친구들이 내 생각을 잘 이해할 수 있을까요?

③ 내가 그린 이전 경험 나누기 그림을 친구들에게 소개한다.

- 친구와 같거나 비슷한 경험을 한 사람이 있을까요?
- 친구들의 경험을 들으며 새롭게 알게 되거나 신기하게 생각된 것이 있나요?

(3) 질문거리 나누기

주제에 대한 이전 경험을 나눈 후, 교사는 유아들과 함께 택배상자와 관련한 질문들에 대해 이야기를 나누었다.

① 친구들이 소개한 이전 경험 그림을 보며 이야기 나눈다.

- 친구들이 소개한 경험 중 기억에 남는 것이 있나요?
- 택배상자에 대한 또 다른 경험이 있나요?

② 택배상자에 대해 더 알고 싶은 점을 이야기 나눈다.

- 택배상자에 대해 더 알아보고 싶은 점이 있나요?
- 왜 그것에 대해 알아보고 싶나요?

③ 친구들이 궁금해하는 질문거리들을 보며 이야기 나눈다.

'택배상자'에 대한 질문목록	
• 택배상자는 어디서 만들어지나요? • 택배상자는 왜 갈색인가요? • 택배상자는 종이상자가 아니어도 되나요? • 택배상자가 찢어지면 어떻게 하나요? • 택배상자는 무엇으로 만드나요? • 택배상자에 손잡이가 있으면 안 되나요? • 택배상자를 누가 택배기사님께 배달해 주나요? • 택배상자는 재활용이 되나요?	• 택배상자에 그려진 그림들은 어떻게 그리는 건가요? • 택배상자에 주소 스티커는 누가 붙이나요? • 택배상자는 왜 무늬가 없나요? • 택배상자는 어떻게 여러 가지 크기로 만들어지나요? • 택배상자는 누가 조립하나요?

- 친구들이 말한 질문 중 내가 이야기해 줄 수 있는 것이 있나요?
- 많은 질문 중 가장 궁금한 것은 무엇인가요?
- 어떻게 하면 택배상자에 대해 궁금한 것을 해결할 수 있을까요?
- 누구의 도움을 받을 수 있을까요?
- 어디에 가면, 궁금한 것을 확인해 볼 수 있을까요?

④ 궁금이 녹음기와 상자를 소개한다.

• 친구들이 언제든지 궁금한 것을 모을 수 있도록 녹음기와 상자를 준비했어요.
• 모아진 질문들을 언제 확인하면 좋을까요?

3) 전개단계[12)]

프로젝트 전개단계는 시작단계에서 나타난 질문을 해결하기 위한 현장조사를 중심으로 이루어진다.

'택배상자' 프로젝트의 전개단계는 약 2주간 이루어졌으며 이 기간 동안 유아들은 질문을 해결하기 위해 다양한 조사, 탐구를 위해 택배물류센터로의 현장방문을 실시하였고 택배상자 생산공장에 계신 분과의 인터뷰를 통해 궁금증을 해결할 수 있었다.

(1) 현장조사 준비

시작단계에서 도출된 택배상자에 관한 질문거리를 해결하기 위해 교사와 유아들은 궁금증을 해결하는 데 도움을 주실 수 있는 분들에 대해 조사한 내용을 공유하였고 이를 바탕으로 전문가와 현장조사 장소에 대해 토론하였다.

12) '프로젝트 전개단계'에서는 개별 또는 대 · 소집단의 형태로 다양한 탐구, 표상, 조사활동들이 이루어졌으나 활동의 심화 과정을 보여 주는 데 목적을 두었으므로 모든 활동을 기술하지는 않았다.

교사: 지난 시간, 택배상자에 대한 질문을 해결하기 위해 어떤 분들의 도움을 받을 수 있을지 이야기를 나누었는데 기억나는 친구가 있나요?
은빈: 택배기사님이요!
제시: 택배상자를 만드시는 분들이랑 우체국에 계신 집배원분들도 이야기했었어요.
교사: 그래요. 그리고 그동안 친구들이 조사한 결과 택배 상자 파는 곳, 택배물류센터에 계신 분들의 도움을 받을 수 있을 거라는 이야기가 나왔었어요. 어떻게 알 수 있었나요?
솔이: 집에 가서 엄마에게 여쭤봤더니 이야기해 주셨어요.
명찬: 저는 승찬이랑 선생님이랑 같이 인터넷에 '택배'라고 검색했더니 물류센터라는 곳이 나왔는데 택배가 배달되기 전에 쌓아두는 곳이었어요.
지선: 나도 거기에서 택배기사님들이 택배를 가지고 오는 거 TV로 본 적 있는데!
교사: 친구가 조사해 준 덕분에 우리가 본 적은 있지만 어떤 곳인지 잘 몰랐던 곳을 새롭게 알게 됐네요~. 오늘은 이렇게 우리가 도움을 받을 수 있는 분들 중 우리의 궁금증을 가장 잘 해결해 주실 분과 장소를 정해 보려고 해요. 어떤 곳이 좋을까요?

토론결과, 유아들의 궁금증 대부분이 택배상자의 외형과 생산과정에 대한 것이었으므로 '택배물류센터'와 '택배상자 생산공장' 방문에 대한 의견이 가장 많이 나와 유치원과의 거리 등을 고려해 각각 현장방문과 전문가 초청을 통해 조사를 실행하기로 하였다.

(2) 현장조사

현장조사는 주제와 관련된 현장을 방문하여 직접 경험을 통해 궁금증을 해결하는 과정이다. '택배상자' 프로젝트에서 유아들은 다양한 종류의 택배상자를 탐색하고 특징을 살펴보기 위해 택배물류센터에 방문하였고 택배기사님과의 만남을 통해 공장에서 택배상자가 생산된 이후, 물품이 담겨 배송지까지 배달되는 과정에 대해 들을 수 있었다.

(3) 현장조사 후 활동

현장조사 후 유아들은 다양한 방법으로 관찰, 기록한 것과 새롭게 알게 된 것에 대해 표상하는 과정을 가지며 경험을 확장하게 된다. '택배상자' 프로젝트에서 현장조사를 다녀온 유아들은 각각 궁금했던 것들에 대해 알게 된 내용을 글, 그림, 도표 등으로 표현하고 이를 친구들에게 소개하는 시간을 가졌다.

| 그림 10-10 | 택배가 배달되기까지의 과정 도표

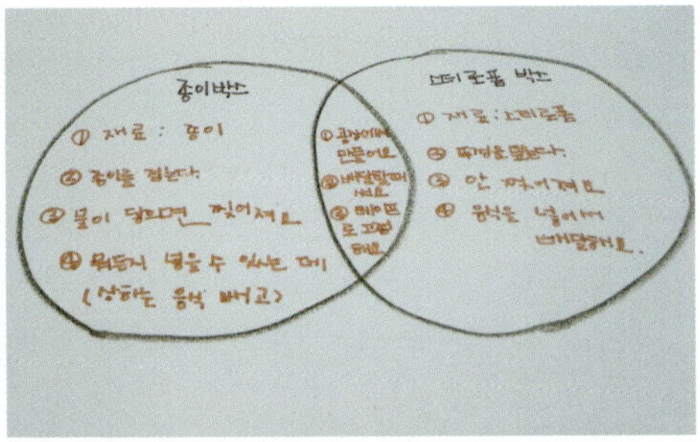

| 그림 10-11 | 다양한 택배상자 벤다이어 그램

현장조사 이후, 유아들은 택배상자의 생산과정과 다양한 택배 상자의 종류에 대해 더 알고 싶어 했고, 관련된 궁금증을 해결하기 위해 '택배상자 생산공장에 계신 분'과의 전문가 인터뷰를 실행하였다.

(택배 상자 생산공장에 계신 전문가께서 보내 주신 생산과정 영상을 본 후)

전문가: 우리 어린이들이 택배상자가 어떻게 만들어지는지에 대한 것 말고도 아저씨에게 궁금한 것이 있다고 들었어요. 어떤 것들이 궁금한가요?

유아 1: 지난번에 물류센터에 가서 봤는데, 여러 종류의 택배 상자가 있었어요. 물건이 담기면 어떤 상자를 써도 택배를 보낼 수 있나요?

전문가: 만약 내가 택배를 보내기 위해 우체국에 가서 택배상자를 산다고 하면, 일정한 규격에 따라 만들어진 상자를 사서 보낼 수 있지만 내용물이 안전하게 이동할 수 있을 정도의 튼튼한 상자를 이미 가지고 있자면, 그것을 사용할 수도 있어요.

유아 2: 대부분 상자들에는 엄청 많은 테이프가 붙어 있었는데, 그건 왜 그런 거예요?

전문가: 배달을 할 때 상자가 열리거나 찢어질 경우를 대비해서 많은 양의 박스테이프를 붙이기도 해요. 하지만 그 테이프가 쓰레기가 되고, 환경에 좋지 않은 영향을 미쳐 요즘은 테이프를 사용하지 않는 상자들이 많이 만들어지고 있어요.

유아 3: 테이프를 쓰지 않는 택배상자도 있어요?

전문가: 네. 테이프 대신 지퍼나 벨크로를 상자 끝에 붙여 재사용할 수 있게 한 상자도 있고, 배송을 받은 사람이 종이를 손으로 뜯어 열 수 있게 만든 상자도 있어요.

유아 4: 그런 상자들을 쓰면 분리수거 할 상자들이 줄어들어서 더 편할 것 같아요!

전문가: 그렇죠. 그리고 상자뿐만 아니라 물건이 충격을 받지 않게 감싸는 완충재나 상하지 않게 온도를 유지해 주는 보온, 보냉제도 친환경 재료들로 많이 바뀌고 있어요.

유아 5: 이런 걸 사람들이 많이 알면 좋겠어요!

전문가: 아저씨도 그렇게 생각해요. 우리 친구들이 많이 많이 알려 주세요~!

4) 마무리단계

프로젝트의 마무리를 위해 교사는 주제에 대한 유아의 흥미가 지속, 확장되고 있는지를 탐색하였고 유아들과의 협의를 통해 마무리 단계의 활동을 실행하였다.

(1) 전시 및 발표

프로젝트 전개단계가 마무리된 후 교사는 전체토의를 통해 유아들과 프로젝트를 정리하고 평가한 후 공유를 위한 전시 및 발표방법 등에 대한 의견을 나누게 된다.

프로젝트의 마무리로 유아와 함께 '택배상자' 프로젝트의 전 과정을 돌아본 교사는 활동의 과정을 어떻게 다른 사람과 공유하면 좋을지에 대한 의견을 나누었다. 유아들은 프로젝트 과정을 담은 사진을 전시하고 가족과 다른 반 선생님, 친구들에게 소개하자는 의견을 제시했으며 도움을 주신 전문가분들도 함께 초대하기로 하였다. 또한, 전시 및 발표회를 통해 프로젝트를 진행하면서 알게 된 '친환경 택배상자'를 방문한 손님들에게 소개하고, 직접 제작한 캠페인 스티커를 배부하여 널리 알릴 수 있도록 하였다.

| 그림 10-12 | 활동 결과물–친환경 택배상자 캠페인

(2) 프로젝트 평가

전시회 및 발표회가 끝난 후 교사와 유아들은 프로젝트 전반에 대해 평가하는 시간을 가진다.

'택배상자' 프로젝트에서 교사는 유아들과 함께 프로젝트 과정 전반을 영상으로 감상한 후 소감을 나누었고 아쉬웠던 점이나 다음 프로젝트 실행 시 참고할 만한 부분들을 정리하여 기록하는 것으로 평가를 마무리하였다.

유아과학교육, 고마운 과학의 출발점!

"음식을 만들 수 있도록 도와주는 고마운 도구들"

맛있는 음식을 만들 수 있도록 도와주는 고마운 물건들이 있어요. 그 물건들에는 어떤 과학원리들이 숨어 있을까요? 그리고 그 원리를 이용해 아이들은 어떻게 놀 수 있을까요? 예비교사의 생각이 궁금해요!

과학아 고마워!		과학아 놀자 ^^
과학의 원리는 무엇일까?	음식을 만들 수 있도록 도와주는 고마운 물건	아이들은 어떻게 놀까?
• 부도체의 원리 • 열전도의 원리	 냄비	
• 부도체의 원리 • 마찰의 원리	 프라이팬	
• 부도체의 원리 • 열팽창의 원리	 전기밥솥	

맛있는 음식을 만들 수 있도록 도와주는 고마운 물건! 그 속에 숨은 과학원리를 함께 알아봐요!

부도체의 원리

음식을 만들 때는 열과 전기를 이용하기 때문에 냄비, 프라이팬의 손잡이와 전기밥솥의 몸체는 안전을 위해 부도체로 만들어져 있어요. 부도체(insulator, 不導體)는 전기 또는 열에 대한 저항이 매우 커서 이를 잘 전달하지 못하는 물체로 종이, 유리, 나무, 고무, 플라스틱 등이 있어요.

열전도의 원리

냄비를 살 때, '열전도율이 높다'는 말을 흔히 볼 수 있어요. 열전도는 물체 간 직접적 접촉을 통해 열이 전달되는 것으로 높은 열전도율을 가진 물질일수록 열에너지를 더 잘 전달해요. 이에 가열을 통해 음식을 만드는 냄비는 열전도율이 높은 재료로 만들어지곤 해요.

마찰의 원리

프라이팬에 부침개나 달걀프라이를 하는 경우, 눌어붙어 뒤집지 못하거나 찢어지곤 하는데 이는 프라이팬의 표면이 매끄럽지 못해 마찰이 생기는 것과 관련이 있어요. 이에 요즘 대부분의 프라이팬은 테플론이라는 물질로 코팅을 하는데, 코팅을 하게 되면 표면이 매끄러워져서 음식이 눌어붙지 않고 잘 떨어지게 되어요.

열팽창의 원리

전기밥솥의 전기회로에 연결된 바이메탈은 온도가 낮을 때는 전류를 흐르게 하여 전기기구의 온도를 높이고, 정해진 온도보다 온도가 높을 때는 한쪽의 금속이 다른 쪽 금속보다 더 늘어나 전기회로의 연결을 끊어 더는 온도가 높아지지 않게 해요. 이러한 바이메탈은 온도 변화에 따라 팽창, 수축하는 정도가 다른 두 종류의 얇은 금속을 포개어 만든 것으로 열팽창과 관련이 있어요.

STEAM을 통한 유아과학교육

오늘날 우리는 창의혁신시대를 살고 있으며 시대변화에 따라 창의융합 인재 양성을 목표로 한 교육정책들이 시행되고 있다. 창의융합 인재는 창의성에 기반하여 융합적으로 사고하는 과정을 통해 실생활 문제를 해결해 나갈 수 있는 역량을 지닌 인재를 의미한다.

미래인재 양성을 위한 STEAM 교육은 창의융합 인재 양성을 목표로 하는 2015 개정 교육과정과 맥을 함께하며, 통합적 경험에서의 의미 있는 배움을 강조하는 2019 개정 누리과정의 방향과 상통한다.

이 장에서는 STEAM의 기초이해를 위해 개념과 유아과학교육에서의 의의, 교육방법을 살펴보고 STEAM을 통한 유아과학교육의 실제에 대한 이해를 높이고자 한다.

제11장

STEAM을 통한 유아과학교육

하나
STEAM의
기초이해

둘
STEAM을 통한
유아과학교육의
실제

자신의 생각을 바꾸고 세상을 바꿔라.
-노먼 빈센트 필-

1. STEAM의 기초이해

과학기술의 급격한 발전은 오늘날 우리의 삶과 미래에 영향을 미치고 있으며, 미래사회를 이끌어 나갈 새로운 창의융합 인재에 대한 요구가 증가되고 있다. STEAM은 창의융합 인재 양성을 목표로 한 미래교육으로 통합론적 관점에서 다양한 학문을 분절시키지 않고, 하나의 유기체로 바라보는 교육을 의미한다. 이러한 관점에서 STEAM을 통한 유아과학교육은 유아의 궁금증을 다양한 영역 간 융합을 통해 실제적으로 해결해 나간다는 점에서 시대적 흐름을 반영한 새로운 접근으로 강조되고 있다.

1) STEAM의 배경과 개념

(1) STEAM의 배경

미래인재 양성을 위한 교육정책의 일환인 STEAM은 미국의 통합교육과정인 STEM/STE@M 교육에 근간을 두고 있다.

1957년 소련의 스푸트니크(Sputnik) 발사 이후 미국은 통합교육과 과학교육을 위한 교육개혁을 거듭해 왔다.

- STS 교육: '과학-기술-사회'의 약칭으로, 1980년대 중반 학문중심교육의 문제를 해결하기 위해 출현하게 된 통합교육이다. 과학기술과 사회적 상황의 상호작용을 이해하고 관련된 사회문제에 현명하게 대처할 수 있도록 해야 함을 강조한다(김혜원, 2016; 배선아, 2009).
- MST 교육: '수학-과학-기술'의 약칭으로, 1990년대 새롭게 대두된 통합교육이다. 현실세계에서 수학-과학-기술은 분리된 것이 아니라 긴밀하게 연결되어 있다는 관점에서 상호연결을 이해하는 것이 중요함을 강조한다(박형서·김유신, 2003; 변순학, 2010).

- STEM 교육: '과학-기술-공학-수학'의 약칭으로, 2000년대 초 국가경쟁력 신장을 위해 과학기술 역량을 강화하고자 추진된 통합교육이다. 기존의 MST교육에 공학 내용을 추가하고, 네 영역을 통합함에 있어 각 영역의 특성만이 아닌 본질적 의미에서의 통합을 강조한다(김민철, 2013; 김진수·김방희 외, 2020).

그러나 이와 같은 국가의 지원과 노력에도 불구하고 과학과 수학에 대한 미국 학생들의 무관심은 악화되어 갔다. 이에 정부는 창의적 STEAM 교육을 위한 교육역량과 연구를 결집하였고 버지니아 테크(Virginia Tech)의 야크만(Yakman, 2007)이 기존의 STEM 교육에 예술(Art)를 추가하여 소개하였다. 이로써 미국의 STEM 교육은 STE@M이라는 새로운 접근의 통합교육형태를 맞이하며 STEAM 교육으로 발전하게 되었다. 이후 김진수(2007)에 의해 국내에 최초로 소개된 이 교육은 미래인재역량으로 융합적 사고의 필요성이 강조됨에 따라 국내실정을 반영하여 '융합인재교육(STEAM)'으로 명명하고 국가교육정책으로 도입하게 되었다(김형재·송민서 외, 2016; 최진령·이연승, 2017).

(2) STEAM의 개념

STEAM은 구성요소인 '과학-기술-공학-예술-수학'이 서로 관계하며 유기적으로 연결되어 있음을 경험하는 통합교육이다(김혜원, 2020; 이소희 · 김경숙 외, 2017). 이러한 통합을 통해 유아는 창의와 다양성을 길러 나가는 융합적 사고를 배양할 수 있게 된다.

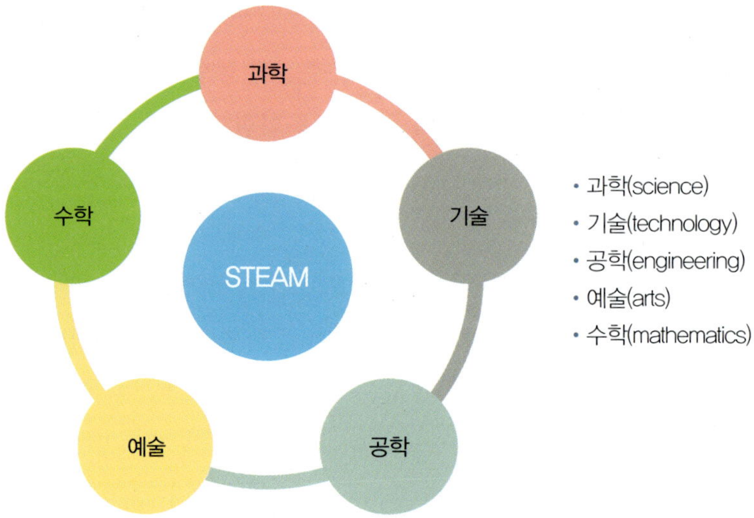

| 그림 11-1 | STEAM의 구성요소

통합이론의 관점에서 이러한 구성요소는 분절된 것이 아니라 유기적으로 연결된 하나의 전체이다. 즉, 진정한 의미의 STEAM 교육 실천을 위해서는 각 요소가 서로 연결되어 있다는 것을 경험하는 것이 매우 중요하다.

STEAM 교육은 유아의 일상경험에서 비롯한 궁금증으로부터 시작되며, 동일한 소재이더라도 흥미에 따라 다양한 방식으로 구성요소의 통합을 경험할 수 있다.

여기서 통합은 교과가 어떠한 유형에 통합되었는가에 따라 다학문, 간학문, 탈학문적 통합으로 통합의 유형[1]을 구분할 수 있다(곽영숙·김규리 외, 2020; 김진수·김방희 외, 2020). [그림 11-2]는 종이컵을 소재로 다학문적 관점에서 각 요소들을 통합한 STEAM의 구체적 예이다. 이때, 유아들이 STEAM 요소 중 어떠한 요소를 중점적으로 경험하게 되는가에 따라 과학중심 STEAM, 기술중심

1) 다학문적 통합은 한 가지 주제나 쟁점이 되는 문제를 탐구하고, 주제와 관련된 해결책을 탐색하는 과정에서 여러 가지 학문이 다양하게 동원되는 통합방식을 말한다. 간학문적 통합은 두 개 이상의 학문이 같은 방식에서 또는 같은 수준에서 새롭고 의미 있는 융합이 이뤄지도록 하는 통합방식이다. 탈학문적 통합은 학문들 간의 경계를 허물고 구성원 간의 정보와 기술 공유를 중심으로 하는 통합방식을 의미한다.

STEAM, 공학중심 STEAM, 예술중심 STEAM, 수학중심 STEAM으로 실행될 수 있다.[2)]

| 그림 11-2 | '종이컵'을 활용한 STEAM 접근의 유아과학교육 예시

① 과학

'과학'은 어떤 사물을 '안다'라는 라틴어 'cire'에서 유래된 것으로, 보편적인 진리나 법칙의 발견을 목적으로 한 체계적인 지식을 의미한다(표준국어대사전, 2020). 이러한 과학교육의 목표는 과학적 지식, 기능, 능력, 습관, 태도, 가치관 등을 발달단계에 따라 교육하는 것이라 규정할 수 있다(교육학용어사전, 2018).

2) 본문에서는 각 요소에 대한 이해를 돕기 위해 다학문적 관점에서의 통합을 제시하였으며, '종이컵'을 소재로 한 탈학문적 접근의 예는 'STEAM을 통한 유아과학교육의 실제'에서 살펴볼 수 있다.

이러한 관점에서 유아 STEAM에서의 '과학'은 유아가 일상에서 경험하는 궁금증을 직접 탐구하고 실험하며 과학적 원리와 법칙에 대해 알아가는 과정 전반이라 할 수 있다. 이에 교사는 유아들의 호기심을 바탕으로 궁금증을 해결할 수 있는 실험과 탐구과정을 지원함으로써 과학요소에 대한 경험을 도모할 수 있다.

구체적인 예로 유아들이 종이컵을 활용하여 놀이하던 중 '종이컵도 물에 젖을까?'라는 궁금증을 이야기할 때, 교사가 이를 확인할 수 있는 실험과 탐구의 과정을 지원함으로써 과학중심 STEAM을 실행하는 과정을 들 수 있다.

종이컵 방수실험(SE)

성희: 어? 종이컵이 젖었어! 이것 봐. 내가 아까 얼음 담아놨는데 흐물흐물해졌어.
윤희: 진짜네!! 뜨거운 물 담았을 땐 괜찮았는데.
성희: 차가운 걸 넣으면 젖는 건가?
윤희: 우리 종이컵에다가 미지근한 물이랑 뜨거운 물이랑 담아서 실험해 보자!!

놀이를 관찰하던 교사는 유아들에게 뜨거운 물과 얼음, 미지근한 물을 제공하고 온도계로 온도를 함께 확인하며 실험을 지원하였다.

| 그림 11-3 | 과학중심 STEAM과 교사지원

② 기술

'기술'은 그리스어 테크네(technē)에서 유래하였으며, 어원적으로는 예술 · 의술 등도 포함하고 있으나 오늘날은 주로 물적 재화를 생산하는 생산 기술의 의미로 사용되고 있다(박준우, 2009; 송성수, 2009). 즉, 어떤 원리나 지식을 대상에 적용하여 필요와 요구에 따라 생활에 유용하도록 만들거나 변형하는 구체적이고 실제적인 수단을 의미한다. 이러한 기술교육은 생산적 기술에 직결된 지식이나 기술의 습득을 목적으로 한다(교육학용어사전, 2018).

이러한 관점에서 유아 STEAM에서의 '기술'은 필요에 의해 자연환경 및 사물을 유용하도록 가공하는 수단이나 방법이라 정의할 수 있다. 이에 교사는 유아의 요구를 바탕으로 과학적 지식을 실제 적용, 실생활에 유용하도록 주어진 대상을 변화시키는 기회를 통해 기술요소의 경험을 도울 수 있다. 구체적인 예로 유아들이 놀이 중 필요에 따라 종이컵을 가공하고자 할 때 교사가 이를 지원하여 기술중심 STEAM을 실행하는 과정을 살펴볼 수 있다.

종이컵 보관함(STEAM)

채연: 와~~여기 산수유 발견!!
수진: 여기 종이컵에 담아서 갖고 가자~
채연: 종이컵이 너무 많네··· 들 수가 없어.
수진: 그럼 종이컵에 마스크 줄을 다는 건 어때?
형은: 그래그래! 그럼 목에 걸고 다니면 되니까 더 많이 옮길 수 있겠다.

유아들의 요구에 교사는 펀치를 제공하여 놀이를 지원하였고, 유아들은 종이컵을 보관함으로 변형하여 놀이를 이어 나갔다.

| 그림 11-4 | 기술중심 STEAM과 교사지원

③ 공학

'공학(工學)'은 공업에 관한 것을 연구하는 학문을 말한다. 공업은 원료를 가공하여 인간 생활에 유용한 물자를 생산하는 산업을 통틀어 이르는 말(고려대한국어대사전, 2009)로 실제로 무엇인가를 생산하는 실천행동, 즉 창조의 의미를 담고 있다. 이러한 공학교육은 문제를 발견하고 이에 대한 기술적 해결책을 제시할 수 있도록 돕는 것을 목표로 한다(학문명백과, 2020).

이러한 관점에서 유아 STEAM에서의 공학은 산출물을 제작할 때에 다양한 제한점을 고려하여 실용적인 문제해결 방법을 연구하는 것이라 할 수 있다. 이때의 제한은 시간, 비용, 난이도, 사회적·환경적 규제 등을 들 수 있다. 구체적인 예로 만들기 재료인 종이컵을 교실에 비치하는 데 있어 생겨나는 문제에 대하여 유아들이 해결방법을 탐구하는 과정을 지원함으로써 공학중심 STEAM을 실행해 나가는 과정을 살펴볼 수 있다.

종이컵 디스펜서(STEM)

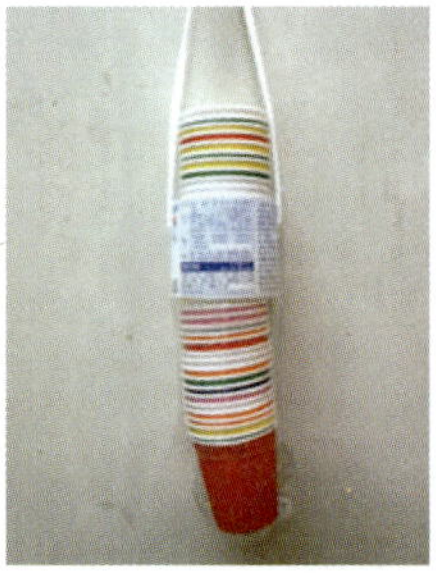

경희: 종이컵이 또 쓰러져 있네!
주경: 안 쓰러지게 눕혀 놓을까?
이슬: 교구장에 눕혀놓을 자리가 없는걸?
은지: 정수기 옆에 종이컵 세워놓는 긴 통이 있던데… 우리가 그거 만들어 볼까?

교사는 유아들이 비치하고자 하는 공간의 사이즈를 함께 측정하고, 이에 적합한 페트병을 찾아 원하는 모양으로 재단할 수 있도록 지원하였다.

| 그림 11-5 | 공학중심 STEAM과 교사지원

④ 예술

'예술(arts)'은 아름다움을 표현하고 창조하는 일에 목적을 둔 인간 활동과 그 산물을 통틀어 이르는 용어이다(고려대한국어대사전, 2009). 이는 본래 어떤 물건을 제작하는 기술능력의 의미를 포함하고 있었으나 18세기, 기술(art)과 미(beauty)가 결합된 미적 기술(fine art)이라는 용어가 등장함으로써 예술은 미의 추구라는 등식이 성립하게 되었다. 즉, 기술은 대상을 유용하도록 가공하는 것에, 예술은 미적 추구에 중점 두어 설명할 수 있다. 이러한 미의 추구는 미술뿐만 아니라 언어, 음악, 체육 등 다양한 표현의 경험을 통해 이뤄질 수 있다.

이러한 관점에서 유아 STEAM에서의 예술은 아름다움을 표현하는 활동 및 작품으로 정의할 수 있다. 이때 교사는 예술성을 평가하기보다 유아가 느끼는 것과 다른 사람과 나누는 감성적 체험의 과정을 중요하게 다루어야 한다. 구체적인 예로 유아들이 종이컵 화분을 꾸미는 과정에서 교사가 다양한 재료와 도구를 제공하고 친구들과 공유하는 과정을 지원함으로써 예술중심 STEAM을 전개해 나가는 것을 들 수 있다.

종이컵 화분 꾸미기(STAM)

은정: 나 엄마아빠랑 심은 선인장 갖고 왔어!
다혜: 진짜 화분 같다~모양도 똑같네~!
은정: 더 예쁘게 리본을 붙이는 건 어때?
선이: 맞아. 종이컵에 그려진 그림도 가리고!
은정: 부직포를 종이컵 크기만큼 잘라 붙이면 되겠다!

놀이를 관찰하던 교사는 다양한 미술도구 및 재료를 제공하여 유아들의 화분 꾸미기를 지원하였다.

| 그림 11-6 | 예술중심 STEAM과 교사 지원

⑤ 수학

'수학(數學)'은 셈 수(數)와 배울 학(學)의 한자어로 이루어진 용어로, 공간의 도형에 있어서의 여러 관계에 관해 연구하는 학문을 의미한다(한국한자어사전, 1996). 이는 인류역사상 가장 오래전부터 발달해 온 학문으로서 다른 학문의 기초가 되기도 한다. 수학은 매우 다양한 분야를 다루고 있으나 가장 기본적인 개념은 수와 도형이며, 오늘날 유아교육 분야에서는 수와 연산, 기하, 측정, 규칙성, 자료 분석을 중점적으로 다루고 있다(곽영숙·김규리 외, 2020).

이러한 관점에서 유아 STEAM에서의 수학은 수, 양, 공간, 도형에 관련된 관계를 알아보고 활용하는 것으로 정의할 수 있다. 구체적인 예로 유아들이 종이컵을 이용해 숫자놀이를 할 때 놀이 확장을 지원함으로써 수학중심 STEAM을 실행하는 것을 들 수 있다.

종이컵 숫자놀이(STEM)

초롱: 얘들아! 내가 종이컵으로 게임 만들었어!
송이: 나도 해 볼래!
희내: 저기 끝에도 통과해 봐~~
송이: 표시가 없으니까 잘 모르겠어. 이거야?
민정: 몇 번인지 숫자를 써 두면 좋겠다!
초롱: 그럼 숫자 써서 순서대로 통과시키기 하자!

교사는 유아들의 놀이를 관찰하며, 주사위를 제공하여 게임방법을 확장할 수 있도록 지원하였다.

| 그림 11-7 | 수학중심 STEAM과 교사지원

STEAM 교육은 두 개 이상의 구성요소 간 통합을 이룰 때 STEAM 교육이라 말한다(교육부·한국과학창의재단, 2015; 김진수·김방희 외, 2020).

유아교육과정에서 통합의 개념은 전인발달을 목적으로 유아의 경험·흥미·요구와 교육내용을 통합하고, 다양한 학문영역을 통합적으로 재조직하여 가르치는 방법을 의미한다. 그러나 이와 같은 통합교육은 교육목표를 이루기 위해 여러 영역을 결합하여 접근하는 것으로 다양한 영역의 관계성을 이해하고 지식의 연결고리를 찾도록 하는 융합교육과 차이를 가진다(곽병선, 2009; 김혜원, 2016).

이러한 관점에서 본질적 측면에서의 STEAM 교육 실천을 통해 유아의 질적 성장을 이루기 위해서는 STEAM 교육에 대한 유아교사의 정확한 이해와 역량이 중요하다(김래은·송민서 외, 2020; 이미진·김은정, 2017). 이를 위해 유아교육진흥원(2018)은 각 요소에 대한 교사들의 이해를 돕기 위해 유아 STEAM 교육내용을 제시하기도 하였다.

| 표 11-1 | 유아 STEAM 교육내용

요소	개념	내용
S (과학)	자연세계와 인간의 상호작용 과정을 이해하는 과정	물체와 물질, 생명체, 자연환경, 자연현상
T (기술)	다양한 재료와 도구를 활용하여 공학적 설계를 구현하기 위한 산출물을 제작하는 과정	제조기술, 건설기술, 정보통신기술, 생명기술
E (공학)	과학적 원리를 기반으로 일상생활 속 문제해결을 위한 창의적 설계 과정	기계공학, 금속재료 공학, 컴퓨터 공학, 건축 및 토목공학, 화학공학, 환경공학, 전기공학
A (예술)	예술적 요소의 아름다움을 경험하고 자기만의 방법으로 표현하고 감상하는 일련의 과정	음악, 미술, 움직임과 춤, 극놀이
M (수학)	사물의 특성을 수량화하며 구조와 순서 단계를 이해하는 과정	수와 연산, 공간과 도형, 측정, 규칙성, 기초적인 자료수집 및 결과 나타내기

출처: 유아교육진흥원(2018).

| 글 & 그림상자 11-1 | 놀이로 만나는 STEAM

출처: https://www.instagram.com/steamkidschallenge/

통합적 경험은 교육계획에 의해서만이 아니라 유아들의 자유로운 놀이 안에서도 경험될 수 있다. 놀이를 통한 STEAM의 경험은 SNS(STEAM Kids)를 통해서도 쉽게 만나볼 수 있다.

Q&A 유아와 어떤 소재를 이용하여 STEAM놀이를 할 수 있을까?

2) 유아과학교육에서 STEAM의 의의

급변하는 미래사회를 대비하기 위한 새로운 교육 패러다임으로 대두된 STEAM 교육은 창의융합 인재 양성을 목표로 초·중·고등학교에서 확산되고 있다.

창의융합형 인재는 인문학적 상상력과 과학기술 창조력을 갖추고 바른 인성을 겸비하여 새로운 지식을 창출하고 다양한 지식을 융합하여 새로운 가치를 창출할 수 있는 사람을 의미한다(교육부, 2015).

이와 관련하여 여러 전문가는 유아교육의 STEAM 교육 적용의 방향성과 적합성에 대해 피력하며 유아교육에서의 효과적인 실천방법을 지속적으로 연구하고 있다.

STEAM 교육은 관련 과목의 내용을 융합하여 다양한 활동을 하면서 유아에게 흥미와 이해력을 높여 주고자 하는 것이다. 이에 종전부터 해오던 'learning by doing'의 단순한 체험이 아닌 'learning by making'의 접근으로 무언가를 구체적으로 설계하고 구현해내는 체험학습을 강조한다.

◈ 김진수(2012)

STEAM은 통합교육의 전통에 기반하여 '융합'을 키워드로 다양한 지식을 활용해 복합적인 문제까지도 해결할 수 있는 능력을 함양하는 것을 목적으로 한다. 여기에서 핵심은 수학, 과학교과의 이론과 개념만이 아니라 실생활과의 연계성이다. 그리고 학습자가 자신과 학습내용의 관련성을 깨닫는 것이다. (중략) 학습자가 학습내용이 사회 어느 분야에서 쓰이는지 그리고 왜 배워야 하는지를 우선 체험한 다음, 스스로 설계하고 탐구하며 실험하는 과정을 통해 실생활 속 문제해결력을 배양하는 데 초점을 둔다는 것이다. 이와 같은 특성의 STEAM은 유아교육과 여러 부분에서 공통분모를 갖는다.

◈ 이연승(2013)

1980년대 책 크기의 컴퓨터를 만들겠다고 생각한 스티브 잡스는 30년 후 아이패드를 소개하게 되고, 1990년대 검색사이트를 만들며 지구를 복제하겠다던 두 청년은 그로부터 7년 후 구글 어스 오픈을 통해 바닷속까지 볼 수 있는 로드뷰를 만들게 된다. 이처럼 현대 사회는 스스로 변화와 혁신을 일으켜 새로운 것을 창조하는 융합형 인재를 필요로 하며 이는 곧 국가경쟁력이 된다. STEAM 교육은 이러한 시대적 변화에 대응하는 교육 패러다임이다.

◈ 지성애·김보라(2016)

우리나라는 2011년 제2차 과학기술 인재 육성지원 기본계획 수립 시부터 과학기술지식과 감성과 결합한 융합인재교육(STEAM)을 목표로 정하고, 다양하게 지원하기 시작하였으나 거의 초·중등교육에 초점을 두고 있다. 과학융합인재의 양성이라는 시대적·사회적 요구를 정책에 반영하는 선진 국가들은 모든 발달의 결정적인 시기인 유아기부터 일관성 있게 지속적으로 다루고 있는 추세인 반면 우리나라는 여전히 유아를 위한 STEAM 교육이 소외되고 있다.

◈ *홍혜경(2016)*

인문학과 과학기술의 융합을 통해 창의적 융합인재 양성을 도모하고자 미국의 'STE@M 교육'을 국내실정에 적합한 형태로 변형하여 도입된 '융합인재교육(STEAM 교육)'은 미래사회발전을 위한 국가적·사회적 요구를 충족시켜 줄 수 있을 뿐만 아니라 교육복지적 관점에서 교육수혜자인 개인의 자아실현을 이룰 수 있다는 점에서 미래인재 양성에 적합한 교육정책이라 할 수 있다.

◈ *이소희·김경숙 외(2017)*

여러 전문가의 견해에서 볼 수 있듯이 STEAM 교육은 통합적, 탐구중심적 교육을 지향하고 있는 유아교육의 특성과 생활기반의 융합적 경험을 통해 학습하는 유아의 특성을 고려할 때 유아시기부터 이루어질 필요가 있다(김미경 · 고영화, 2018; 이은정 · 김경란 외, 2019). 이는 지식의 습득이 아닌 흥미를 기반으로 과학기술을 직접 활용하고 체험하는 과정을 강조한 교육으로 경험중심의 유아교육 기본원리와 맥을 함께하며 유아중심 · 놀이중심 누리과정과 상통한다고 할 수 있다.

| 글 & 그림상자 11-2 | 유아교사를 위한 STEAM 교육 연수

출처: https//cybereduseoul-i.sen.go.kr/

유아교육진흥원(2020)에서는 시대적 흐름에 따라 유아교사의 STEAM 교육 이해를 돕기 위해 '누리과정 내실화를 위한 원격연수 프로그램'을 실시하고 있다.

Q&A STEAM 교육의 실천을 위해 교사는 어떠한 노력을 해야 할까?

3) STEAM의 교육방법

창의적 인재 양성을 위한 STEAM 교육은 단순한 교육과정 개선의 일환이 아닌 진정한 통합교육을 실천하기 위한 노력의 결과로, 이를 실천하기 위한 다양한 교육방법이 제시되고 있다.

이는 학자마다 주요 관점에 따라 세부적인 실행과정에 차이가 있으나 한국과학창의재단(2012)에서 제시한 'STEAM 교육의 학습준거 틀'이 대표적으로 활용되고 있다. 이와 같은 학습준거 틀은 '상황제시-창의적 설계-감성적 체험'의 과정을 통해 STEAM을 경험하는 것을 말한다.

'상황제시'는 일상의 경험이나 상황 속에서 문제를 발견하고, 해결의 필요성을 구체적으로 느낄 수 있는 단계를 의미한다. '창의적 설계'는 상황세시의 단계에서 인식한 문제를 해결하기 위해 다양한 해결책들을 찾아가는 과정을 경험하는 단계이다. '감성적 체험'은 창의적 설계 단계에서 발견한 해결책과 결과물을 공유하며 성취감을 고취하는 단계를 말한다. 이를 통해 유아는 새로운 문제에 재도전하고자 하는 도전의식을 가질 수 있게 된다(교육부·한국과학창의재단, 2015).

이에 이소희(2017b)는 초·중·고등학교에서 실행하고 있는 'STEAM 교육의 학습준거 틀'을 고려하여 유아교육현장에 적합한 유아 STEAM을 실행하기 위해 SM-STEAM 프로그램을 제시하였다. 유아발달과 유아교육현장의 특성을 고려하여 제시한 프로그램의 과정은 [그림 11-8]과 같으며, 세부활동은 〈표 11-2〉와 같다.

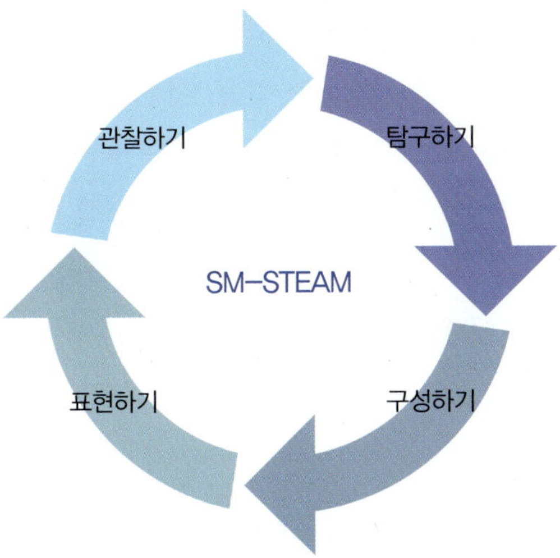

| 그림 11-8 | SM-STEAM 프로그램의 과정

(1) 관찰하기(observe)

'관찰하기'는 유아들이 일상에서 자연스럽게 접하게 되는 상황 또는 현상에 관심을 갖고 현상 자체 혹은 이유에 대해 흥미를 갖고 관찰하는 과정을 의미한다.

이는 STEAM 교육의 수업준거 틀에서 설명하는 '상황제시'의 단계의 내용과 목적을 함께하며 이를 통해 유아들은 주제를 탐색하고자 하는 동기를 갖게 된다.

(2) 탐구하기(explore)

'탐구하기'는 또래 혹은 성인과의 상호작용을 통해 자신이 관찰한 현상의 이유 혹은 문제들을 해결해 가는 과정을 의미한다. 이를 통해 유아들은 일상에서 일어나는 일련의 현상들에 대한 기본적 원리에 관심 갖고 필요한 지식을 습득하며 문제를 스스로 해결하는 방법을 배울 수 있다.

이때 교사는 유아들이 자신이 예측한 것을 논리를 기반으로 하는 추론으로 구체화할 수 있도록 방향을 제시하며 추론을 확인하는 다양한 실험을 시도할 수 있도록 격려해야 한다. 또한, 이 단계에서 유아들은 개별적으로 탐구한 내용들은 또래와 공유하는 과정을 통해 공통분모를 발견하고 다양한 영역으로 사고를 심화·확장하는 경험을 통해 융합적 사고의 경험할 수 있다.

(3) 구성하기(construct)

'구성하기'는 관찰과 탐구를 통해 알아낸 과학적 사실, 즉 원리를 바탕으로 하어 자신이 생각한 것을 실제로 구현하기 위한 설계와 구성활동을 의미한다.

이는 STEAM 교육의 근간이 된 STEM 교육의 창시자인 샌더스(Sanders, 2009)가 강조한 '공학(E)'과 '기술(T)'적 요소가 필수적으로 활용되는 과정이라 할 수 있다. 이 과정에서 유아는 자신의 산출과정을 또래 및 교사와 함께 공유하고 상호 피드백을 통해 수정·보완하며 원리적 탐색과 활용을 반복하는 적극적이고 능동적인 상호작용의 기회를 갖게 된다. 또한, 구성하기의 단계는 설계, 제작한 산출물에 대하여 풍부한 피드백을 주고받으며 다양한 사고를 존중하는 태도를 기를 수 있으므로 교사는 이를 유의하여 중재자의 역할을 수행하도록 한다.

(4) 표현하기(express)

'표현하기'는 활동과정 전반을 돌아보고 마무리하는 과정으로 산출물을 전시, 소개하고 과정과 산출물에 대한 전체적 평가가 이루어지게 된다. 이때 '구성하기'와 '표현하기'의 단계는 유아의 생각을 구현한다는 점에서 같은 맥락 안에 있으나 '구성하기'가 유아가 발견한 과학적 원리에 근거하여 '무엇을, 어떻게, 왜, 어떤 기술을 활용하여 제작하고 구성할 것인지에 대한 것'에 대한 내용을 설계하고 이를 바탕으로 제작하는 과정을 가진다면 '표현하기'는 활동을 통해 발견하거나 느끼거나, 제작한 모든 경험을 효과적으로 전달하는 매개로서 다양한 '예술적 요소'를 활용하여 소개 또는 발표하는 과정을 경험하게 된다.

| 표 11-2 | SM-STEAM의 하위요인별 세부활동

절차	관찰하기	탐구하기			구성하기			표현하기	
중심 전략	상황제시	가설설정	가설검증	자료수집 정리	설계	제작	피드백	계획	실행
교수 학습 활동	주제 탐색, 흥미 유발, 의문 제기	왜? 누가? 언제? 어디서? 어떻게? 무엇이?	실험, 자료탐색, 관찰·탐구 등	그래프, 관찰·기록, 표현 등	디자인	만들기	결과 공유, 토론·토의, 수정·보완	ART를 활용한 발표 구상	ART를 활용한 발표
교사 연구 사항	유아의 주된 관심과 원리는 무엇인가?	· 어떻게 추론을 구체화할 것인가? · 유아의 가설을 확인할 수 있는 효과적인 원리탐구 방법은 무엇인가? · 가장 효과적인 자료수집 및 정리 방법은 무엇인가?			· 원리를 활용한 설계제작에 필요한 것은 무엇인가? · 사고 확장을 돕는 발문은 무엇인가? · 유아의 강점을 활용한 몰입 활동이 이뤄지고 있는가?			· 효과적인 표현 방법엔 어떤 것이 있는가? · 자신 또는 협업의 산출물에 성취감을 느끼는가?	

출처: 이소희·김경숙 외(2017).

2. STEAM을 통한 유아과학교육의 실제[3)]

STEAM 교육은 지식을 왜 배우는지, 어디에 어떻게 사용해야 하는 것인지 이해하는 과정을 중시하는 교육이다. 이를 통해 유아는 자신이 배운 지식을 실생활 문제에 적용하여 문제를 해결하고, 그 과정에서 융합적 사고능력을 배양할 수 있게 된다.

이 책에서는 이소희(2017b)가 제시한 SM-STEAM 프로그램에 기반하여 유아들에게 친숙한 소재이자 다양한 과학원리를 경험할 수 있는 '종이컵'을 소재로 STEAM을 통한 유아과학교육 사례를 살펴본다.

활동명		종이컵 탑을 쌓아요	주요원리	무게중심의 원리
활동목표		• 다양한 형태와 방법으로 탑을 쌓을 수 있음을 안다. • 무게중심의 원리를 이용하여 종이컵 탑을 쌓을 수 있다. • 또래와 함께 탐구하는 과정에 즐거움을 느낀다.		
STEAM 구성요소별 관련내용		• 과학: 무게중심의 원리를 활용해 종이컵을 쌓는다. • 기술: 탑의 골조를 연결할 수 있도록 종이컵을 변형한다. • 공학: 재료 및 공간의 제한점을 고려해 탑의 골조를 설계한다. • 예술: 다양한 탑 건축물의 예술적 요소를 감상, 표현한다. • 수학: 종이컵을 이용해 탑의 형태를 구성한다.		
지원 계획	활동 자료	다양한 탑 건축물 사진자료(불국사 다보탑, 월정사 팔각구층 석탑, 파리의 에펠탑, 이탈리아 피사의 사탑, 태국 왓포사원의 탑 등), 다양한 종류의 종이컵, 설계재료(종이, 연필, 지우개), 골조재료(박스, 나무젓가락, 아이스크림 막대, 파일, CD 등).		
	환경 구성	다양한 탑 건축물 사진자료, 유아들의 활동과정 사진 및 기록지, 유아들이 설계한 탑 도면, 종이컵 탑 전시영역		

3) 'STEAM을 통한 유아과학교육의 실제'에 제시된 내용은 풀꽃향기 유치원에서 실행한 것으로 집필진이 직접 촬영한 것을 활용하였다.

1) 관찰하기: 종이컵 탑을 쌓아요

'관찰하기'는 유아들이 일상에서 접하는 어떠한 상황에 관심 갖고 관련 주제를 탐색하고자 하는 동기를 갖게 되는 과정을 의미한다. 이 단계는 'STEAM 교육의 학습준거 틀'의 상황제시 단계와 목적을 함께한다.

이 책에서 제시하고 있는 '종이컵 탑 쌓기'의 관찰하기 단계는 유아들이 종이컵을 이용해 놀이하는 것으로 시작되었다. 종이컵을 이용해 놀이하던 유아들은 이를 쌓기 시작했고, 쓰러지지 않게 컵을 쌓는 방법과 다양한 형태로 쌓는 방법 등에 대해 관심을 가지게 되었다.

유아의 놀이를 관찰하던 교사는 "어떻게 하면 종이컵이 쓰러지지 않을까?", "무엇에 대해 더 알아보고 싶니?" 등의 질문을 하여 유아의 주된 관심이 되는 원리를 확인하였다.

| 그림 11-9 | 종이컵 탑 쌓기 놀이

① 종이컵 탑 쌓기 놀이를 한다

용준: 이것 봐, 종이컵 엎어진 채로 세워놓으니까 꼭 탑 같아.
시준: 그러네~근데 자꾸 휘청거린다. 조금 더 있으면 쓰러지겠는데?
제이: 우리 하나씩 쌓아서 올려 볼까?
용준: 그래! 그럼 진짜 탑처럼 둥글게 쌓아 올려 볼까?

- 종이컵을 어떤 모습으로 쌓고 싶나요?
- 어떻게 쌓으면 쓰러지지 않고 높이 쌓을 수 있을까요?

② 종이컵 탑을 쌓을 수 있는 다양한 방법에 대해 이야기 나눈다

용준: 우와! 이번엔 엄청 높이 쌓았다!!
제이: 근데 여기 뒤에서 봐봐, 모양이 다 똑같아. 구멍 뚫린 부분까지.
우준: 그러게, 계속 올라가기만 하니까 모양도 똑같고 아파트 같다.
지수: 구불구불 뱀처럼 만들려면 어떻게 해야 하지?

- 종이컵 탑 쌓기를 하면서 좋았던 점과 아쉬웠던 점은 무엇인가요?
- 다양한 모양의 종이컵 탑을 쌓는 데 어떤 자료가 도움이 될까요?

2) 탐구하기: 다양한 모양으로 종이컵 탑을 쌓아요

'탐구하기'는 주제에 대해 관찰한 것을 다른 사람과 나누며 문제들을 해결해 나가는 과정을 의미한다.

'종이컵 탑 쌓기'의 탐구하기 단계에서 유아들은 다양한 방법으로 종이컵을 쌓으며 쓰러지지 않는 방법에 대해 이야기를 나누었다. 이에 교사는 세계문화유산 및 건축물 자료를 제공하여 다양한 건축물 형태에 대해 탐색할 수 있도록 지원하였다. 처음에는 다양한 건축물 사진을 탐색하여 비슷한 형태로 종이컵을 쌓아 올리던 유아들이 건축물의 공통점을 살펴보기 시작했고, 지지대를 이용해 무게중심과 균형을 잡고 있다는 것을 발견하였다.

교사는 유아들이 생각한 가설, 즉 '지지대를 이용하면 무게중심을 잡을 수 있다'는 것을 확인하는 과정을 지원하기 위해 "어떻게 확인할 수 있을까?", "무엇이 필요할까?", "누구의 도움을 받을 수 있을까?", "어떤 것을 새롭게 알게 됐니?" 등의 질문을 하였다.

① 다양한 건축물을 모방하여 종이컵 탑을 쌓는다

시준: 난 지그재그 모양으로 만들려고 하면 자꾸 쓰러지는데?
제이: (건축물 사진을 보며) 여기 봐봐, 두 개 탑 사이에 다리 같은 걸 이어놨는데?
성민: 아, 그럼 그렇게 해 보자! (교실을 둘러보다) 기다린 나무블록으로 받쳐 볼까?
제이: 종이컵보다 큰데? 위에 더 크거나 무거운 걸 올리면 탑이 무너져.

- 어떻게 하면 사진 속 내가 원하는 건축물처럼 쌓을 수 있을까요?
- 나와 친구가 생각한 방법으로 쌓았을 때 생길 수 있는 문제는 없을까요?

② 지지대를 이용하여 종이컵 탑을 쌓는다

우준: 그럼 중간중간에 뭘 넣어 볼까? 절에 있는 탑들은 커다란 네모 돌들이 중간에 있는데?
유주: 그럼, 책은 어때? 종이컵 여러 개를 받치고 책을 놓으면 되잖아.
제이: 아! 그럼 되겠다. 그럼 한쪽에 놓으면 또 기울어지니까 끝쪽에 하나씩 놓자.
성민: 된다, 된다! 오오, 진짜 탑 같아!
지수: 여기 나무젓가락으로도 된다! 한쪽 끝으로 쏠리게 놓지 않으면 되나 봐!

- 높고 튼튼하게 쌓아 올린 건축물들의 공통점엔 어떤 것이 있을까요?
- 또 어떤 것으로 지지대를 세울 수 있을까요?

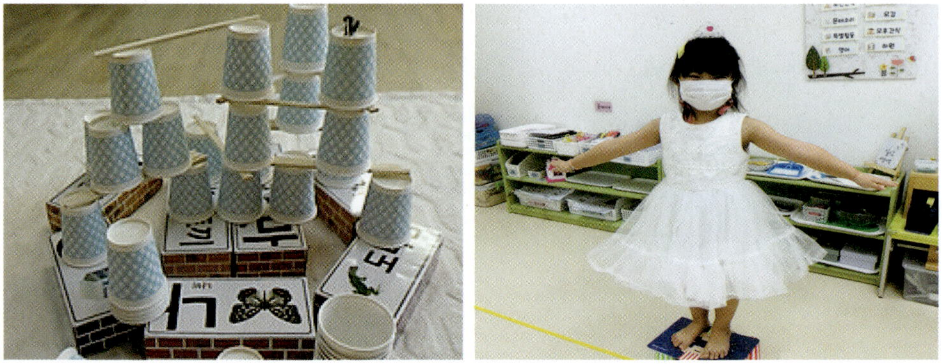

| 그림 11-10 | 지지대 이용해 종이컵 탑 쌓기

3) 구성하기: 우리들의 공든 탑!

'구성하기'는 관찰과 탐구를 통해 알아낸 것을 바탕으로 생각한 것을 실제 구현하기 위해 설계, 제작하는 과정을 의미한다.

'종이컵 탑 쌓기'의 구성하기 단계에서 유아들은 탑을 쌓는 다양한 방법과 형태에 대해 관찰, 탐구한 것을 바탕으로 무게중심을 잡는 방법에 대해 알아보기 시작했다. 이에 교사는 관련 무게중심 및 균형의 원리를 생각해 볼 수 있는 도서를 교실에 비치하여 탐색을 지속할 수 있도록 지원하였다. 처음에는 지지대를 이용하여 무게중심을 잡던 유아들이 점차 다양한 방법으로 탑을 쌓기 시작했다. 이와 같이 무게중심원리와 관련된 원리동화 및 자료들을 탐색한 유아들은 이를 확인하기 위한 실험을 시도하였고, 교사는 시행착오를 줄이는 방법으로 설계도 그리기를 제안하였다.

교사는 이 과정에서 무게중심의 원리를 고려하여 종이컵 탑을 설계하고 제작할 수 있도록 "어떤 방법을 이용해서 무게중심을 잡고 싶니?", "또 다른 방법엔 어떤 것이 있니?", "친구들이 발견한 방법 중 기억에 남는 것이 있니?" 등의 질문을 하였다.

① 무게중심 원리를 이용한 종이컵 탑을 설계한다

혜진: (설계도를 그리며) 나무젓가락이랑 종이컵이랑 책! 책이 필요해.
이안: 몇 권?
제이: 열 권! 얇은 것 말고 딱딱한 책으로!

- 어떻게 하면 무게중심을 잡아 원하는 탑을 쌓을 수 있을까요?
- 설계도에 어떤 것들을 적으면 좋을까요?

② 설계를 바탕으로 종이컵 탑을 쌓는다.

우준: 다 준비됐다! 종이컵부터 쌓을까?
제이: 응, 네모 모양으로 먼저 틀을 만들고, 3층 올리자.
이안: (3층을 다 쌓은 후) 이제 위에 책을 올리면~
우준: 종이컵이랑 종이컵 사이가 너무 넓어서 구멍으로 책이 떨어져 버려.
지수: 사이에 둘 책 크기에 맞춰서 다시 설계해야겠어!
설이: 아니면, 우리가 쌓은 종이컵 사이에 구멍을 재서 그만큼 큰 박스를 위에 올리는 건 어때?

- 설계한 대로 종이컵을 쌓아 보았는데, 어땠나요?
- 설계도를 그릴 때와 종이컵을 쌓기 전, 어떤 것들을 확인해야 할까요?

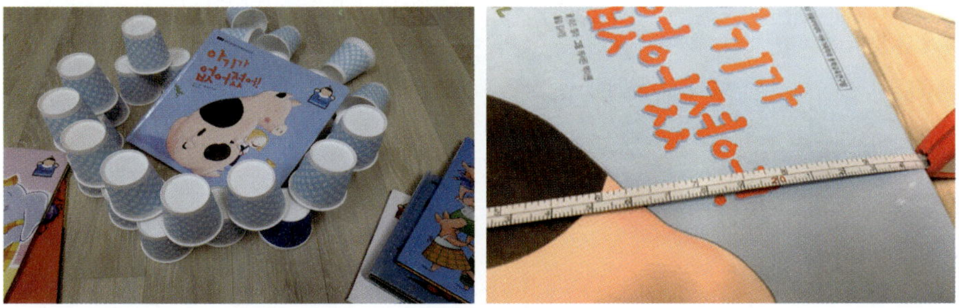

| 그림 11-11 | 설계를 바탕으로 종이컵 탑 쌓기

4) 표현하기: 우리들의 탑 전시회

'표현하기'는 서로의 산출물을 소개하고 활동 전반에 대해 전체적으로 평가하는 과정을 의미한다.

'종이컵 탑 쌓기'의 표현하기 단계에서 유아들은 설계를 바탕으로 실제 종이컵 탑을 구성하는 과정에서 나타난 문제점 등을 공유하고 친구들에게 자신이 쌓은 종이컵 탑 실물 또는 사진, 영상을 소개하였고 피드백을 통해 이를 수정·보완해 나갔다. 이와 같은 과정을 통해 각기 다른 종이컵 탑이 완성되었고, 다른 반에 소개하고 싶다는 유아들의 아이디어에 전시회를 실행하였다.

① 완성한 종이컵 탑을 반 친구들에게 소개한다.

- 친구들이 소개한 탑 중 가장 기억에 남는 것이 있나요? 그 이유는 무엇인가요?
- 친구들의 탑을 보고, 알려 주고 싶거나 도움을 주고 싶은 면은 없었나요?

② 종이컵 탑 전시회를 구상한다.

지현: 우리가 만든 탑 동생 반에도 보여 주고 싶다~~
진이: 복도에 전시해 놓으면 좋겠어.
지수: 근데 그냥 복도에 세워 놓았다가 동생들이 모르고 다 치고 가면 어떻게 해? 부서질걸?
향미: 그럼 주변에 전시장이라고 울타리를 세우면 되지~~
지현: 그럼 그것도 종이컵으로 만들면 좋겠다! 예쁘게 꾸며서!!

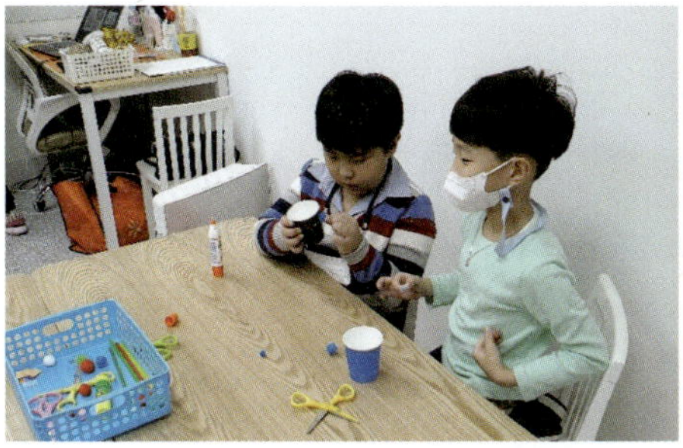

| 그림 11-12 | 전시회장 꾸미기

③ 종이컵 탑 전시회를 실행한 후 평가한다.

유아들의 아이디어에 따라 교사의 지원과 친구들의 협력으로 복도전시가 이뤄졌고, 일주일간 전시한 후 유아들과 놀이경험에 대해 이야기를 나누었다.

지은: 쓰러지지 않게 종이컵 쌓는 방법이랑 여러 모양으로 만드는 법을 알 수 있어서 좋았어요.

혜진: 처음엔 엄청 살살 놓지 않으면 자꾸 쓰러졌는데, 밑에 넓고 판판한 것들을 넣어서 중심을 잡으면 잘 안 쓰러지더라고요.

순걸: 그런데 아직, 기울어진 탑 쌓는 방법은 못 찾았어요. 그래서 다음엔 기울어진 탑을 쌓아 볼 거예요.

유아과학교육, 고마운 과학의 출발점!

"외출할 때, 편한 활동을 도와주는 고마운 물건들"

외출할 때 편하게 활동할 수 있도록 도와주는 고마운 물건들이 있어요. 그 물건들에는 어떤 과학원리들이 숨어 있을까요? 그리고 그 원리를 이용해 아이들은 어떻게 놀 수 있을까요? 예비교사의 생각이 궁금해요!

과학아 고마워 !		과학아 놀자 ^^
과학의 원리는 무엇일까?	외출 시 편하게 활동할 수 있도록 하는 고마운 물건	아이들은 어떻게 놀까?
• 벨크로의 원리 • 열에너지의 이동	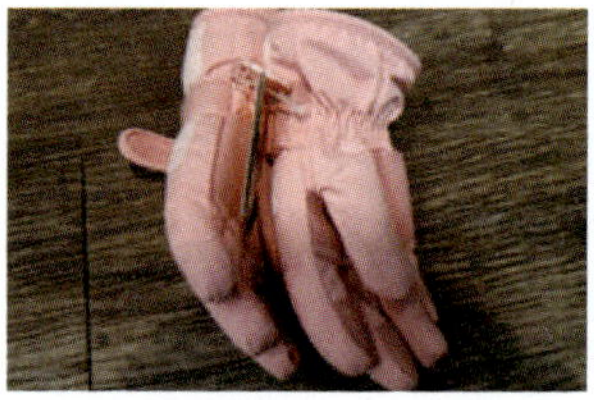 장갑	
• 벨크로의 원리 • 마찰의 원리	 운동화	
• 벨크로의 원리 • 지퍼작동의 원리	 가방	

외출할 때 편하게 활동할 수 있도록 도와주는 고마운 물건! 그 속에 숨은 과학원리를 함께 알아봐요!

벨크로의 원리

장갑이나 운동화가 벗겨지지 않도록 해 주고 가방 문이 열리지 않게 도와주는 벨크로에도 과학적 원리가 숨어 있어요. 벨크로(찍찍이)는 한쪽은 여러 개의 실로 엉켜 있고 다른 쪽은 갈고리 모양의 돌기로 만들어져 있어요. 이 두 면이 맞닿으면 갈고리처럼 휘어진 끝이 다른 쪽 실올에 걸려 단단히 붙어 고정해 주어요.

열에너지의 이동

추운 겨울날 외출할 때나 차가운 물체를 잡았을 때 금세 손이 차가워지는 것은 높은 온도에서 낮은 온도로 이동하는 열에너지의 이동과 관련이 있어요. 장갑은 손을 감싸서 손에 있는 열에너지가 외부로 방출되지 않도록 도와주어요.

마찰의 원리

편히 외출할 때 꼭 필요한 신발, 운동화! 운동화의 바닥 면은 마찰과 관련이 있어요. 매끄러운 코트에서 재빠르게 공을 쳐야 하는 테니스를 할 때는 마찰이 적은 테니스화를 신지만, 높은 산을 오르는 등산을 할 때는 흙이나 바위에서 미끄러지지 않도록 홈이 있는 등산화를 신는 것처럼 '어디에, 무엇을 하러 가느냐?'에 따라 적절한 신발을 골라 신어요.

지퍼작동의 원리

다양한 소지품을 넣고 다니는 가방 대부분이 지퍼를 사용하고 있는데, 지퍼는 한번 잠그면 양쪽에서 잡아당겨도 잘 열리지 않아 잠금장치로 유용해요. 지퍼는 두 띠에 있는 이빨이 맞물리면 수평 방향으로 작용하는 힘에 대해 큰 저항력을 가지는 원리를 이용하여 만들어요.

메이커 활동을 통한 유아과학교육

우리의 생활 주변을 돌아보면 누군가에 의해 '만들어진 것'으로 채워져 있으며, 누구나 창조적 메이커가 될 수 있다.

최근, 비형식적 교육환경에서 다양한 재료와 도구를 활용하여 자신의 아이디어를 실제 제작하는 메이커 활동의 교육적 가치가 인정되며 새로운 미래 교육으로 대두되고 있다.

다양한 탐구능력을 활용하여 상상한 것을 구체적 결과물로 만들어 내는 메이커 활동을 통해 유아는 탐구과정에 즐거움을 느끼고 과학개념을 내면화하게 된다.

이 장에서는 메이커 활동의 기초이해를 위해 개념과 유아과학교육에서의 의의, 활동과정을 살펴보고 메이커 활동을 통한 유아과학교육의 실제에 대한 이해를 높이고자 한다.

제12장

메이커 활동을 통한 유아과학교육

하나 메이커 활동의 기초이해

둘 메이커 활동을 통한 유아과학교육의 실제

상상은 창조의 시작이다.
소원하는 것을 상상한 후 그 상상을 소원하자.
마침내는 상상한 것을 창조하게 된다.
-조지 버나드 쇼-

1. 메이커 활동의 기초이해

오늘날 우리는 고도화되어 가는 정보화 시대를 살고 있으며, 전문적 지식이나 기술에 비교적 쉽게 접근할 수 있는 기술의 민주화(democratization of technology)[1]를 이루고 있다. 이에 자신이 필요한 것을 직접 만들고 생산하는 메이커 활동은 유아의 창의성과 과학적 탐구능력 증진에 효과적인 교육방법으로 대두되고 있다.

1) 메이커 활동의 배경과 개념

메이커 활동은 창의적인 메이커 정신[2]을 가지고 자신이 원하는 제품을 직접 설계하고 제작하는 과정을 경험하는 것이다. 이 모든 과정은 능동적이고 자기 주도적으로 참여하는 메이커에 의해 이루어지며, 이는 메이커에게 실제적인 학습의 경험을 제공한다(Kafai et al., 2014; Wardrip & Brahms, 2016).

메이커 운동(maker movement)의 확산을 통해 출현하게 된 메이커 활동은 단순한 만들기 활동을 넘어선 의미를 나타낸다.

메이커 운동은 스스로 필요한 것을 만들고, 그 과정에서 얻은 경험과 지식을 공유하고 발전시키는 운동을 말한다(박남기 · 임수진 외, 2019; 이동국, 2019). 이는 메이커 운동 확산에 결정적인 역할을 한 DIY잡지 '메이크(MAKE)'를 창간한 데일 도허티(Dale Dougherty, 2005)가 처음 사용한 용어이다. 메이크 매거진은 온 · 오프라인을 통해 '만들기' 프로젝트를 소개하며 전 세계 메이커들 간 소통의 매개로 기능하였으며(강인애 · 윤혜진 외, 2017; 박영숙, 2017), 메이커 운동

1) '기술의 민주화'는 사람들에게 광범위하고 비용이 많이 드는 훈련 없이 단순화된 경험을 통해 기술 전문 지식 또는 비지니스 도메인 전문기술에 접근할 수 있도록 해 주는 것을 의미한다(박영숙 & Glenn, 2020).

2) 메이커 정신이란 나눔, 개방, 사회적 참여를 의미하는 것으로 사회적인 가치의 창출을 추구한다.

의 증폭제가 되었다. 이로 인해 메이커들은 자유롭게 경험과 정보를 나눌 수 있었고, 그들의 메이커 활동은 자신이 필요한 것을 직접 만들고 생산하는 기술의 민주화로 인해 더욱 활발해지게 되었다(Hagel et al., 2014; Halverson & Sheridan, 2014).

이렇듯 메이커 운동은 메이커들의 자율적인 메이커 활동에서 출발한 것으로, 처음부터 교육에 중점을 둔 것은 아니었다. 그러나 기존 교육이론과의 조합 가능성과 시대변화에 따른 미래인재 역량을 함양하는 교육으로 그 가치를 인정받게 되면서(강인애·김명기, 2017; Katterfeldt et al.,2015) 메이커 활동은 오늘날의 메이커교육으로 확장되었다.

이에 교육봉사 비영리기관인 메이커교육 실천(2016)은 메이커교육의 국내 대중화를 위해 '제1회 메이커교육 코리아 포럼'을 주최하였고, 이를 시작으로 국내 메이커교육에 대한 논의가 본격적으로 이루어지게 되었다.

| 글 & 그림상자 12-1 | 메이커교육 실천과 영 메이커 교육

출처: 중앙일보(2017.03.07). joongang.joins.com

2017년 숙명여자대학교에서는 '영 메이커 프로젝트'와 '영 메이커 연구원'에 참가하는 초·중·고생 230여 명이 함께하는 '2017 영 메이커 교육발대식'이 개최되었다. 이는 '제4차 산업혁명 시대를 이끌 인재를 육성하는 메이커교육의 실천을 위한 것'으로 숙명여자대학교 이지선 교수가 회장을 맡고 있는 '메이커교육 실천'과 '숙명여대 창의뉴미디어디자인연구센터'의 주최로 이루어졌다.

Q&A 메이커교육 실천(http://www.makered.or.kr/)에서 실행하고 있는 영 메이커 프로그램을 살펴보고 느낀점이 있다면?

변화되는 시대 흐름에 따라 교육현장에서는 점차 보편화되어 가는 첨단기술을 활용한 창의적 제작기술 경험에 대한 요구가 늘어나게 되었고, 서울시교육청(2017)은 이를 위한 대안으로 '서울형 메이커교육(미래공방교육) 중장기(2018~2022년)발전계획'을 발표하였다. 이는 4차 산업혁명 시대에 필요한 학생들의 창의적 문제해결력·자율성·협력·공유를 강화하고 창작 문화를 확산시키는 것을 목적으로 한다. 또한, 이를 위한 사업은 바른 인성을 갖춘 창의융합 인재양성에 있어 환경의 중요성을 강조(교육부, 2015)하며 메이커교육의 인프라[3)]를 만드는 것에 초점을 두고 있다.

또한, 유아교육진흥원(2018)에서는 이와 같은 관점에 따라 메이커교육의 의미를 담은 메이킹을 STEAM 교육의 실천방법으로 활용하는 방안을 제시하기도 하였다. 메이커교육은 자율성·공유·협력에 기초하여 프로젝트의 형태로 이루어지며 제품을 기획하고 제작, 완성하는 모든 과정을 유아 스스로 판단하여 이끌고 유형의 생산물을 만들어낸다는 점에서 STEAM 교육과 맥을 같이 한다(김진옥, 2018; 정순이·김민정, 2019). 그러나 메이커교육은 메이커 스페이스(maker space)의 존재를 전제(강인애·윤혜진 외, 2017, 함진호·이승윤 외, 2015)한다는 점에서 기존의 노작활동이나 STEAM과 구분된다.

출처: 국립과천과학관
https://sciencenter.go.kr

출처: 국립어린이청소년도서관
https://www.nlcy.go.kr

| 그림 12-1 | 메이커 스페이스

3) 서울시교육청(2017)은 서울형 메이커교육 정책에 따른 사업을 2018년도부터 단계적으로 추진하고 있으며, 메이커 스페이스 거점센터 운영, 메이커 교실 운영, 메이커교육의 교원연수 실시 및 성과공유 등을 실행하고 있다.

메이커 스페이스는 자기 주도적 만들기가 이뤄지는 공간으로 자신의 아이디어를 직접 실험하고 제작해 볼 수 있는 자율적이고 무한한 공간을 의미한다. 이는 자율적인 분위기 속에서 창의적이고 구체적인 결과물을 만들어 내는 메이커교육(Kafai et al., 2014; Papert & Harel, 1991)에 있어 매우 중요한 의미를 가진다.

메이커 스페이스에서 유아는 어떤 것을 만들지, 무엇으로 만들지, 어떻게 만들지 등을 선택하고 제작해 볼 수 있으며 다른 메이커들과의 교류를 통해 순환적 활동을 경험하게 된다.

메이커 스페이스에서 유아는 전통적 노작도구부터 레이저 커터기, 3D프린터와 같은 첨단 장비, 그리고 자연물에서부터 전자부품 재료까지 개인의 실제적 문제를 해결할 수 있는 도구와 재료를 활용하게 되며 이를 통해 다양한 과학적 탐구의 과정을 경험하고, 탐구기술을 익히게 된다.

| 표 12-1 | 메이커 스페이스의 정의와 구성 및 운영방안

<table>
<tr><td>정의</td><td colspan="3">유아가 자유롭게 다양한 디지털 장비 및 실물 재료들을 탐색하고 설계한 것을 제작하고 창의적으로 만들기를 할 수 있는 작업 공간</td></tr>
<tr><td rowspan="4">구성</td><td rowspan="3">설계
및
제작
공간</td><td>과학기자재</td><td>스프링, 고무, 팽이, 자석, 손전등, 철가루, 3D펜, 온도계, 주사기, 발광펜, 태양열 전지판, 루페, 색깔이 변하는 LED, 시온물감, 줄자 등</td></tr>
<tr><td>만들기 재료</td><td>뽕뽕이, 백업, 풀, 가위, 종이박스, 색종이, 모루, 종이컵, 포장지, OHP 필름, 비닐, 고무줄, 색연필, 본드, 테이프 등</td></tr>
<tr><td>영상 및
미디어자료</td><td>신기한 발명이나 과학적 원리를 활용한 작품 및 제품에 관한 미디어 자료</td></tr>
<tr><td colspan="2">작품전시 공간</td><td>유아의 설계도 및 제작한 입체, 평면 작품을 걸어서 전시할 수 있도록 타공판을 활용하여 구성</td></tr>
<tr><td>운영
방안</td><td colspan="3">• 미술영역, 과학영역, 컴퓨터 영역 등 다양한 흥미영역의 자료들을 통합적으로 활용할 수 있는 공간에 구성함
• 유아가 자유롭게 재료를 탐색하고 만들 수 있는 작업 공간을 확보함
• 유아가 만들기를 지원할 수 있도록 교사가 적절히 개입함
• 유아가 제작한 작품과 제품 및 설계도를 보관, 관리하여 더 발전적 만들기가 가능하도록 지원하는 장소를 제공함</td></tr>
</table>

출처: 유아교육진흥원(2018).

이러한 실제 활동에 있어 메이커 스페이스는 삶 그 자체에서 지식을 활용하고 익힐 수 있게 되는 공간으로 중요한 역할을 담당한다. 이를 위해 교사는 유아가 자유로운 만들기 과정을 경험할 수 있도록 자율적이고 주도적인 분위기를 조성하고, 풍부한 재료와 도구를 제공해 주어야 한다. 또한, 교육기관 내 이러한 메이커스페이스라는 공간을 마련하는 것이 어려울 경우, 교실 내에 메이커 박스(maker box)를 두거나 지역사회의 비형식교육기관에 설치된 메이커 스페이스를 활용할 수 있다.

출처: https://www.slideshare.net/amykoester35/

출처: http://mystemclassroom.com/

| 그림 12-2 | 메이커 박스

2) 유아과학교육에서 메이커 활동의 의의

4차 산업혁명이 도래한 오늘날, 기술은 사람들의 생각과 의사결정에 중요요소로 작용하고 있으며 전 세계적으로 사회, 경제, 문화적 변화를 일으키고 있다.

새로운 시대의 혁명이 사람 중심의 기술혁명이 되기 위해서는 상상력과 창의적인 아이디어를 실제로 구현할 수 있는 기술이 필요하며 기술적인 부분을 적절히 통제하고 활용할 수 있도록 시스템이 갖춰져야만 한다(변문경, 2018; Schwab, 2016).

이러한 관점에서 자신이 상상한 것을 만들어 내는 과정을 통해 다양한 도구와 재료를 탐색하고, 기술을 활용하는 메이커교육은 새로운 시대에 적합한 교육방안으로 논의되고 있다(정지현 · 이종길, 2020; Bullock & Sator, 2015).

여러 전문가들은 메이커교육이 가진 놀이성과 경험, 협력이 주는 교육적 가치에 대해 피력하며 미래를 이끌어 나갈 유아를 대상으로 한 메이커교육의 중요성을 강조하고 있다.

메이커 운동은 실험적 놀이에서 시작된다. 놀이에서 우리는 엄청난 충족감을 맛본다. 특히 뭔가를 만드는 놀이는 혁신의 원천이 된다. 우리는 우리의 손으로 뭔가를 만들 때 문제에 직접적으로 대면하게 되고, 문제를 이해하려 노력하면서 스스로 풀어나간다. 만들기는 많은 문제와 혁신적인 답을 그 안에 가지고 있다.

메이커는 바로 이렇게 스스로 동기부여를 하고 도전 과제를 정하며 새로운 문제를 풀어가는 사람이다. 이들은 한 가지 분야에 머무르지 않고 자기에게 주어진 프로젝트에서 기존에 알고 있던 원리를 발견하며 목표를 이루기 위해 다양한 분야의 기술과 지식을 섞는다. 그러면서도 혼자 모든 것을 누리지 않고 자신이 알아낸 것을 공유하고 다른 이의 성과를 격려한다. 이런 메이커 정신은 여러 가지 방법으로 교육에 활용할 수 있다.

◈ *박영숙(2017)*

2000년대 이전의 메이커는 자신의 아이디어를 어느 정도 구현하는 것이 가능했지만, 다른 메이커들과 아이디어를 공유하고, 서로의 발전을 위하여 토론하는 커뮤니티를 경험하지는 못했다. 이전의 메이커가 스스로 하기(Do-It-Yourself)였다면, 메이커 운동이 확산되면서부터 서로 함께하기(Do-It-Together)로 전환되었다. 다양한 분야에 메이커 운동이 펼쳐지면서 테크놀로지 교육을 중심으로 한 교육 분야에서도 메이커교육으로 인한 교육의 혁신이 이루어지기 시작하고 있다.

◈ *이지선(2017)*

유아는 유능하고 놀이를 하며 배운다. 만들기를 하는 유아들은 시간 가는 줄 모르고 몰입한다. 몰입하는 동안 창조적인 놀이가 만들어진다. 이런 의미에서 만들면서 노는 것, 놀면서 만드는 것은 같은 말이라 생각된다. 유아들은 만들기를 즐기며, 추상적인 아이디어를 직접 만들어 가는 과정에 몰입하고 그 속에서 문제에 부딪히기도 하며 문제를 스스로 해결하는 과정을 경험한다. 이렇듯 메이커 교육을 통한 유아들의 학습경험은 교육적으로도 매우 중요한 가치를 가진다.

◈ *이연승(2020)*

유아는 타고난 탐구자로 오감을 통해 세상을 탐색하고, 창의적으로 사고하며, 자신의 과학적 지식을 활용해 문제를 해결하고 지식을 습득해 나가는 존재이다. 이러한 관점에서 만들기는 다양한 과학적 탐구과정을 경험할 수 있는 활동으로 과학교육에 의미를 가진다(강미선, 2017; 오성은, 2019). 그러나 기존의 만들기 활동은 배움을 위한 만들기라기보다 만들기를 위해 배우는 형태로 이루어져 있으며, 2차원적인 특성의 재료와 도구로 한정되어 있다는 한계를 가진다(Martinez & Stager, 2013). 이에 다양하게 확장된 만들기를 통해 상상한 것을 실제 과학적 논리를 적용해 구현해 내는 메이커교육은 유아의 탐구능력 발달과 과학적 문제해결력 증진을 도모하는 교육으로 새로운 시대의 유아과학교육방법으로서 의의를 가진다(남기원 · 이수연, 2017; 조경미 · 이연승, 2018).

3) 메이커 활동의 과정[4)]

메이커 활동은 유아 스스로 상상하고 생각한 것을 디지털 기기와 다양한 도구를 사용하여 직접 제작하고, 그 과정에서 획득한 지식과 경험을 다른 사람과 공유하도록 이끄는 과정을 의미한다. 이는 창의적 공간인 메이커 스페이스를 중심으로 '상상하기-활동하기-공유하기'의 과정을 통해 이루어질 수 있다(서울시교육청, 2018).

4) '메이커 활동의 과정'과 '메이커활동을 통한 유아과학교육의 실제'에 제시된 내용은 풀꽃향기유치원에서 실행한 것으로 집필진이 직접 촬영한 것을 활용하였다.

| 글 & 그림상자 12-2 | 메이커활동의 과정

'상상하기'는 동기유발과 학습문제 확인의 단계이다.
'활동하기'는 주제에 대한 유아의 본격적인 만들기가 이루어지는 단계이다.
'공유하기'는 메이커들이 서로의 프로젝트를 체험해 볼 수 있는 단계이다.

Q&A 메이커활동을 통해 유아들과 어떤 것을 만들 수 있을까?

(1) 상상하기

'상상하기'는 동기유발과 학습문제 확인의 단계이다. 주제를 표현하거나 문제를 해결하기 위한 아이디어를 제안하는 과정을 포함한다.

이 과정은 유아들이 스스로 상상하고 생각한 것을 기반으로 다양한 도구와 재료를 이용해 직접 제작하고, 그 과정에서 획득한 지식과 경험을 다른 사람과 공유하도록 이끄는 메이커교육에 매우 중요한 의미를 가진다.

유아는 다양한 사례 및 자료를 통해 발견한 만들기 주제에 관해 만들기가 불러올 변화에 대해 상상해 보고, 상상한 것을 시각화해 본다.

〈내가 원하는 가방고리 상상하기〉

| 그림 12-3 | '가방고리' 상상하기 과정 예시

(2) 활동하기

'활동하기'는 주제에 대한 유아의 본격적인 만들기가 이루어지는 단계이다. 이를 통해 유아는 스스로 무언가를 계획, 실행하고, 개선해 나가는 문제해결의 과정에 대해 성숙한 태도를 기를 수 있는 기회를 갖게 된다.

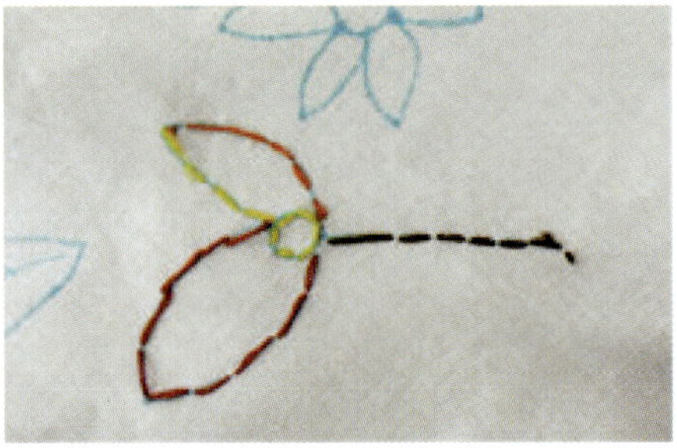

〈바느질로 가방고리 만들기〉

〈코팅기를 이용해 가방고리 만들기〉

| 그림 12-4 | '가방고리' 활동하기 과정 예시

유아들은 만들기 과정에서 팅커링(thinkering)을 경험하게 된다. 이는 마치 놀이하듯 다양한 재료와 도구를 가지고 자유로운 분위기에서 무언가를 만들거나 꾸미거나 개조하는 과정을 의미한다(Blikstein et al., 2016). 즉, 재료와 주제에 대한 자유로운 탐색의 과정인 것이다. 이러한 과정에서 유아는 원하는 주제를 주도적이고 구체적으로 설정하고, 자유롭게 정보를 검색하며 자기 주도적으로 문제를 해결하는 방법에 대해 설계하게 된다.

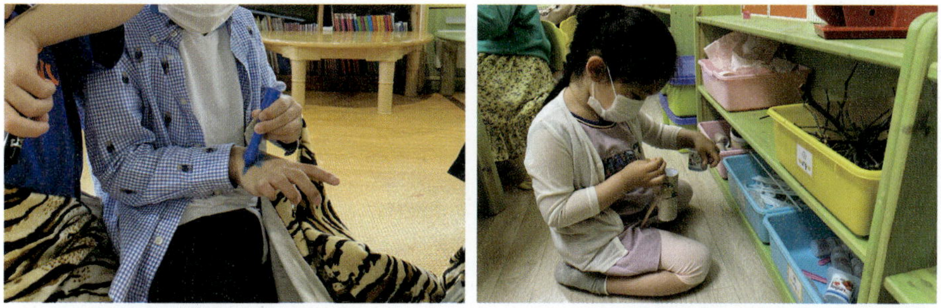

〈다양한 재료와 도구 탐색하기〉 〈자유롭게 만들기〉

| 그림 12-5 | '가방고리' 활동하기의 팅커링 예시

페플러 등(Peppler et al., 2016)은 이러한 활동을 통해 주제와 관련된 도구나 재료를 탐색하고 자유롭게 만들어 보고 다시 분해하고 조립하고 꾸며 보고 생각을 표현하는 과정을 순환적으로 경험하게 된다고 설명한다. 이를 통해 유아들은 메이커 스페이스를 방문하여 만들기에 필요한 재료와 도구를 탐색하며 내게 가장 유용한 재료를 선별하고 도구를 결정하는 자유로운 탐색의 시간을 가지게 된다.

이때 교사는 유아들이 자신이 원하는 것을 만들기 위해 다양한 재료와 도구를 충분히 놀이를 통해 탐색할 수 있는 시간을 제공해야 하며, 서로의 생각을 자유롭게 나눌 수 있는 수용적인 분위기를 조성해야 한다.

(3) 공유하기

'공유하기'는 메이커들이 서로의 프로젝트를 체험해 볼 수 있는 단계이다. 이는 메이커 페어(maker fair)의 형태로 잘 알려져 있으나 과정 전반에서 이뤄지는 모든 공유활동을 의미한다. 즉, 자신이 만든 것을 다른 사람에게 보여 주고 주제와 관련하여 만들고 생각하는 과정에서 새롭게 알게 되었거나 배운 것들을 공유하는 과정 전반을 뜻하는 것이다.

이와 같은 활동은 문제를 해결해 나감에 있어 동료들과 협력하여 창의적 결과물을 도출하고, 그 과정에서 얻는 지식과 정보를 온·오프라인에 공유[5]하며 상호 성장의 기회를 제공한다.

〈내가 만든 가방고리 활용하기〉

〈온라인 공유하기〉

| 그림 12-6 | '가방고리' 공유하기 과정 예시

2. 메이커 활동을 통한 유아과학교육의 실제

메이커 활동은 말 그대로 '무엇인가를 만드는 과정'을 일컫는다. 이와 관련하여 서울시교육청(2018)에서 제시한 메이커 활동과정에 따른 유아과학교육 사례를 살펴본다.

5) 메이커 활동은 온라인(https://makerfaire.com/)과 오프라인을 통해 세계 각국의 메이커들이 소통할 수 있는 시스템이 구축돼 있어 이를 통해 전 세계 메이커들과의 소통이 가능하다.

활동주제	마스크 스트랩 만들기
활동목표	• 다양한 형태로 마스크 스트랩을 만들 수 있음을 안다. • 여러 가지 재료와 도구를 이용해 마스크 스트랩을 만든다. • 나와 다른 사람의 작품을 소중히 여기는 자세를 가진다.
지원자료	• 활동자료: 다양한 마스크 스트랩 실물자료 또는 사진 • 재료: 다양한 끈(레이스, 가죽, 아크릴 등), 실, 낚싯줄, 고무줄, 비즈, 개폐고리, 똑딱이 단추, 색 클립 등 • 도구: 노트북 또는 컴퓨터, 디지털카메라, 프린터기, 스캐너, 코팅기, 글루건, 가위, 펀치, 송곳 등 • 교사용 참고자료  〈레이스 천으로 만든 마스크 스트랩〉  〈뜨개질로 만든 마스크 스트랩〉

1) 상상하기: 마스크를 잃어버리지 않으려면?

'상상하기'는 주제에 대한 생각을 표현하거나 관련한 문제를 해결할 수 있는 다양한 아이디어를 제시하는 과정이다. '마스크 스트랩'을 주제로 한 메이커 활동에서 유아들은 나와 친구들의 마스크 스트랩을 살펴보고 좋은 점과 개선점에 대해 이야기를 나눔으로써 '무엇을 만들고 싶은지'에 대해 상상하고, 시각화하였다.

① 마스크 스트랩에 대한 생각을 나눈다.

- 이런 것을 본 친구가 있나요?
- 왜 마스크에 줄을 연결한 걸까요?
- 마스크 스트랩을 사용해 본 친구가 있나요?

② 마스크 스트랩의 좋은 점과 개선점을 생각해 본다.

- 마스크 스트랩을 사용하면 어떤 점이 좋을까요?

• 마스크 스트랩을 사용할 때 불편했던 점이 있나요?

• 어떻게 하면 불편한 점을 해결할 수 있을까요?

③ 내가 갖고 싶은 마스크 스트랩을 이야기 나눈다.

• 내가 마스크 스트랩을 만든다면, 어떤 것을 갖고 싶나요?

• 그 이유는 무엇인가요?

• 내가 상상한 마스크 스트랩을 만들기 위해 필요한 것은 무엇인가요?

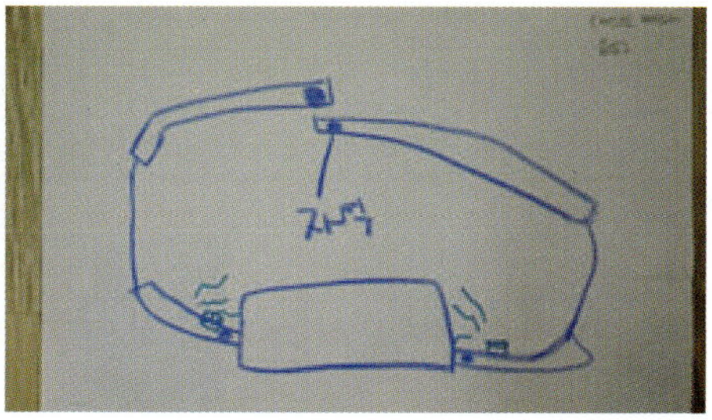

〈내가 갖고 싶은 마스크 스트랩 그리기〉

유의점

- 다양한 재료, 형태의 스트랩을 제시하여 유아들이 개방적인 관점에서 구상할 수 있도록 돕는다.

2) 활동하기: 마스크 스트랩 만들기

'활동하기'는 주제에 대해 상상한 것을 실제 만들기로 구현하는 과정이다. '마스크 스트랩' 주제의 메이커 활동에서 유아들은 교실 내 메이커 박스에 제시된 재료와 도구들을 자유롭게 탐색, 활용하여 내가 원하는 마스크 스트랩을 만들어 나갔다.

① 메이커 박스에 제시된 다양한 도구와 재료를 탐색하고, 놀이한다.

• 메이커 박스 안에 어떤 도구와 재료가 보이나요?

• 도구와 재료 탐색을 할 때 어떤 약속이 필요할까요?

〈분해, 조립해 보기〉

- 마스크 스트랩을 어떻게 분해할 수 있을까요?
- 마스크 스트랩에 다른 재료들을 덧붙이거나 이어 붙이면 어떤 모습이 될까요?

〈자유롭게 꾸미기〉

- 무엇을 이용해서 꾸며 보고 싶나요?
- 그 방법으로 꾸몄을 때 사용하기 불편한 점은 없을까요?

〈생각 표현하기〉

- 스트랩을 만들 때 어떤 것이 가장 중요할까요?
- 어떻게 하면 사용하기 편하면서 보기에도 좋은 마스크 스트랩을 만들 수 있을까요?

〈기존의 마스크 스트랩 모방, 재구성하기〉

- 내가 사용해 왔던 마스크 스트랩을 바꾼다면 어떻게 할 수 있을까요?
- 내가 사용하던 마스크 스트랩과 친구의 스트랩을 합친다면 어떻게 만들어질까?

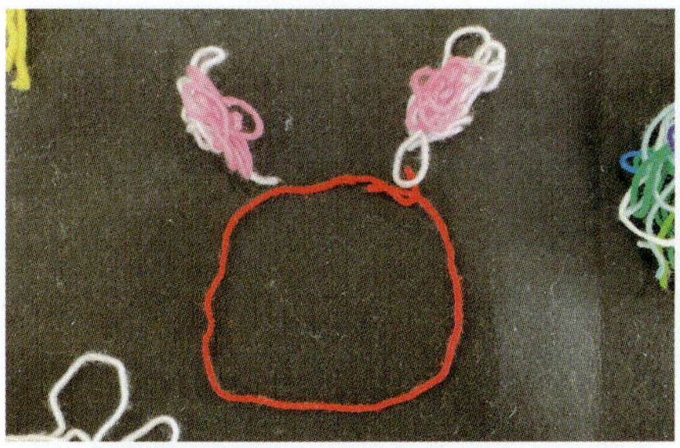

〈재료와 도구로 자유롭게 놀이하기〉

〈기존의 마스크 스트랩 조립하기〉

② 마스크 스트랩을 디자인한다.

- 메이커 박스의 어떤 재료를 이용하여 디자인하였나요?
- 내가 디자인한 마스크 스트랩의 특별한 점은 어떤 것이 있을까요?

③ 메이커 박스의 다양한 재료와 도구를 이용해 마스크 스트랩을 만든다.

• 마스크 스트랩을 만들면서 어렵거나 도움이 필요한 것이 있나요?

유 의 점

- 편리성, 활용성, 예술성 등 디자인에서 중점 두고자 하는 부분들에 따라 설계, 제작의 방향이 달라질 수 있다는 것을 자연스럽게 인식할 수 있도록 한다.

④ 내가 만든 마스크 스트랩을 소개한다.

• 무엇을 이용해 만들었나요? 그 재료를 선택한 이유는 무엇인가요?

• 어떤 방법으로 만들었나요?

⑤ 서로의 작품에 대해 피드백한다.

• 친구의 작품을 보고 어떤 생각이 들었나요?

• 친구가 생각한 문제점을 해결할 수 있는 방법은 무엇이 있을까요?

⑥ 피드백을 고려하여 개선점을 보완하여 다시 만든다.

• 친구의 스트랩을 보며 내 작품에서 더 보완하고 싶은 것이 있었나요?

• 내 아이디어를 보완하기 위해 더 필요한 재료나 도구가 있나요?

〈끈을 이용한 마스크 스트랩〉

〈메이킹 과정 공유 및 문제에 대한 토론〉

유 의 점

- 편리성, 활용성, 예술성 등 디자인에서 중점 두고자 하는 부분들에 따라 설계, 제작의 방향이 달라질 수 있다는 것을 자연스럽게 인식할 수 있도록 한다.

3) 공유하기: 마스크 스트랩 공유하기

'공유하기'는 나와 친구들이 만든 결과물을 공유하는 모든 활동을 의미한다. '마스크 스트랩' 주제의 메이커 활동에서 유아들은 결과물이 만들어진 후 만드는 과정을 포함하여 모든 과정을 공유하며 상호 성장의 기회를 가졌다.

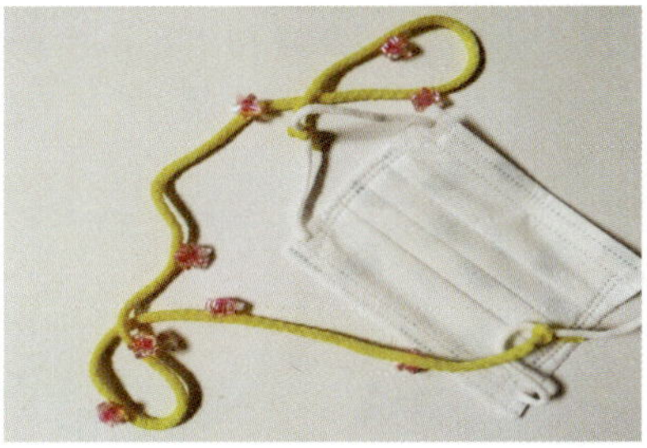
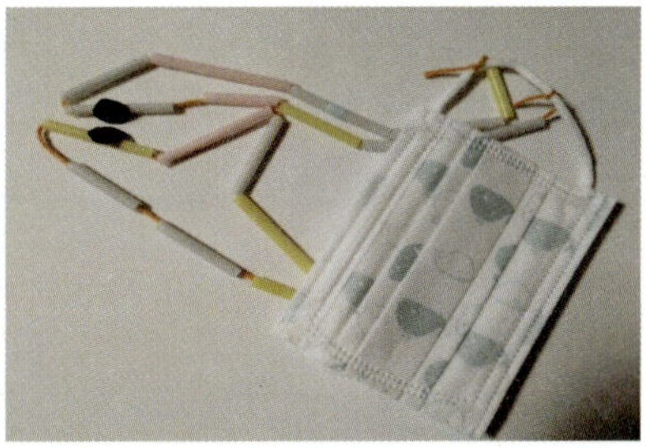

〈완성된 마스크 스트랩 공유하기〉

① 다양한 오프라인 공유 방법에 대해 이야기 나눈다.

- 내가 만든 마스크 스트랩에 대한 이야기를 누구와 함께 나누고 싶나요?
- 다른 사람에게 소개하고 이야기 나눌 수 있는 방법엔 무엇이 있을까요?
- 또 다른 방법은 없을까요?

② 교사와 함께 메이커 온라인 사이트에 제작과정과 소개글, 결과물을 게시해 본다.

- 세계 여러나라의 메이커들이 작품에 대해 이야기 나누는 곳이 있어요.
- 소개하는 글에 어떤 이야기를 쓰면 좋을까요?
- 어떤 사진이나 영상을 올리고 싶나요?
- 사진으로 영상을 만든다면, 어떤 사진들로 만들고 싶나요?
- 영상을 함께 편집해 보도록 해요.

③ 활동을 평가한다.

- 내가 원하는 마스크 스트랩을 만들고, 다른 사람들과 이야기를 나누었는데 어땠나요?
- 아쉬웠던 점이나 더 해 보고 싶은 것이 있나요?

유아과학교육, 고마운 과학의 출발점!

“이동을 도와주는 고마운 물건들”

이동할 때 힘들지 않고 빨리 갈 수 있도록 도와주는 고마운 물건들이 있어요. 그 물건들에는 어떤 과학원리들이 숨어 있을까요? 그리고 그 원리를 이용해 아이들은 어떻게 놀 수 있을까요? 예비교사의 생각이 궁금해요!

<table>
<tr><th colspan="2">과학아 고마워 !</th><th>과학아 놀자 ^^</th></tr>
<tr><td>과학의 원리는 무엇일까?</td><td>힘들지 않게 이동을 도와주는
고마운 물건</td><td>아이들은 어떻게 놀까?</td></tr>
<tr><td>• 마찰의 원리
• 관성의 법칙
• 가속도의 법칙
• 작용·반작용의 법칙</td><td>
인라인스케이트</td><td></td></tr>
<tr><td>• 마찰의 원리
• 관성의 법칙
• 가속도의 법칙
• 작용·반작용의 법칙</td><td>
킥보드</td><td></td></tr>
<tr><td>• 마찰의 원리
• 관성의 법칙
• 가속도의 법칙
• 작용·반작용의 법칙</td><td>
자전거</td><td></td></tr>
</table>

이동할 때 힘들지 않고 빨리 갈 수 있도록 도와주는 고마운 물건! 그 속에 숨은 과학원리를 함께 알아봐요!

마찰의 원리

인라인스케이트, 킥보드, 자전거를 탈 때 어느 정도의 속도가 붙은 뒤, 움직이지 않아도 계속 앞으로 가다가 점점 속도가 느려지는 것을 알 수 있어요. 이렇게 속도가 느려지는 것은 바퀴와 지면 사이에 발생하는 마찰 때문이에요. 그래서 완전히 움직임을 멈추기 전에 중간중간 발을 굴러 움직이는 힘을 유지해야 해요.

관성의 법칙

인라인스케이트, 킥보드, 자전거를 타다가 커브가 나타나면 관성에 의해 바로 커브를 돌지 못하고 넘어지거나 계속 직진하게 되는 경우가 있어요. 그래서 이러한 것들을 타다가 멈추고 싶을 때면 천천히 속도를 줄여나가야 해요.

가속도 법칙

멈춰 있던 인라인스케이트, 킥보드, 자전거를 탈 때 발을 굴러 움직이면 속도가 조금씩 빨라지는 것을 알 수 있어요. 이러한 가속도는 물체에 힘을 가하면 생기고 발을 구를 때 세게 구를수록 속도가 더 빨라지는데, 무거워지면 작아지게 되어요.

작용·반작용의 법칙

발을 굴러 인라인스케이트, 킥보드, 자전거를 움직이는 것은 물체를 밀면 물체도 똑같은 힘으로 밀어내는 작용·반작용의 법칙과 관련이 있어요. 특히 자전거의 경우, 페달을 밟으면 자전거의 뒷바퀴가 돌면서 땅을 밀게 되고, 땅은 똑같은 힘으로 뒷바퀴를 밀게 되어 앞으로 가게 되는 거예요. 이때, 자전거만 앞으로 가고 땅은 그 자리에 그대로인 것은 땅이 훨씬 크고 무겁기 때문이에요.

유아과학교육의 평가

교육과정에서의 평가는 유아중심·놀이중심 교육과정이 추구하는 방향에 따라 최소한의 교사 평가가 이루어진다. 이러한 평가는 유아의 발달특성 및 변화 정도를 살펴볼 수 있는 지표이자 교육과정 운영을 평가할 수 있는 수단으로 활용된다. 이에 유아교육기관과 교사는 평가를 통해 교육과정 운영의 질을 진단하고 개선해 나갈 수 있도록 계획, 실행해야 한다.

이러한 관점에서 교사는 유아과학교육을 평가할 때에 교육과정에서 제시된 평가의 지침을 고려하여 자연탐구영역의 범주와 내용에 따라 유아의 일상과 과학활동을 살펴보고 목표에 맞는 평가를 실시할 수 있어야 한다.

이 장에서는 유아과학교육에 대한 교육과정에서의 평가를 살펴보고, 이를 바탕으로 유아과학교육의 평가 방법에 대해 살펴보도록 한다.

제13장

유아과학교육의 평가

하나
유아과학교육 평가의 기초이해

둘
유아과학교육에서의 평가 방법

나무는 열매로 평가되고 사람은 그가 이룬 업적에 의해 평가된다.
-탈무드-

1. 유아과학교육 평가의 기초이해

삶의 전 과정에서 목적을 지니고 계획하고, 실시한 일들은 '평가'라는 과정을 거치게 된다. 그것은 보다 발전된 내일을 기대하기 때문이다. 쉽게 말하면 '어제의 경험을 오늘에 되살려 내일을 기약한다'로 표현할 수 있다. 이러한 평가는 유아교육분야 및 구체적인 유아과학영역에서도 동일하게 적용된다.

교육과정에서 평가는 유아 교사의 행위 주체뿐 아니라 놀이와 배움을 이어주는 다리(bridge)로서 평가의 본질에 대한 관심이 높아지고 있다(이진희 · 허정민, 2020). 특히 개정 누리과정에서는 유아가 중심이 되고 놀이가 살아나도록 하는 데 역점을 두고 평가를 간략화하고 기관의 자율적인 평가를 강조하고 있다(교육부 · 보건복지부, 2019c).

따라서 유아교육기관은 평가의 목적, 대상, 방법, 결과의 활용을 바탕으로 교육과정 평가를 자율적으로 실시할 수 있다.

| 글 & 그림상자 13-1 | 평가의 지침

평가는 다음 사항에 중점을 두고 실시한다.

- 누리과정 운영의 질을 진단하고 개선하기 위해 평가를 계획하고 실시한다.
- 유아의 특성 및 변화 정도와 누리과정의 운영을 평가한다.
- 평가의 목적에 따라 적합한 방법을 사용하여 평가한다.
- 평가 결과는 유아에 대한 이해와 누리과정 운영 개선을 위한 자료로 활용할 수 있다.

출처: 교육부·보건복지부(2019c).

Q&A

학부모는 우리 아이가 같은 또래의 기준에서 어느 정도(상 · 중 · 하)인지를 궁금해한다. 이를 확인할 수 있는 유아의 평가기준엔 어떤 것이 있을까?

1) 교육과정 운영평가

평가의 궁극적인 목적은 유아의 배움과 성장을 돕기 위한 것이다. 그러나 평가의 진정한 목적을 잃어버린 채 누군가를 자로 재고 판단하는 오류를 범하는 경우가 많다.

진정한 평가는 학습자의 배움에 기여할 수 있어야 하며, 연속적이고 총체적으로 이루어지면서 학습자가 세상에 가지는 흥미와 관심, 하고자 하는 의도 등을 읽고 지원해 줄 수 있어야 한다(이진희 · 허정민, 2020). 특히, 교육과정에서의 평가는 교육과정 운영의 질을 진단하고 개선하기 위해 자율적으로 평가를 계획하고 실시한다. 유아교육기관에서는 지역 특성, 각 기관 및 학급(반)의 상황과 요구를 고려하여, 교육과정 운영을 개선할 수 있도록 자율적으로 평가 계획을 수립한다. 평가의 내용, 평가 주기 및 시기, 평가 방법 등에 대한 계획은 각 기관 구성원 간의 민주적인 협의를 통해 정한다.

| 그림 13-1 | 교육과정 운영평가

특히 교육과정 운영평가는 유아교육기관의 교육과정이 유아중심·놀이중심으로 적절하게 운영되고 있는지 평가하는 데 그 목적이 있다. 유아교육기관의 누리과정 운영 평가에서는 놀이시간을 충분히 운영하였는지, 유아 주도적인 놀이와 배움이 이루어지고 있는지, 놀이 지원이 적절한지 등을 평가할 수 있다. 이는 놀이 속에서 나타나는 유아의 특성 및 변화 정도와 연계하여 파악할 수 있다.

필요에 따라 부모와의 협력이나 행정적·재정적 지원이 적절하게 이루어지고 있는지 등을 평가할 수도 있다. 나아가, 유아교육기관의 누리과정 운영에 대한 평가는 개선이 필요한 사항에 따라 자율적으로 실시할 수 있다. 기관별, 학급별 상황이나 필요성에 따라 적합한 방법을 선택하여 교육과정 운영을 평가한다.

또한, 유아교육기관에서 자율적인 방식을 통해 실시한 교육과정 운영평가의 결과는 각 기관에서 유아중심·놀이중심 교육과정의 운영을 보다 나은 방향으로 개선하는 데 활용할 수 있다.

2) 유아평가

평가의 목적은 교육과정의 운영에서 대단히 중요하지만, 결코 쉬운 과정은 아니다. 특히 개정 누리과정에서는 놀이를 강조하고 있기 때문에 과거처럼 형식을 갖추어 진행하기는 어렵다.

유아들과 함께 만들어 가는 교육과정을 실천하고 놀이와 배움을 잇는 다리로서 의미 있는 평가가 이루어지기 위해서 교사는 지식, 기능, 태도 등 종합적 평가를 하며, 유아의 일상생활과 놀이 활동 관찰기록을 통한 평가를 지향해야 한다(충청남도교육청, 2020). 따라서 이러한 유아평가에서 특별히 유의해야 할 점은 두 가지로 요약된다.

첫째, 유아평가는 궁극적으로 유아의 행복과 전인적 발달을 지원하는 데 그 목적이 있다. 교사는 유아의 놀이, 일상생활, 활동 속에서 유아의 고유한 특성이나 의미 있는 변화를 발견하고, 그것을 바탕으로 유아의 배움과 성장을 돕기 위해 평가를 할 수 있다.

교사는 유아의 배움이 나타나는 놀이, 일상생활, 활동에서 유아가 가장 즐기고 잘하는 것, 놀이의 특성, 흥미와 관심, 친구 관계, 놀이를 이어가기 위한 자료의 활용 등에 주목하여 유아의 놀이를 관찰하고 이를 통해 유아의 특성과 변화를 이해하도록 한다.

| 그림 13-2 | 유아의 과학 놀이 활동: 탐구과정 즐기기

둘째, 평가 방법은 평가의 목적과 대상에 따라 달라질 수 있다. 유아교육기관은 평가 목적에 가장 적합한 평가 방법을 자율적으로 정하여 활용할 수 있다.

이에 따라 교사는 유아의 특성과 변화 정도를 파악하기 위하여 유아들의 실제 놀이 모습을 계획안에 기록할 수 있고, 놀이 결과물과 작품 등을 일상적으로 수집할 수 있다.

유아들의 놀이를 관찰할 때에는 유아의 말, 몸짓, 표정 등에서 드러나는 놀이의 의미와 특성에 주목하여 이 중 필요한 내용을 메모나 사진 등 교사가 할 수 있는 가장 용이한 방법으로 기록한다. 이러한 관찰기록 자료는 교실에서 자율적으로 수립한 계획안에 포함하여 유아의 특성과 변화 정도를 파악하는 데 활용할 수 있다.

다만 교육과정에서는 교사가 유아의 놀이 관찰기록, 유아평가와 누리과정 운영 평가 등 평가자료를 만들고 수집하는 데 과도한 노력을 기울이기보다는 유아의 놀이에 더 집중하고 지원하는 것이 중요함을 강조하고 있다. 특히 교사는 개별 유아를 정기적으로 관찰하기보다는 배움이 나타나는 또래 간의 놀이나 활동 등 유아들이 일상에서 놀이하며 배우는 자연스러운 상황에서 유아의 특성과 변화를 이해하는 평가를 하도록 한다. 또한, 5개 영역 59개 내용을 성취 기준으로 잘못 인식하여 유아의 놀이에서 59개 내용이 나타나는지만을 체크하지 않도록 한다.

이와 같은 과정을 통해 교사는 유아의 놀이, 일상생활, 활동을 통해 수집된 자료를 평가의 목적에 맞게 종합하여 평가의 결과를 얻을 수 있다.

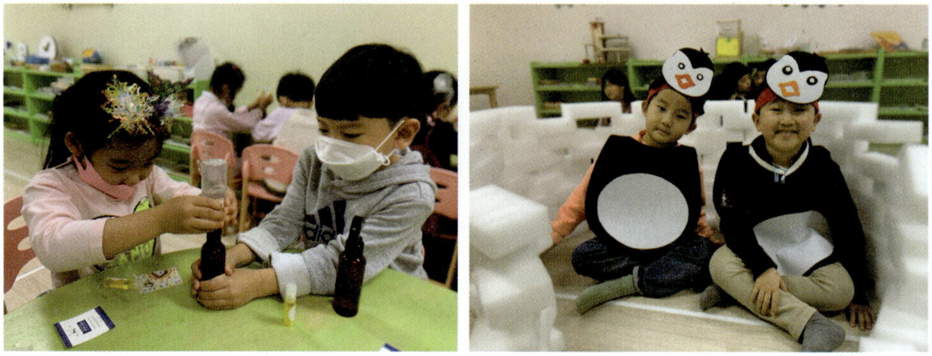

| 그림 13-3 | 유아의 과학 놀이 활동: 생활 속에서 탐구하기

교육과정 활동을 통해서 수집된 모든 자료를 바탕으로 개별 유아의 특성과 변화 정도를 종합적으로 이해하여, 이를 부모와의 면담자료 및 유아의 생활지도 등에 활용할 수 있다.

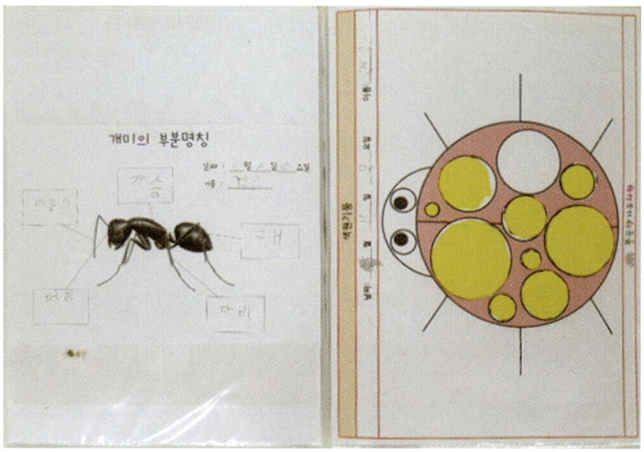

| 그림 13-4 | 유아의 과학 활동 자료: 포트폴리오

2. 유아과학교육의 평가 방법

2019 개정 누리과정에서는 기관 및 학급 수준 교육과정 운영의 자율성이 강화됨에 따라 평가 역시 그 방법과 시기에 대해서도 자율성을 가지도록 하고 있다. 교사는 관찰과 기록, 수집, 부모 설문지 등의 다양한 방법을 이용하여 유아와 교육과정 운영에 대한 평가를 실시한다.

1) 평가 기준

과학 활동의 평가는 유아의 과학적 개념과 지식, 탐구능력 및 태도의 변화 등을 평가한다. 김현경 · 김경희 등(2016)이 제시한 유아 평가를 위해 평가 기준을 살펴보면 다음과 같다.

(1) 유아중심의 평가

유아 간 차이에 대한 비교 · 평가가 아니라 개별 유아의 발달 영역별 차이와 변화를 중심으로 평가한다. 다른 유아와 비교하여 우열을 판정하는 것이 아니며 개인적 특성에 대한 이해에 중심을 둔다.

"우리만의 피라미드를 만들어 보자!"라고 먼저 이야기를 하며,
균형 있게 다양한 자료를 가지고 탐색하고 활동한다.

(2) 과정중심의 평가

결과보다는 과정 자체가 의미 있는 방법을 사용하여 교수학습 상황 속에서 지속적으로 평가한다. 교육목표와 연관된 유아의 노력, 진보, 성취를 나타내는 수행을 중심으로 평가한다.

꽃에 대해 관심을 갖기 시작하였다.
오늘은 새로운 활동을 시도하며, 친구에게 먼저 가서 이야기를 한다.

(3) 발달과 경험 중심의 평가

유아의 발달 및 학습 수준, 경험에 맞는 내용과 방법으로 평가한다. 평가의 내용과 방법이 유아에게 발달적으로 적절하고 가치가 있으며 경험과 연관되도록 한다. 특히 연령차를 고려한 타당한 평가도구 및 방법을 사용하며 개인차를 존중한다.

오늘 활동한 경험을 통해서 힘을 줘서 그림을 그리고 오리면서
'눈과 손의 협응, 소근육 조절 능력'을 증진 시킬 수 있었다.
또한, 스스로 호기심을 해소하고 탐구하는 태도를 길러 줄 수 있었다.

(4) 다면적이고 종합적인 평가

관찰, 면접, 검사, 작업 표본 분석 등 다양한 방법을 통해 모든 영역에 걸쳐 다면적이고 종합적인 평가를 실시한다. 따라서 일회성이 아닌, 구체적이고 체계적으로 수립된 평가 계획에 의해 지속적·누적적으로 평가한다.

〈유아 개별 포트폴리오 파일〉

〈유아 개별 면담〉

2) 평가 방법

(1) 평가자료

교육과정은 유아의 놀이와 일상생활, 활동 속에서 이루어지므로 교사는 유아의 놀이와 일상을 관찰하여 기록한다. 교사는 특히 유아의 놀이 과정을 관찰하여 평가에 필요한 자료를 모을 수 있다. 이때, 평가자료의 수집과 기록 때문에 교사가 유아를 지원하는 데 어려움을 갖지 않도록 유의한다. 교사는 많이 기록해야 한다는 부담에서 벗어나 유아관찰기록 중 유아 이해 및 놀이 지원에 중요하고 의미 있다고 판단되는 자료를 선별한다. 자료를 수집할 때에는 효과적으로 내용을 조직할 수 있고, 기록을 쉽게 활용할 수 있으며 관리하는 데에도 시간이 덜 드는 방법을 활용하는 것이 좋다.

(2) 평가기록

유아중심·놀이중심 교육과정이 잘 운영되기 위해서는 유아의 놀이를 중심으로 일과를 관찰하고 기록할 필요가 있다. 일과 중 관찰한 내용을 메모지에 핵심단어 위주로 짧게 기록을 남기고 일과 후 상세한 내용을 보완할 수 있다. 이때 짧은 메모를 그대로 활용할 수도 있고 유아 이름, 시간, 장소, 상황, 관련 누리과정 내용 등을 수기로 간단히 작성할 수 있다. 혹은 일일계획안의 평가란이나 일지 양식을 변형하여 관찰 및 평가 내용을 기록할 수도 있다.

① 주제중심 과학활동 평가기록

다음은 교사가 '자연과 디지털'이라는 주제로 놀이를 하면서 기록한 과학활동의 한 예이다.

「자연  과 디지털  」

– 자연과 디지털에서 '새로운 시선'으로 공간과 사물 바라보기

– 유아들의 자연에 대한 생각을 알아보자. 바깥놀이를 가지며 자신들의 방법으로 자연을 느껴 본다.

– 자연은 무엇일까?

T: 자연은 무엇일까?

C: 나무요. 하늘이요. 모두 다요….

T: 자신이 '자연'이라고 생각하는 것을 그림으로 그려 보자.

→ 자연에 대한 생각 들여다보기

– 놀이터에서 자연 찾기

– 자신이 자연이라고 생각하는 것을 사진 찍는다.

– '내가 생각하는 자연' 사진을 보여 주며 내가 생각하는 자연에 대해 소개한다.

T: 친구들이 생각하는 자연은 어떤 거야?

C: 살아 있는 거요!

T: 자연은 살아 있는 거야?

C: 아니요. 죽었어요. / 아니야, 살아 있어! /살아 있는 것도 있고 죽은 것도 있어요.

T: 친구들이 생각하는 '살아 있는 것'은 무엇이야?

C: 움직이는 거요. 나뭇잎이요! 개미요.

– '살아 있는 것을 찾아보자'

1) 직접 놀이터에서 살아 있는 것을 찾아본다(바구니 제공).

2) 직접 찾은 살아 있는 것을 서로 소개한다.

T: 이 나뭇잎은 뭐야?

C1: 이 초록색 나뭇잎은 살아 있는 거고 갈색 나뭇잎은 죽은 거에요.

C2: 아니야. 나무에 있는 나뭇잎은 살아 있는 거고 떨어져 있는 게 죽은 거야.

– 무엇이 살아 있는 것 같은지 죽은 것 같은지 이야기를 나누어 보았다.

〈교사의 평가 및 지원〉

– 자연에 대해 호기심을 갖고 궁금한 것을 탐구하는 태도를 보임

– 유아들이 자연을 찍을 수 있도록 사진기 지원

– 확산적인 발문으로 자연에 대해 지속적으로 호기심을 갖게 함

② 놀이중심 과학활동 평가기록

교사가 놀이시간에 과학영역에서 유아들과 놀이하면서 기록한 평가의 예이다.

구분	관찰 및 평가기록
놀이상황	자유선택활동 시간 과학영역에서 도윤이와 수호가 함께 색이 들어 있는 물을 스포이트를 이용해 색을 섞으면서 놀이하다 선생님에게 질문하는 장면
놀이흐름	**자유선택활동 시간 과학영역에서 색을 섞는 활동을 하기 위해 도윤이는 파란색 물통을, 수호는 초록색 물통을 선택했다.** 도윤: 수호야, 나 한 번 너 한 번씩 옮기자. 수호: 그래. 도윤: (손으로 스포이트의 튜브를 누른 상태에서 파란색 물통에 넣고 손을 놓은 뒤 스포이트를 물통에서 꺼내어 보며) 어? 이상하다. 왜 적게 나오지? 수호야 너도 해 봐. **수호는 스포이트를 초록색 물통에 넣어 튜브를 여러 번 누른 뒤 꺼내며 초록색 물을 옮긴다.** 도윤: (수호의 스포이트와 도윤이의 스포이트를 번갈아 바라보며) 왜 너가 더 많이 담기지? 나도 많이 옮기고 싶은데… (스포이트를 여러 번 파란색 물통에 넣었다 뺀다.) 도윤: (선생님를 바라보며) 선생님, 저도 수호처럼 많이 나왔으면 좋겠어요. 교사: 도윤이는 스포이트로 물감을 옮길 때 어떻게 옮겨? 도윤: (도윤이는 손으로 스포이트의 튜브를 누른 상태에서 파란색 물통에 넣고 손을 놓은 뒤 다시 꺼내며) 이렇게요. 그런데 많이 담기지가 않아요. 교사: 선생님이 한번 옮겨 볼게. **선생님은 손으로 스포이트의 튜브를 누른 상태에서 파란색 물통에 넣고, 튜브를 잡은 손가락을 뗀다.** 도윤: 아! 저 이제 알겠어요. 봐봐요. 해 볼게요. (손으로 스포이트의 튜브를 누른 상태에서 파란색 물통에 넣고, 튜브를 잡은 손가락을 떼며) 이렇게죠?

구분	관찰 및 평가기록
교사평가 및 지원계획	– 수호는 스포이트를 사용하는 방법을 몰라 '손으로 스포이트의 튜브를 누른 상태에서 액체에 넣어 손을 놓는 방법'을 사용함을 관찰할 수 있었다. 문제에 부딪힌 도윤는 바로 선생님에게 도움을 요청했고 선생님이 직접적으로 알려 준 것이 아니라 시범을 보여 준 것을 관찰하며 자신이 하는 방법과 선생님이 하는 방법의 다른 점을 한번 관찰하고 찾아 바로 실행에 옮긴 것을 보아 관찰력이 높음을 볼 수 있다. – 도윤이는 스포이트를 이용해 '파란색 물을 많이 옮기는 것'을 목적으로 놀이를 하였는데 놀이의 목표인 '색을 섞어 어떤 색이 되는지 관찰해 보기' 활동을 할 수 있도록 발문을 지원하면서 계속 생각하게 해 주는 기회를 제공한다. 그리고 파란색을 좋아하여 파란색 물로만 놀이하는 것을 보아 더 다양한 색의 조합을 관찰할 수 있도록 관련 활동을 제공해야겠다.

③ 교육과정 평가기록

교사는 교육과정 운영의 질을 개선하기 위하여 학급의 특성을 반영하여 자율적으로 교육과정 운영을 평가하여야 한다.

교육과정 운영평가는 하루일과 구성이 적절하였는지, 일상생활이나 활동이 놀이를 지원하는 방식으로 진행되었는지, 놀이를 통해 어떤 경험이 어떻게 일어났는지 등에 대해 반성적으로 들여다보는 과정이다. 교사는 학급 내 놀이의 내용, 놀이를 통해 학급에서 일어나고 있는 유아들의 배움과 참여 등에 대한 기록을 바탕으로 교육과정을 평가하고 교육과정 개선 계획에 이를 반영할 수 있다. 교사가 하루일과의 흔적을 기록하고 평가한 예이다.

주제

가을

일일 목표

추수에 대해 알 수 있다.
가을 풍경을 그림으로 표현한다.

일과의 흐름

등원 및 자유놀이→오전간식→이야기 나누기→미술활동→놀이활동→점심식사→음률활동→바깥놀이→놀이활동→오후간식→평가 및 귀가지도

오늘의 흔적

*이야기 나누기(추수는 어떻게 이루어질까?)
- '추수'라는 단어에 관심을 가진다.
- 준비된 슬라이드와 영상 자료를 보며 추수 과정을 이야기 나눈다.
- 추수하기까지 고생하시는 분들에 관해 이야기 나눈다.

***미술활동('추수풍경' 그리기)**
- 추수 관련 명화을 감상한다.
- 느낌을 이야기 나눈다.
- 내가 만약 추수의 풍경을 그린다면 어떻게 그릴지 생각해 본다.
- 파스텔을 이용해 추수풍경을 그린다.
- 친구들에게 내 작품을 소개한다.
- 활동을 평가한 후 마친다.

***음률활동('풍년가' 장구 연주하기)**
- 장구 장단과 함께 '풍년가'를 감상한 후 장단을 익혀 연주한다.

교육과정 운영평가

추석이 다가옴에 따라 햇곡식이나 햇과일에 대한 유아들의 관심이 높아지는 때에 '추수'라는 주제로 이야기 나누기를 나누어 유아들의 궁금증을 해소할 수 있었다. 이 과정에서 추수에 사용되는 다양한 도구와 기계에 대한 유아들의 관심을 확인할 수 있었으므로 관련 활동을 계획해야겠다.
또한, 추수와 관련된 미술작품과 전통음악을 감상하며 우리의 일상생활을 예술로 표현할 수 있음을 이해할 수 있었다. 추수와 관련된 다양한 작품감상을 원하는 유아들이 많으므로 관련 명화를 교실에 게시하고, 추수와 관련된 연주 영상을 자율적으로 감상할 수 있도록 지원해야겠다.

④ 유아평가 기록

유아평가는 일상생활 및 놀이 과정에서 이루어질 수 있다. 유아의 놀이에 대한 기록(예: 계획안 또는 일지에 기록한 유아들의 실제 놀이 모습, 유아의 놀이 결과물, 작품, 사진이나 동영상 등)을 통해 유아의 흥미와 관심, 놀이 선호, 또래와의 상호작용 등 유아의 특성과 변화 정도를 평가할 수 있다.

'자동차를 움직이게 하려면 어떻게 해야 할까?'놀이를 하면서 유아의 활동과 결과물을 대상으로 자연탐구영역에서 기록한 예이다.

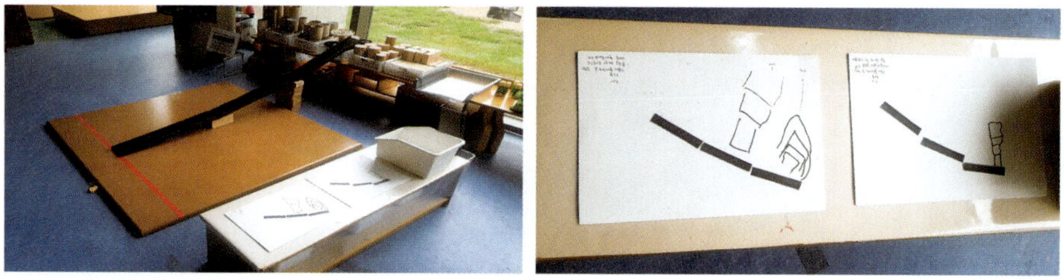

〈자동차 경사로 실험〉

- 자동차가 움직이는 길에 대한 탐색
- 평평한 길, 내려가는 길, 올라가는 길 자동차가 움직이게 하는 길을 그려 본 뒤 직접 길을 만들어 자동차를 움직이게 한다.
  유아: 한쪽이 올라간 길이 자동차를 움직이게 해.
- 경사로에 대해 이해하기 시작한다.
  교사:자동차를 움직이게 하려면 어떻게 해야 할까?
  유아: 세 개의 길로 구슬을 굴려 봐요"
  교사: 어떻게 길 세 개로 구슬이 내려갈까?
- 그림 그려 보기(검정 직사각형 길 세 개와 구슬을 그려 어떤 길이 내려가게 하는지)
- 그림을 바탕으로 실천하기
- 실천한 후 실패 요인을 찾아 다시 그리기 • 다시 그림으로 표상하기
  교사: 무엇이 문제일까? 어떻게 하면 해결할 수 있을까?
- 구슬이 길 세 개를 통해 내려간다.
  유아: 한쪽이 올라간 길이 내려가는 길이야.
- 경사로에 대해서 인지하기 시작한다.

〈자연탐구영역평가〉
– 자동차의 움직임에 대해서 호기심을 갖고 탐색함
– 경사로에 대해서 탐구하고 풍부하게 경험함

⑤ 교육과정 5개 영역 평가기록

교육과정의 5개 영역은 유아가 놀이를 통하여 경험해야 할 내용이므로 교사는 놀이상황에서 5개 영역과 관련한 경험이 어떻게 이루어졌는지 연계할 수 있다.

이러한 평가 활용은 유아의 관찰기록 및 활동 결과물 분석을 통해 부모 면담에 활용할 수 있으며, 유치원 교육과정 운영 및 교수·학습 방법 개선에 활용할 수 있다(충청남도교육청, 2020).

다음은 교육과정 5개 영역과 연계하여 표상 활동 중심으로 평가한 사례이다.

○ 신체운동·건강영역

- 목표: 실내외에서 신체활동을 즐기고, 건강하고 안전한 생활을 한다.

소근육활동 – 바느질놀이

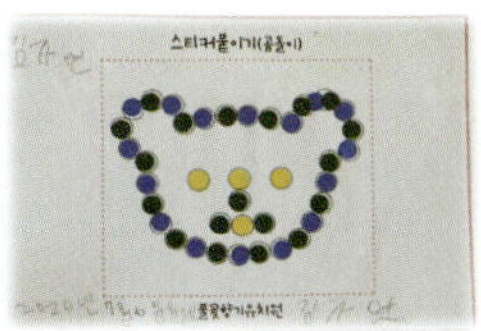

체육놀이

신체운동/건강

실내외에서 신체활동을 즐기고,
건강하고 인전한 생활을 한다.

대/소근육 발달

쓰기 위한 준비

눈과 손의 협응력

기초체력 증진

○ 의사소통영역

- 목표: 일상생활에 필요한 의사소통 능력과 상상력을 기른다.

의사소통

일상생활에 필요한 의사소통 능력과 상상력을 기른다.

언어부 교재활동

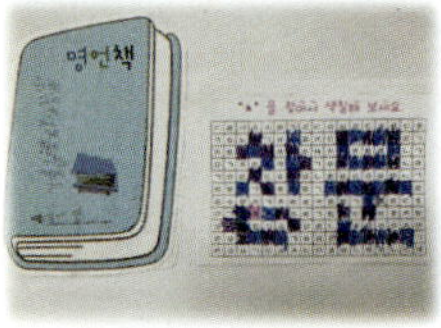

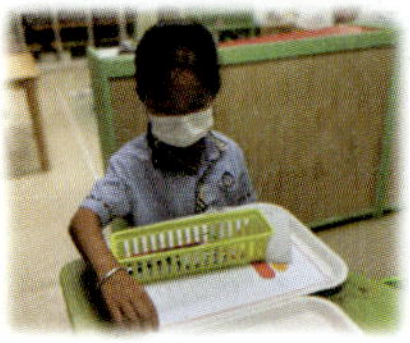

주말 지낸 이야기

한글/수놀이

영어놀이

- 문해발달의 기초
- 발표력, 자신감
- 읽기: 파닉스

○ 사회관계영역

- 목표: 자신을 존중하고 더불어 생활하는 태도를 가진다.

사회관계

자신을 존중하고 더불어 생활하는 태도를 가진다.

문화/감각활동

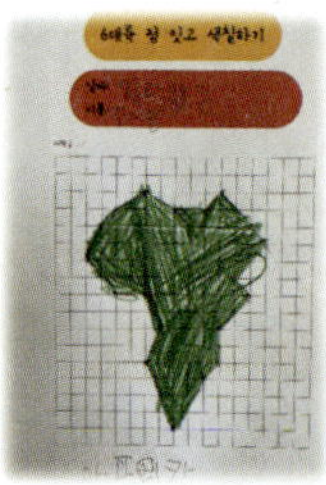

바깥놀이

- 배려와 존중
- 협동심
- 문제해결력
- 다양한 문화이해

○ 예술경험영역

- 목표 : 아름다움과 예술에 관심을 가지고 창의적 표현을 즐긴다.

장구놀이

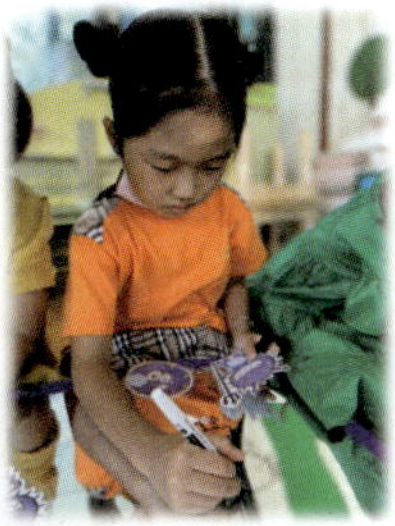

오감놀이

명화놀이

하모니카

예술경험

아름다움과 예술에 관심을 가지고
창의적 표현을 즐긴다.

자기표현력

창의성

상상력

오감발달

○ 자연탐구영역

- 목표 : 탐구하는 과정을 즐기고, 자연과 더불어 살아가는 태도를 가진다.

수/감각/문화활동

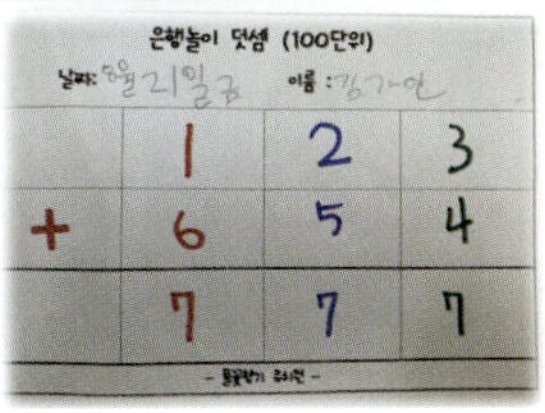

숲체험

자연탐구

탐구하는 과정을 즐기고,
자연과 더불어 살아가는 태도를 가진다.

구체물을 통한 덧셈, 뺄셈

1,000단위 이상의 수 세기

규칙성 이해

기본도형의 이해

생명체 존중

⑥ 유아 성장중심 평가기록

충청남도교육청(2020)에서 유아 성장중심 유아평가를 위해서 자연탐구영역에서 학년초, 학기말, 학년말을 나누어서 평가를 기록할 수 있도록 개발한 사례이다.

| 표 13-1 | 자연탐구영역에서의 유아평가

영역	내용범주	내용	놀이를 통한 성장		
			학년초	학기말	학년말
자연탐구	탐구과정 즐기기	• 주변 세계와 자연에 대해 지속적으로 호기심을 가진다. • 궁금한 것을 탐구하는 과정에 즐겁게 참여한다. • 탐구과정에서 서로 다른 생각에 관심을 가진다.	위치에 따라 그림자 크기가 달라짐을 발견함		그림자를 이용해 다양하게 놀이함
	생활 속에서 탐구하기	• 물체의 특성과 변화를 여러 가지 방법으로 탐색한다. • 물체를 세어 수량을 알아본다. • 물체의 위치와 방향, 모양을 알고 구별한다. • 일상에서 길이, 무게 등의 속성을 비교한다. • 주변에서 반복되는 규칙을 찾는다. • 일상생활에서 모은 자료를 기준에 따라 분류한다. • 도구와 기계에 대해 관심을 가진다.	나와 친구의 키, 몸무게 등에 관심을 표현하고 비교해 봄	다양한 측정도구 활용을 즐김	다양한 측정단위를 알아봄
	자연과 더불어 살기	• 주변의 동식물에 관심을 가진다. • 생명과 자연환경을 소중히 여긴다. • 날씨와 계절의 변화를 생활과 관련짓는다.	주변의 곤충들에 관심을 보임	여러 곤충의 특징을 세심히 관찰함	도감을 이용해 다양한 곤충의 특징을 알아봄

결론적으로 유아과학교육에 있어서 자연탐구영역의 평가기록은 유아의 놀이 상황에서 두 가지로 제시할 수 있다(교육부 · 보건복지부, 2020).

첫째, 교육과정 평가이다. 놀이를 통해 학급의 유아에게 어떤 배움이 일어났는지 누리과정을 기준으로 교육과정을 평가하고, 가장 관련 있는 인간상, 목표, 영역을 평가한다.

〈자연탐구영역〉

- 알아보고 싶은 곤충을 자세히 관찰하고 탐구함
- 다양한 곤충에 관해 관심을 가짐

둘째, 유아 개인평가이다. 개인 유아에게 어떤 배움이 일어났는지 일상생활, 놀이, 활동의 전체적인 맥락에서 누리과정을 기준으로 평가한다. 또한, 유아의 배움이 잘 관찰된 영역을 중심으로 평가하며, 모든 놀이에서 모든 개인 유아를 평가할 필요는 없다.

〈자연탐구영역〉

- 서식지에 따라 곤충들이 다른 곳에 살고 있다는 것을 이해하게 됨
- 개미의 움직임을 상세히 관찰하고 달라진 것(개미집의 크기나 길)을 찾아내는 능력이 뛰어남

유아과학교육, 고마운 과학의 출발점!

"기록을 도와주는 고마운 물건들"

관찰한 것을 기록할 수 있도록 도와주는 고마운 물건들이 있어요. 그 물건들에는 어떤 과학원리들이 숨어 있을까요? 그리고 그 원리를 이용해 아이들은 어떻게 놀 수 있을까요? 예비교사의 생각이 궁금해요!

과학아 고마워 !		과학아 놀자 ^^
과학의 원리는 무엇일까?	관찰한 것의 기록을 도와주는 고마운 물건	아이들은 어떻게 놀까?
• 탄성의 원리 • 마찰의 원리	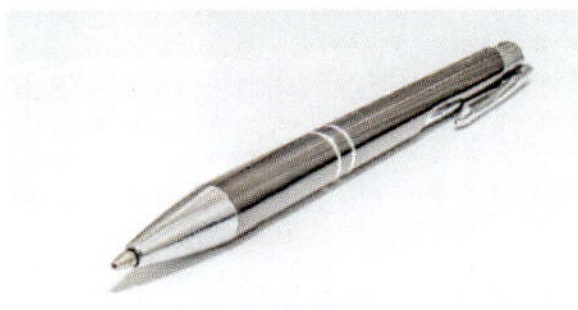 볼펜	
• 탄성의 원리 • 흡착현상	 지우개	
• 탄성의 원리 • 지레의 원리	 스테이플러	

관찰한 것을 기록할 수 있도록 도와주는 고마운 물건! 그 속에 숨은 과학원리를 함께 알아봐요!

탄성의 원리

볼펜, 지우개에서도 탄성을 발견할 수 있어요. 손으로 볼펜 꼭지를 누르면, 속에 있는 용수철이 수축하여 볼펜 심을 밖으로 나오게 하고, 스테이플러 속 용수철은 사용 후 스테이플러를 원래 상태로 되돌려주어요. 지우개는 고무로 만들어져 그 탄성으로 잘 부러지지 않고 부드럽게 사용할 수 있어요.

마찰의 원리

볼펜은 종이에 무언가를 쓸 때 사용하는 필기도구예요. 펜 끝에 부착한 단단하고 작은 볼이 필기할 때 종이와 마찰하며 회전을 하게 되는데, 그때 볼펜 속 카트리지에서 잉크를 뽑아내 볼에 묻은 잉크가 종이에 그려지도록 하여 필기가 이루어져요.

흡착현상

종이에 연필로 적은 글씨를 없애거나 수정할 때 우리는 지우개를 사용해요. 지우개로 연필 자국을 문지르면, 울퉁불퉁한 종이 표면에 달라붙은 연필의 흑연 입자가 지우개에 달라붙어 흑연 입자를 제거할 수 있어요. 우리가 흔히 말하는 지우개 똥이 검은색인 것은 흑연 가루가 붙었기 때문이에요.

지레의 원리

지레의 원리에 따르면, 받침점에서 작용점까지의 거리가 받침점에서 힘점까지의 거리보다 짧으면 짧을수록 힘을 덜 들이고 효과를 볼 수 있는데, 스테이플러는 이 원리를 활용한 물건이에요. 받침점인 손잡이 부분을 누르면 힘점인 스테이플러 머리에 힘이 전달되어 작용점에서 심이 나오게 되기 때문이에요.

참고문헌

EBS 놀이의 힘 제작진(2020). 놀이의 힘. 서울: 성안당.

강미선(2017). 만들기와 연계한 미술 통합 과학 활동이 유아의 창의성과 과학적 탐구능력에 미치는 영향. 중앙대학교 대학원 석사학위논문.

강은진(2019). 2019 개정 누리과정 시행을 위한 교사 전문성 제고 방안. 육아정책포럼, 62, 16-23.

강인애·김명기(2017). 메이커 활동(Maker Activity)의 초등학교 수업적용 가능성 및 교육적 가치 탐색. 학습자교과교육연구, 17(14), 487-515.

강인애·윤혜진·황중원(2017). 메이커교육(Makrt Education): 4차 산업혁명시대에 다시 만난 구성주의. 서울: 내하출판사.

경기도교육청(2019). 놀이 2019. 경기: 경기도교육청.

고려대학교 민족문화연구원(2009). 고려대 한국어대사전. 고려대학교 민족문화연구원.

곽병선(2009). 지식융합시대와 통합교육과정. 한국통합교육과정학회, 4, 1-13.

곽영숙·김규리·조민희·최정현·황현지(2020). 유아 융합(STEAM)교육. 서울: 어가.

교육과학기술부(2011). 융합인재교육(STEAM) 추진성과보고. 융합인재교육(STEAM) 2011년 성과발표회 자료집, 10-25, COEX.

교육부(2015). 2015 개정 교육과정 총론 및 각론 확정·발표. 세종: 교육부.

교육부·보건복지부(2019a). 2019 개정 누리과정 놀이실행자료. 세종: 교육부.

교육부·보건복지부(2019b). 2019 개정 누리과정 놀이이해자료. 세종: 교육부.

교육부·보건복지부(2019c). 2019 개정 누리과정 해설서. 세종: 교육부.

교육부·보건복지부(2020). 놀이를 지원하는 교사의 역할. 세종: 교육부.

교육부·한국과학창의재단(2015). 눈에 보이는 STEAM 교육. 세종: 교육부.

교육부 보도자료(2015. 09. 23.). 2015 개정 교육과정 총론 및 각론 확정·발표.

국립국어원(1999). 표준국어대사전. 서울: 국립국어원.

국립특수교육원(2018). 교육학용어사전. 서울: 하우.

김경숙(2008). 유치원정교사(1급) 자격연수 교재. 광주: 광주교육연수원.

김경숙(2012). 창의쑥쑥 생각쑥쑥. 서울: 정민사.

김경숙(2013). 생활주제를 활용한 창의리더십프로그램 개발 및 효과. 전남대학교 대학원 박사학위논문.

김경숙(2019). 유아리더십 효과분석을 위한 루브릭개발: 황금원 모델 기반. 숙명여자대학교 대학원 박사학위논문.

김경숙·김희영(2014). 유아의 과학적 탐구기술 이해 검사도구의 개발 및 적용. 한국보육지원학회지, 10(3), 137-158.

김경숙·홍혜경(2012). 색다른 용도법(Unusual uses)을 활용한 표상활동이 유아의 창의성에 미치는 효과. 한국창의력교육학회, 12(2), 93-112.

김광웅(2009). 창조! 리더십. 서울: 생각의 나무.

김남희·정혜영(2014). Bloom의 신교육목표분류학에 기초한 5세 누리과정 교사용 지도서의 활동목표 분석: 자연탐구영역을 중심으로. 생태유아교육연구, 13(4), 299-320.

김래은·박혜경(2020). 유아 융합교육(STEAM) 프로그램 개발 및 적용에 대한 유아교사의 인식 및 요구도 차이 -교육경력을 중심으로-. 인재발달중재학회, 11(2), 71-95.

김래은·송민서·박혜경·현혜정·김민솔(2020). 놀이, 창의, 융합 중심 유아과학교육. 서울: 창지사.

김명순(2018). 아동의 놀이할 권리 보장을 위한 정책과제. 보건복지포럼, 259, 57-275.

김명옥·강현석(2012). Bloom의 신 교육목표분류학에 기초한 초등학교 저학년 국어과 수업목표 분석. 교육과정연구, 30(1), 27-58.

김미경(1990). 유아과학교육. 서울: 양서원.

김미경·고영화(2018). 국내 유아교육에서의 STEAM 교육 연구동향분석 및 교육적 함의. 유아교육학회집, 22(6), 359-384.

김민규(2018). 4차 산업혁명 미래전략보고서. 서울: 북스타.

김민철(2013). 미국의 STEM 교육 정책과 한국의 STEAM 교육 정책의 비교. 전남대학교 대학원 석사학위논문.

김인경·정선아·박보영(2020). 교육혁신과 인적역량에 관한 연구: 유치원을 중심으로. 한국개발연구원 연구보고서.

김일부(2017). 유아 인성리더십 교육에서 교사의 상호작용 역량강화를 위한 훈련 프로그램 개발과 효과 TREASURE Talk 코칭모델 활용. 숙명여자대학교 박사학위논문.

김정연·김창복(2019). 자원재활용 프로젝트 활동이 유아의 환경보전지식 및 환경보전태도 향상에 미치는 영향. 열린유아교육연구, 24(6), 347-373.

김진수(2007). 기술교육의 새로운 통합교육 방법인 STEM 교육의 탐색. 한국기술교육학회지, 7(3), 1-29.

김진수(2012). STEAM 교육론. 경기: 양서원.

김진수·김방희·김진옥(2020). 융합 STEAM 교육의 이해. 서울: 공감북스.

김진옥(2018). 메이커 기반 STEAM 교육을 위한 수업 모형 개발. 한국교원대학교 대학원 박사학위논문.

김현경·김경희·정재은·김윤장·강혜현(2016). 유아과학교육. 서울: 학지사.

김현자·박근주·박경난·이지영(2019). 유아과학교육. 서울: 창지사.

김현자·조미영·서명원·박근주·박경난(2016). 유아수학교육. 서울 : 창지사.

김형재·송민서·홍순옥(2016). 융합인재교육(STEAM) 기반 유아과학 프로그램이 유아의 창의성 및 과학적 문제해결력에 미치는 영향. 열린유아교육연구, 21(1), 613-640.

김혜경(2017). 보육교사의 유아간 상호작용 촉진전략 사용실제와 전략 사용시 겪는 어려움. 한국보육학회지, 17(2), 75-98.

김혜금·임양미·김혜경(2017). 아동수학지도. 서울: 정민사.

김혜원(2016). 융합인재교육(STEAM)이 아동의 Flourish에 주는 함의. 숙명여자대학교 석사학위논문.

김혜원(2020). 유아 STEAM 교육 실행에 관한 연구 동향 분석. 학습자중심교과교육연구, 20(5), 1211-1234.

김희정·강숙현(2016). 유아과학교육. 서울: 정민사.

나정숙(2020). 개미 프로젝트 활동에 나타난 혼합연령 유아들의 지식형성 과정에 관한 의미 연구. 어린이문학교육연구, 21(2), 157-176.

남기원·이수연(2017). 메이커스페이스 탐색을 통한 유아 메이커 교육 고찰. 유아교육학회집, 21(6), 205-228.

단국대학교 동양학연구소(1996). 한국 한자어사전. 서울: 단국대학교 출판부.

도미향·강경자(2012). 유아를 위한 코칭-보육교사-유아 상호작용을 위한 코칭 접근. 한국 코칭학회 춘계학술대회 발표자료집.

도미향·이소희·강경자·김주아(2012). 보육교사-유아 상호작용을 위한 코칭접근. 코칭연구, 5(1), 5-26.

류진희(1985). 유치원 과학교육의 통합적 접근 방법에 관한 연구: SCIS 프로그램을 중심으로. 이화여자대학교 교육대학원 석사학위논문.

문선영·김은심·한종화(2018). 모양 프로젝트 전개과정에 나타난 만 3세 유아의 수학적 경험. 열린유아교육연구, 23(4), 125-148.

문연심·이화영(2007). 통합적 접근에 기초한 영유아 수 과학 교육. 경기: 양서원.

문정화·변순화(2003). 창의성이 보인다. 성공이 보인다. 서울: 창지사.

박남기·임수진·김황(2019). 4차 산업혁명에 대비한 교육 방송의 전략: 메이커 교육과 STEAM 교육이 주는 시사점. 미디어와 교육, 9, 27-54.

박영숙 & Glenn, J. C.(2020). 세계미래보고서 2035-2055. 서울: 비즈니스북스.

박영숙(2017). 메이커의 시대: 유엔보고서 미래 일자리. 서울: 한국경제신문.

박은화(2020). 자녀존중과 부모존경을 위한 상호작용프로그램 구성과 적용효과. 숙명여자대학교 박사학위논문.

박정영(2009). 코칭학의 유형분류를 위한 기초적 접근-코칭형태분류를 중심으로. 코칭연구, 2(1), 61-77.

박정영. (2009). 코칭학의 유형분류를 위한 기초적 접근-코칭형태분류를 중심으로. 코칭연구, 2(1), 61-77.

박준우(2009). 과학기술 발전의 발자취. 경기: 자유 아카데미.

박현정·이소희(2018). 영유아기 교사의 학대언어제한과 촉진적 상호작용을 위한 교육훈련효과: TREASURE Talk-CCTV 모델의 활용. 영유아보육교육연구, 2(1), 41-59.

박형서·김유신(2003). 태양전지 자동차 만들기 체험활동 수업을 위한 초등학생용 MST통합교육 프로그램의 개발. 실과학회, 13(1), 77-96.

박형섭(2016). 수업목표 진술 방식에 대한 초등학교 교사들의 인식. 한국교원대학교 대학원 석사학위논문.

방현실(2020). 2019개정 누리과정에 대한 유아교사의 인식 및 교사연수 요구도. 구성주의 유아교육연구, 7(1), 67-98.

배선아(2009). 공업계열 전문계 고등학교 전기·전자·통신 분야의 활동 중심 STEM 교육 프로그램 개발. 한국교원대학교 대학원 박사학위논문.

변문경(2018). 발명 교실 학생들의 메이커 교육에 대한 인식 분석. 한국과학교육학회지, 38(1), 1-9.

변순학(2010). 창의성 신장을 위한 발명교육 프로그램 개발 및 적용. 서울교육대학교 교육대학원 석사학위논문.

서영민(2014). 자연물 주제중심통합 유아 숲체험교육 프로그램 개발 및 적용효과. 중앙대학교 박사학위논문.

서영숙·안소영·안지혜·김영명(2019). 영유아프로그램 개발과 평가. 서울: 공동체.

서영숙·안지혜·양영아·남미선·김홍은(2012). 프로젝트 접근법으로 운영하는 누리과정. 서울: 공동체.

서영숙·이남정·안소영(1997). 프로젝트 중심 방과후 아동지도. 경기: 양서원.

서울시교육청(2017). 메이커교육(미래공방교육) 중장기(18~22년)발전계획. 서울: 서울시 교육혁신과.

서울시교육청(2018). 교육혁신과 메이커교육에 한 발짝. 서울: 서울시교육청.

서윤희(2003). 구성주의 이론에 기초한 과학활동이 유아의 과학적 탐구능력 및 과학적 태도에 미치는 영향. 한국교원대학교 대학원 석사학위논문.

서현정(2018). 지속가능발전지향 유아과학교육 프로그램 개발. 한국교원대학교 박사학위논문.

성윤진·문혜련(2019). 교사와 유아의 상호작용 수준이 유아의 자기조절능력에 미치는 영향. 한국교원교육연구, 36(2), 1-18.

송민서·홍순옥(2019). 창의성 증진을 위한 예술통합유아과학교육 프로그램 개발. 열린유아교육연구, 24(1), 425-449.

송성수(2009). 기술의 역사. 경기: 살림출판사.

신재한(2005). 교과지식 영역에 따른 대안적 수업목표 분류 방안 탐색. 교육실천연구, 4(2), 93-119.

신재한·이병소·유호진(2015). 융합교육의 이론과 실제. 서울: 교육과학사.

신혜경(2020). 조모를 위한 코칭리더십 프로그램 개발과 효과분석: GRAND모델의 활용. 숙명여자대학교 박사학위논문.

안경숙(2003). 유아과학활동과 통합된 과학능력 평가도구의 개발: 과학적 태도, 탐구능력, 과학적 개념에 대한 평가. 덕성여자대학교 박사학위논문.

오성은(2019). 스토리텔링 유아생활발명교육 프로그램 개발 및 적용 효과. 중앙대학교 박사학위논문.

유아교육진흥원(2018). 누리과정내실화를 위한 유아 STEAM 교육 프로그램 교사연수자료. 서울: 서울특별시 유아교육진흥원.

윤은경(2012). 다중지능 이론에 기초한 유아 과학 교육 프로그램 개발 및 효과. 전남대학교대학원 박사학위 논문.

윤은주(2003). 프로젝트 접근법의 존재론적 이해. 유아교육연구, 23(4), 193-207.

윤정희(2016). 자연놀이를 통한 유아의 과학개념 형성과정 탐색. 서울: 한국연구재단.

이경민(2000). 상호작용적 교수법에 의한 과학교육이 유아의 과학적 개념, 탐구능력, 태도에 미치는 효과. 중앙대학교 박사학위논문.

이기숙 · 김정원 · 이현숙 · 전선옥(2016). 영유아교육과정. 서울: 공동체.

이동국(2019). 학교 메이커스페이스 및 메이커교육 설계원리 개발 연구. 한국교원대학교 대학원 박사학위논문.

이미진 · 김은정(2017). 유아교사의 STEAM 교육 적용에 대한 인식 및 교사교육 방안에 대한 요구. 한국영유아교원교육학회, 21(1), 63-88.

이선애 · 현은자(2010). 교사-유아의 관계와 유아의 또래유능성 및 자기조절능력 간의 관계연구. 아동학회지, 31(2).

이소희(2008a). 멋진응원코칭. 서울: 신정출판사.

이소희(2008b). 어린이 스왓리더십. 서울: 청솔.

이소희(2012). 매일멋진부모 워크북. 경기: 한국영리더십센터.

이소희(2014). TREASURE Talk 코칭모델 개발을 위한 연구(1). 코칭연구, 7(1), 5-35.

이소희(2014). 몰펀 창의교육프로그램. 몰펀코리아.

이소희(2015). TREASURE Talk 코칭모델 개발을 위한 연구(2). 코칭연구, 8(1), 5-40.

이소희(2017a). CCTV 모델에 기반한 성인-아동의 부정적 상호작용척도 개발과 타당화. 영유아보육교육연구, 1(1), 5-27.

이소희(2017b). 유아기 융합인재교육(STEAM)을 위한 교수 · 학습방법의 실천 워크숍 교사교육자료. 미간행.

이소희 · 길영환 · 도미향 · 김혜연(2014). 코칭학개론. 서울: 신정.

이소희 · 김경미 · 박현정(2016). TREASURE Talk 코칭모델을 활용한 유아기 교사-어머니의 상호작용 교육 · 훈련 효과. 코칭연구, 9(2), 5-28.

이소희 · 박옥영 · 김혜원 · 김경숙(2017b). 유아기 융합교육을 위한 SM-STEAM 교수모형 개발. 영유아보육교육연구, 1(1), 5-28.

이소희 · 원종순 · 박현정(2020). 영유아인성교육. 서울: 신정.

이숙재(2005). 유아를 위한 놀이의 이론과 실제. 서울: 창지사.

이숙재(2019). 영유아 놀이 이론과 실제. 서울: 창지사.

이숙희·강병재(2002). 유아의 기본생활습관과 유아의 발달 수준과의 관계. 열린유아교육연구, 7(2), 243-258.

이애진·유연옥(2019). 구체물을 활용한 유아의 물리적 지식 탐구 프로그램 개발 및 과학적 탐구능력과 태도에 미치는 효과. 한국열린유아교육학회 학술대회 논문집, 2019(11), 327-343.

이양숙·하양승·전홍주(2020). 2019 개정 누리과정에 대한 어린이집 원장의 인식과 요구. 한국영유아보육학, 123, 49-78.

이연승(2013). 누리과정에서 STEAM(융합인재교육)의 방향. 유아교육연구, 34(1), 327-341.

이연승(2020). 유아·놀이 중심 교육과정에서 메이커 교육의 활용가능성 탐색. 구성주의 유아교육연구, 7(1), 49-66.

이은정·김경란·오재연(2019). STEAM 기반 바깥놀이 프로그램 개발 및 효과성 연구: 유아의 과학적 탐구, 창의적 신체표현, 의사소통 능력을 중심으로. 열린유아교육연구, 24(3), 289-316.

이정아(2011). '로봇' 프로젝트 접근법이 유아의 과학적 탐구능력 및 사회성에 미치는 영향. 중앙대학교 사회개발대학원 석사학위논문.

이정아(2018). 프로젝트 접근법 유아주도 활동자료집. 서울: 공동체.

이정욱(2004). Vogotsky 의 근접발달지대에 기초한 유아 기하도형 지도를 위한 이론적 고찰. 열린유아교육연구, 9(3), 371-391.

이종수(2009). 행정학사전. 서울: 대영문화사.

이지선(2017). 메이커 교육에 디자인 사고 적용 연구. 한국디자인포럼, 54, 225-234.

이진희·허정민(2020). 구성주의 교실에서의 관찰과 기록: 의미 있는 평가를 만들어가는 유아교사 이야기. 구성주의 유아교육학회 2020년 동계정기학술대회. 91-99.

이현경(2007). 실내·외 놀이환경에서 걸음마기 영아의 놀이행동 연구. 열린유아교육연구, 12(1), 97-121.

이희경(2008). 유아교수·학습방법. 서울: 동문사.

임부연(2020). 「2019 개정 누리과정」에서 놀이와 교육내용의 연계성 탐구. 어린이교육비평, 10(2), 5-32.

임수진·김윤희·박형신·이승하·장경은·탁정화(2019). 놀이하는 유아-호모 루덴스를 향하여. 서울: 양서원.

임창현(2013). 긍정 정서 코칭이 여성의 자기효능감과 자기 표현력에 미치는 효과. 광운대학교 교육대학 석사학위 논문.

전경원(2000). 동·서양의 하모니를 위한 창의학. 서울: 학문사.

전경원(2004). 새로운 영재재능교육의 이론과 실제. 서울: 학문사.

전경원(2015). 융합창의성을 중심으로 한 유아과학교육. 서울: 정민사.

전경원·김경숙(2014). 누리과정이 반영된 유아창의성 교육. 서울: 정민사.

전경원·박인영·김경숙·오한나(2020). 발문중심의 유아창의성 교육. 서울: 정민사.

전종국·최선남(2004). 유아기 부모교육사 교과과정 개발을 위한 기초연구. 부모교육연구, 1(2), 105-128.

정순이·김민정(2019). 메이커교육(Maker Education)이 유아의 과학적 문제해결력 및 사회적 유능감에 미치는 효과. 한국교육문제연구, 37(2), 187-210.

정옥분(2008). 영유아발달의 이해. 서울: 학지사.

정옥분(2013). 아동발달의 이해. 서울: 학지사.

정지현·이종길(2020). 유아의 창의성 증진을 위한 메이커 디지털 기반 유아 디자인 교육 프로그램 개발. 학습자중심교과교육학회, 20(11), 1363-1390.

정혜욱·김은영·윤진주·송정아·안정원·정혜원(2019). 놀이중심 교육과정에서의 교사역할 바로 알기. 서울: 창지사.

정효은·지성애(2009). 탐구-표상 중심 유아과학교육이 유아의 과학적 태도, 언어능력, 공간지능과 표상능력에 미치는 효과. 유아교육학논총, 13(2), 125-142.

조경미·이연승(2018). 메이커 교육(Maker Education)에 기반을 둔 유아과학교육 프로그램 개발 및 효과. 유아교육연구, 38(1), 341-366.

조미정·안진경(2009). 콩을 주제로 한 프로젝트 접근법이 유아의 과학적 탐구 능력과 과학적 태도에 미치는 영향. 한국생활과학회지, 18(3), 631-639.

조부경·고영미·남인석(2015). 유아과학교육. 경기: 양서원.

조형숙·김선월·김민정(2009). 유아의 과학적 질문에 기초한 자연탐구활동이 과학적 탐구능력과 태도에 미치는 영향. 유아교육학논집, 13(5), 213-236.

조형숙·김선월·김지혜·김민정·김남연(2014). 삶의 가치와 아름다움을 찾아가는 유아과학교육(2판). 서울: 학지사.

조형숙·김진수·김낙홍·김남연·김명정·최재원(2018). 누리과정 내실화를 위한 유아 STEAM 교육 프로그램 개발. 서울: 서울특별시교육청 유아교육진흥원.

중앙육아종합지원센터(2019). 2019 보육컨설팅과 연계한 놀이이해 교육 연수자료. 서울: 중앙육아종합지원센터장.

지성애(2000). 유아놀이지도. 서울: 정민사.

시성애(2019). 유아 놀이의 재조명, 그리고 교육적 함의. 한국유아교육학회 정기학술발표논문집, 2019(1), 17-40.

지성애·김보라(2016). STEAM 교육과 누리과정 연계에 대한 유아교사의 인식 분석. 유아교육학논집, 20(3), 5-33.

지옥정(2011). '지속가능성을 위한 유아교육' 사례로서의 '무심천 프로젝트'에 나타난 유아들의 지역사회 참여 내용 분석. 열린유아교육연구, 16(6), 363-382.

지옥정(2020). 유아교육현장에서의 프로젝트 접근법. 서울: 창지사.

지옥정·김수영·정정희·고미애·조혜진(2017). 유아교육개론. 서울: 창지사.

차금안·나옥희(2016). 유아 서번트 리더십과 교사-유아 상호작용이 유아 인성발달에 미치는 영향: 만 3~5세 차이를 중심으로. 미래유아교육학회지, 23(4), 279-303..

최소자(1993). 주제접근방법(Project Approach)의 사례연구: 자동차주제를 중심으로. 중앙대학교 석사학위논문.

최양미(2003). 과학적 소양(scientific literacy) 지향의 유아과학교육 목표 설정. 미래교육학회지, 10(1), 1-29.

최은미(2012). 활동중심유아과학교육. 서울: 교육아카데미.

최진령·이연승(2017). 교육용 로봇을 활용한 유아기 융합인재교육(STEAM) 프로그램이 유아의 창의성 및 과학적 탐구태도에 미치는 영향, 유아교육연구, 37(1), 153-178.

충청남도교육청(2020). 2019 개정 누리과정 적용자료 '누리야 놀면서 배우자!'. 충청: 충청남도유아교육원.

편해문(2012). 아이들은 놀이가 밥이다. 서울: 소나무.

한국과학창의재단(2012). 2012년도 융합인재교육(STEAM) 리더스쿨·교사연구회 오리엔테이션 자료집. 서울: 한국과학창의재단.

한국교육심리학회(2000). 교육심리학 용어사전. 서울: 학지사.

한유미(2004). 유아과학교육의 목표와 교수방법 간의 일관성과 관련된 주요변인: 과학교수 효능감을 중심으로. 미래교육학회지, 11(2), 121-138.

한유미(2007). 영유아수과학교육. 서울: 창지사.

한진아(2018). 프로젝트 접근법을 적용한 유치원 만 4세 유아의 달에 대한 탐구. 이화여자대학교 교육대학원 석사학위논문.

함진호·이승윤·김형준(2015). ICT DIY 정책과 메이커생태계 구축을 위한 표준화. 정보와 통신, 33(1), 5-10.

홍혜경(2015). 영유아를 위한 수학교육. 경기: 공동체.

홍혜경(2016). 박물관을 활용한 유아 STEAM 교육 적용에 대한 고찰. 유아교육학논집, 20(5), 281-306.

홍후조(2017). 알기쉬운 교육과정. 서울: 학지사.

황의명·조형숙(2015). 탐구 능력 증진을 위한 유아과학교육. 서울: 정민사.

황해익·남미경(2007). 유아의 기하학습잠재력 측정을 위한 역동적 평가도구 개발 연구. 유아교육학논집, 11(2), 137-160.

Baer, J.(1997). Gender differences in the effects of anticipated evaluation on creativity. *Cteativity Research Joumal*, *10*, 25-31.

Blikstein, P., Mattinez, S.L. & Pang, H.A.(2016). *Meaningful making: Projects and inspirations for fab labs and makerspaces*. California: Constructing Modern Knowledge Press.

Blough, J. B.(1964). *Science is understanding: Science is discovering*. Illinois: Scott, Foresman.

Bredekamp, S. & Rosegrant, T.(1995). Reaching potentials through transforming curriculum, assessment, and teaching. In Bredekamp, S. & T. Rosegrant(Ed.), Reaching potentials: Vol.2. Transforming early childhood curriculum and assessment. Washington, D.C.: NAEYC.

Bullock, S., & Sator, A.(2015). Maker pedagogy and science teacher education. *Journal of the Canadian Association for Curriculum Studies*, *13*(1), 61-87.

Cain, S. E.(2002). *Sciencing* (3rd ed.). *Upper Saddle River*. New Jersey: Merril Prectice-Hall.

Chard, S. C.(1995). 프로젝트 접근법: 교사를 위한 실행 지침서. 지옥정 옮김. 서울: 창지사.

Donato, R.(1994). *The collective scaffolding of second language learning*. Vygotskian Approach to Second Language Studies, 33456.

Dougherty, D.(2013). The maker Mindset, In M. Honey & D.E. Kanter(Eds.), *Design, make, play: Growing the next generation of STEM innovation*. NewYork: Routledge.

Eberle, B.(1971). *Scamper. Buffalo*. New York: DOK. Pubishers.

Eliason, C., & Jenkins, L.(2008). *A practical guide to early childhood curriculum*(7th ed.). Upper Saddle River, New Jersey: Prentice Hall.

Eshach, H. & Fried, M. N.(2005). Should science be taught in early childhood. *Journal of Science Education and Technology*, *14*(3), 315-336.

Fadel, C., Trilling, B. & Bialik, M.(2016). 4차원 교육 4차원 미래역량. 이미소 옮김. 서울: 새로온봄.

Golinkoff, R. M. & Hirsh-Pasek, K.(2018). 최고의 교육. 김선아 옮김. 서울: 예문아카이브.

Guilford, J. P.(1967). *The nature of human intelligence*, NYC: McGraw-Hill, 1967.

Guilford, J. P.(1970). Traits of creativity. In P. E. Vernon(ed), *Creativity*(pp. 167-188). Middlesex, England: Penguin.

Hagel, J., Brown, J., & Kulasooriya, D.(2014). *Impact of the Maker Movement*. California: Maker Media.

Halverson, E. R., & Sheridan, K.(2014). The maker movement in education. *Harvard Educational Review*, *84*(4), 495-504.

Helm, J. H.,&Katz, L. G.,(2001). *Young Investigators: The Project Approach in the Early Years*. Teachers CollegePress.

Hestenes, L.L., Kontos, S. & Bryan, Y.(1993). Children's emotional expressions in nursery schools vary in quality. *Quarterly Early Childhood Studies*, *8*(3), 295-307.

Hsu, Y.C., Baldwin, S., & Ching, Y. H.(2017). Learning through making and makrt Education. *Tech Trend*, 1-6, Retrieved Sep/ 12017 from https://doi.org/10.1007/s11528-017-0172-6.

Jacobson, W. J., & Bergman, A. B.(1980). *Science for children*. New Jersey: Prentice-Hall.

Johnson, J., Cristie, J., & Yawkey, T.(2011). 놀이와 유아교육. 신은수·김은정·안부금·유영의 옮김. 서울: 학지사.

Kafai, Y. B., Fields, D. H., & Searle, K. A.(2014). Electronic textiles as disruptive designs: Supporting and challenging maker activities in schools. *Harvard Educational Review, 84*(4), 532-556.

Katterfeldt, E. S., Dittert, N., & Schelhowe, H.(2015). Designing digital fabrication learning environments for Bildung: Implications from ten years of physical computing workshops. *International Journal of Child-Computer Interaction, 5*, 3-10.

Katz, L. G., Chard, S. C. & Kogan, Y.(2014). *Engaging Children's Minds: The Project Approach*(3rd). Santa Babara: Praeger.

Katz, L. G., Chard, S. C.(2013). Katz와 Chard의 프로젝트 접근법. 윤은주·이진희 옮김. 서울: 아카데미프레스.

Kilpatrick, W. H.(1919). *The project method*. New York: Teachers College, Columbia University.

Klimer, S.J., & Hoffman, H.(1995). Transforming science curriculum. In S. Bredekamp & T. Rosegrant(Eds), *Reaching potential: Transforming early childhood curriculum and assessment*, 2, 43-63. Washington, D.C.: National Association for Education of Young Children.

Koch,(1999). *Science stories: Teachers and children as science learners*. New York: Houghton Mufflin Company.

Levy, J.(1978). *Play behavior*. John Wiley.

Lind, K. K.(1991). *Exploring science in early childhood: A developmental approach*. NewYork: Delmar Publishers Inc.

Lind, K. K.(2000). *Expioring Science in Early Childhood education*(3rd Ed). Albany, New York: Thomson Demar Learning.

Lindtner, S.(2014). Hackerspaces and the Internet of Things in China: How makers are reinventing industrial production, innovation, and the self. *China Information, 28*, 145-167.

Linley, P. A., & Harrington, S.(2006). Playing to your strengths. *Psychologist, 19*(2), 86-89.

Mager.R.F(1962). *Preparing instructional objectives*. California: Fearon Publishers

Martin, D, J.(2000). *Elementary Science Methods: A Constructivist approach*(2nd ed.). Massachusetts: Allyn & Bacon.

Martin, D. J.(1997). *Constructing early childhood science*. NewYork: Delmar Publishers Inc.

Martin, L.(2015). The promises of the Maker Movement for education. *Journal of Pre-College Education Research*, *5*(1), 30-39.

Martinez, S. L., & Stager, G.(2013). Invent to learn. *Making, tinkering, and engineering in the classroom*. Constructing modern knowledgepress.

McComack, A, J., & Yager, R. E.(1989). Assessing Teaching/ Learning Successes in Multiple Domain of Science and Science Education. *Childhood Education*, *73*.

Osborn, A.(1953). *Applied Imagination*. New York: Scribner's.

Papert, S.(2000). What's the big idea: Towards a pedagogy of idea power. *IBM Systems Journal*, *39*(3), 720-729.

Papert, S., & Harel, I.(1991). Situating constructionism. *Constructionism*, *36*(2), 1-11.

Peppler, K., Halverson, E. & Kafai, Y.B.(2016). Makeology:Makerspaces as learning *environments*, *1*. New York: Routledge.

Piaget, J.(1976). Development and learning. *Journal of Research in Science Teaching*, *2*(3).

Sanders, M.(2009). STEM, STEM Education, STEM Mania. *The Technology Teacher*, *68*(4), 20-26.

Saylor, J. G., & Alexander, W. M.(1966). *Planning curriculum for schools*. New York: Holt Rinehart and Winston.

Schaefer, C. E.(2008). Play therapy for very young children. Jason Aronson.

Schwab, K.(2016). The Fourth Industrial Revolution: what it means, how to respond. Paper Presented at World Economic Forum Annual Meeting 2016.

Seligman, M. E.(2004). *Authentic happiness: using the new positive psychology to realize your potential for lasting fulfil*. New York: Simon & Schuster.

Seligman, M. E. P.(2011). 마틴 셀리그만의 플로리시. 우문식·윤상운 옮김. 안양: 물푸레.

Somerson, R. & Hermano, M. L.(2013). *The art of critical making: Rhode Island School of Design on creative practice*. Hoboken, New Jersey: John Wiley and Sons, Inc.

Torrance, E. P.(1962). *Guiding creative talent*. Englewood Cliffs, New Jersey: Prentice-Hall, Inc.

Tyler, R. W.(1949). *Basic Principles of Curriculum and Instruction*, Chicago: The Univ. of Chicago Press.

Vygotsky, L..S.(2009). 마인드 인 소사이어티(비고츠키의 인간 고등심리 과정의 형성과 교육). 정회욱 옮김. 서울: 한국사전연구사.

Vygotsky, L. S.(1978). *Mind in society : The development of higher psychological process*. Massachusetts: Havard University Press.

Wafler, E. S.(2001). Inspired Inquiry. *Science and Children*, *38*(4), 28-31.

Wardrip, P. S., & Brahms, L.(2016). Taking Making to School: A Model for Integrating

Making into Classrooms. In K. Pepler, E. Halverson, & Y. Kafai(Eds.). *Makeology: Makerspace as learning environments*. New York: Routledge.

Yakman, G. G.(2007). STE@M Education: an overview of creating a model of integrative education.

Ziman, J.(1976). *The force of knowledge*. New York: Cambridge University Press.

국립국어원 표준국어대사전. https://stdict.korean.go.kr/main/main.do

메이커 페어. https://makerfaire.com/

서울특별시 교육청 블로그. https://blog.naver.com/seouledu2012

세계경제포럼. https://www.weforum.org

에듀진. http://www.edujin.co.kr/news/articleView.html?idxno=31304

학문명백과. https://terms.naver.com/

저자소개

이소희

학력〉 숙명여자대학교 아동복지학과 박사
경력〉 숙명여자대학교 아동복지학부 교수
한국아동가족복지학회 회장 / 한국부모교육학회 회장
숙명여자대학교 아동연구소 소장 / 거여어린이집 원장 / 숙명유아원 원장
현재〉 숙명여자대학교 아동복지학부 명예교수
저서〉 영유아인성교육(2020, 신정)
아동복지(2019, 정민사)
보육교사 인성과 리더십(2018, 창지사)
보육학개론(2005, 양서원)
연구개발〉 보건복지부, 중앙육아종합지원센터: 클로버 부모교육
한국영리더십센터: 창의 · 인성을 겸비한 매일멋진영리더
몰펀코리아: 몰펀창의 교육프로그램

김경숙

학력〉 전남대학교 유아교육과 박사
숙명여자대학교 아동복지학부 박사
경력〉 전남대학교 조교수
경희대학교 강사
현재〉 전경원의 행복한 창의성연구소 소장
풀꽃향기유치원 원장
한국그림책문화예술협회 지회장
저서〉 발문중심의 유아 창의성 교육(2020, 정민사, 공저)
영유아교사를 위한 창의적 사고와 논리 논술(2016, 학지사, 공저)
누리과정이 반영된 유아 창의성 교육(2014, 정민사, 공저)
연구개발참여〉 행복한 창의성연구소: 창의수첩

박현정

학력〉 숙명여자대학교 아동복지학부 박사

현재〉 숙명여자대학교 아동복지학부 겸임교수
경기과학기술대학교 아동영어보육과 겸임교수
TREASURE 상호작용연구소 소장

저서〉 리더십을 키우는 영유아인성교육(2020, 신정, 공저)

연구개발참여〉 한국영리더십센터: 창의 · 인성을 겸비한 매일멋진영리더
보건복지부, 중앙육아종합지원센터: 클로버 부모교육
몰펀코리아: 몰펀창의 교육프로그램

김혜원

학력〉 숙명여자대학교 아동복지학부 박사과정 수료

경력〉 의정부 성모유치원 부장교사

현재〉 비전에니어그램교육코칭연구소 연구원

연구개발참여〉 보건복지부, 중앙육아종합지원센터: 클로버 부모교육
생명보험사회공헌재단: 에니어그램 활용 부모교육 매뉴얼

고마운 과학의 출발점

유아과학교육

초판 1쇄 인쇄 2021년 4월 20일
초판 1쇄 발행 2021년 4월 22일

지 은 이 | 이소희 · 김경숙 · 박현정 · 김혜원
펴 낸 이 | 김기섭
편 집 인 | 이초롱
펴 낸 곳 | 창지사 www.changJisa.com
08589 서울시 금천구 가산디지털 1로 83 파트너스타워 1차 9층
전화 (02)719-2211~3
팩스 (02)701-9386
등 록 | 1977년 4월 28일 · 제1-421호

ISBN 978-89-426-1405-9 (93370)

값 21,000원